本书为国家重点研发计划"科技冬奥"专项"冬奥全球传播服务平台研究及应用示范"（项目编号：2020YFF0305300）研究成果

2022北京冬奥发展报告

A Report on the Beijing 2022 Olympic Winter Games

梁昊光　钟茂华　等著

中国社会科学出版社

图书在版编目（CIP）数据

2022北京冬奥发展报告/梁昊光等著 . —北京：中国社会科学出版社，2021.10

ISBN 978 - 7 - 5203 - 9256 - 3

Ⅰ.①2⋯　Ⅱ.①梁⋯　Ⅲ.①冬季奥运会—研究报告—北京—2022　Ⅳ.①G811.212

中国版本图书馆 CIP 数据核字（2021）第 205050 号

出 版 人	赵剑英
责任编辑	刘晓红
责任校对	周晓东
责任印制	戴　宽

出　　版	中国社会科学出版社
社　　址	北京鼓楼西大街甲 158 号
邮　　编	100720
网　　址	http：//www.csspw.cn
发 行 部	010 - 84083685
门 市 部	010 - 84029450
经　　销	新华书店及其他书店

印刷装订	北京君升印刷有限公司
版　　次	2021 年 10 月第 1 版
印　　次	2021 年 10 月第 1 次印刷

开　　本	710 × 1000　1/16
印　　张	20
插　　页	2
字　　数	319 千字
定　　价	128.00 元

目　　录

精彩冬奥篇

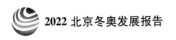

非凡冬奥篇

精彩冬奥篇

第一章 北京冬奥会与科技创新

第一节 "精彩、非凡、卓越"引领新时代中国冬奥科技创新发展

2021年年初，习近平总书记在北京、河北考察时表示，"全力做好各项筹办工作，努力为世界奉献一届精彩、非凡、卓越的奥运盛会"。北京冬奥会是中国重要历史节点的重大标志性活动，是党和国家的大事。在精彩、非凡、卓越办赛目标的指引下，冬奥会是展现国家形象、促进国家发展的重要契机，既是助推对外开放、推动构建人类命运共同体的重要舞台，也是向世界传播中华优秀文化的重要载体。

图1-1 北京2022年冬奥会和冬残奥会组织委员会落座在北京首钢工业遗址公园

资料来源：北京2022年冬奥会和冬残奥会组织委员会，https://www.beijing2022.cn/a/20210118/010746/htm。

3

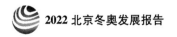

一 "精彩、非凡、卓越"深层含义

(一)体育内涵

让冬季运动融入亿万民众是北京冬奥会的美好愿景之一。长久以来,中国体育事业发展呈现"夏强冬弱"的局面,冰雪运动起步晚、社会关注度不高,因此北京冬奥会是中国冰雪运动发展的契机。举办和参加一场精彩的冬奥会,有助于群众领略冰雪运动的魅力,提升中国冰雪运动的水平,实现"带动三亿人参与冰雪运动"的目标。奥运会是奥林匹克精神的活动形式。举办一场全球参与、公平竞争的高水平运动会,可以将奥林匹克精神融入中国冰雪运动的发展中,推动构建体育强国,为中华民族的伟大复兴营造良好氛围。

(二)科技内涵

现代奥运会的举办是科技的盛会,科技助力奥运会更加精彩。平昌冬奥会中北京8分钟就亮相了诸多"黑科技":智能机器人的舞蹈体现了机器人技术的创新,视觉仿真系统助力导演完善表演方案。在未来的冬奥会上,5G + 8K直播、VR观赛、云转播技术、智慧场馆等,将会给观众带来沉浸式的视听体验。人工智能、5G技术的最新进步助力冬奥更加精彩。

冬奥会需要通过使用高新科技产品的支撑,筹办奥运的需求又将推动科技的进步,"精彩、非凡、卓越"也是科技发展的目标和要求。

(三)文化内涵

1. 推动构建人类命运共同体

推动构建人类命运共同体就是建设持久和平、普遍安全、共同繁荣、开放包容、清洁美丽的世界。《奥林匹克宪章》赋予奥林匹克精神"相互理解、友谊、团结和公平竞争"的内涵,此外奥林匹克运动将世界各地的人们聚集在一起,忽略文化、宗教、肤色的差异,营造了和谐包容的文化氛围,促进世界和平发展。奥林匹克精神与人类命运共同体理念不谋而合。

2. 助力中国文化走出去

冬奥会是向全世界展现中国文化的平台,北京冬奥会、冬残奥会场馆改造建设融入了很多中国元素,体现了我们的文化自信。冬奥会将体育、文化、教育、艺术结合为一体,科技的助推作用将通过可视、可听的方式展示新时代中国社会主义精神风貌、新型大国形象，增进道路认同、制度认同和文化认同。

二 科技创新践行可持续发展目标

（一）具备了成熟的技术解决方案

从技术层面，科技创新包含技术推动模式、需求拉动模式、"推—拉"综合作用模式、技术规范—技术轨道模式以及"社会需求—资源"关系模式五种模式。从创意层面，科技创新也包括文化创意创新，强调创新的软件支持。从发展模式层面，科技创新是一种高级形态的发展阶段。从创新体系层面，科技创新被视为一个系统工程，科技创新体系由以科学研究为先导的知识创新体系、以标准化为轴心的技术创新体系和以信息化为载体的现代科技引领的管理创新体系三部分构成。①

习近平总书记在考察北京冬奥会和冬残奥会筹办工作时，多次强调科技创新对于冬奥筹办的重要意义。对于场馆建设，习近平总书记强调，要突出科技、智慧、绿色、节俭特色，注重运用先进科技手段，严格落实节能环保要求，保护生态环境和文物古迹，展示中国风格。2021年1月，习近平总书记考察了冬奥场馆及相关工程设施，他指出，同我们国家的强国之路一样，中国冰雪运动也必须走科技创新之路，一方面要坚持自主创新，另一方面要善于吸收国际上的先进技术和训练方法。随着"科技冬奥"等国家重点研发计划的推进，科技创新已经成为"精彩"冬奥的核心要素。

（二）科技创新引领社会可持续发展

社会发展科技工作是以提高人的生活质量与自身素质为中心，为改善人的生存发展环境，调整人与自然之间的关系，促进社会事业及相关产业的科技进步，推动经济与社会相互协调和可持续发展而开展的科学技术活动。社会发展科技工作覆盖面广，涉及领域宽，不仅关系到人们的生活质量，也关系到人们的精神文化需求。② 当今世界正经历百年未有之大变局，中国发展面临的国内外环境发生深刻复杂变化，中国的发展对加快科技创新提出了更为迫切的要求。我们必须充分认识到，加快

---

① 沈开艳：《国外学界是如何理解科技创新的?》，《华东科技》2015 年第 8 期。
② 马世民：《依靠科技推动社会可持续发展》，《创新科技》2007 年第 5 期。

科技创新是推动高质量发展的需要，是实现人民高品质生活的需要，是构建新发展格局的需要，是顺利开启全面建设社会主义现代化国家新征程的需要。现在，中国经济社会发展和民生改善比过去任何时候都更加需要科学技术解决方案，都更加需要增强创新这个第一动力。同时，在激烈的国际竞争面前，在单边主义、保护主义上升的大背景下，我们必须走出适合国情的创新路子，特别是要把原始创新能力提升摆在更加突出的位置，努力实现更多"从 0 到 1"的突破。创新是当今时代的重大命题，新一轮科技革命和产业变革加速演进，更加凸显了加快提高中国科技创新能力的紧迫性。

三 中国实施智慧冬奥战略

（一）加快冬奥设施联通

在 2018 年的平昌奥运会上，5G 技术成为冬奥会的一大看点，为用户提供了沉浸式 5G 体验服务，包括同步观赛、互动时间切片、360 度 VR 直播等。[①] 至今 5G 技术发展更加成熟，在 2022 年的北京冬奥会上会进一步将 5G 技术融入赛事中，中国联通与国家体育总局体科所、阿里巴巴及英特尔四方共同发起"5G 智慧体育创新合作计划"，该计划面向 2022 年北京冬奥会，在 5G、AI、VR、云服务等技术领域和 5G 智慧场馆应用落地方面深度合作，投入各自最前沿的技术成果，实现合作、跨界与共赢。

中国联通还发布了包括保障计划、发展计划和提升计划三大主线的"中国联通智慧冬奥战略"。保障计划致力于通过先进的网络技术和智慧的保障能力，助力打造一届智慧冬奥；发展计划将全面深化产业合作与服务，并为冰雪运动赋能，助力冰雪产业发展；提升计划旨在提升企业实力，留存奥运遗产，将以先进的网络技术和智慧的保障能力，为冬奥组委及奥运大家庭其他成员、运动员、观众等提供安全可靠的网络服务和丰富多彩的智慧应用；并致力于以 5G 创新技术为主导打造一系列智慧应用，在高速率、低延时、大连接的 5G 网络保障下，借助虚拟化、人工智能、边缘计算等技术，为冬奥打造智慧应用平台，提供 360

---

① 段天龙：《平昌冬奥会筹备对 2022 年北京—张家口冬奥会的启示》，《山东体育学院学报》2019 年第 2 期。

度全景直播、VR 沉浸式体验、赛场医疗等智慧应用，将会全力实现极
致用户体验、优质赛事服务和智能场馆运营三大目标。

图 1-2　中国联通工作人员在场馆进行 5G 网络建设施工作业

资料来源：《人民邮电报》，www.cnii.com.cn/rmydb/202103/t20210330_265448.html。

（二）增进民心相通

随着北京冬奥会各项筹备工作不断推进，"带动三亿人参与冰雪运
动"的愿景正逐步成为现实，冬季项目正打破地域、季节、人群、文
化的限制，成为中国全民健身的新热点，为冰雪运动在全球的蓬勃发展
带来新的动力。国之交在于民相亲，民相亲在于心相通。民心相通，是
各国最深入、最持久、最基础的互联互通，而我们每个人都可以成为民
心相通的使者。疫情暂时阻滞了人员往来，但阻断不了各国人民相互了
解的热情。无论是中美乒乓外交"小球转动大球"，还是平昌冬奥会朝
韩两国携手入场，体育交流以其特有的魅力在促进对话理解、增进民心
相通方面发挥着不可替代的作用。[1] 2022 年的北京冬奥会不仅将为各国
冰雪高手提供切磋技艺的平台，也将为各国人民相互了解、加深友谊搭

---

[1]　孙英智、刘元国：《韩国冬奥会人才培养历程对备战北京冬奥会的启示》，《沈阳体育
学报》2020 年第 4 期。

建桥梁，促进东西方文明交流互鉴。当今世界迫切需要我们以开放包容的心态推动不同文明交流对话、和谐共生。中国传统文化主张"和而不同""美美与共"，与"相互理解、友谊团结、公平竞争"的奥林匹克精神不谋而合，将为本届冬奥会注入独特的中国智慧。实现祖国繁荣富强的前提是民心相通，齐心协力建设祖国大地，不仅努力实现科技强国，还要努力成为文化强国，用中华文化影响民众，促使民心相通，我们更要借助北京冬奥会这个大好机会大力弘扬中华文化，把中国优秀文化带向世界。

图 1 – 3　延庆冰雪庙会

资料来源：《北京晨报》，http：//bj. jjj. qq. com/a/20170127/004418. htm。

四　科技创新为冬奥增添温度

（一）自主创新突破关键技术

2022 年北京冬奥会的脚步日益临近，作为举办一场奥运盛会的重要基础条件，冬奥会场馆的设施建设备受瞩目。中国自主创新突破关键技术，组建中国首支混凝土喷射"铁军"，自主建成了高精度赛道，此赛道是亚洲第三条雪车、雪橇赛道，也是唯一一个具备 360 度回旋弯的赛道，位于北京冬奥会延庆核心赛区南区的南向山坡上，赛道落差 121 米，相当于 40 层楼高，主赛道总长度约 1975 米，设置 16 个弯道，其中第 11 弯道是回旋弯。赛道制冰采用氨制冷系统，全程覆盖木结构遮阳棚系统避免了阳光直射，赛道效果如图 1 – 4 所示。

图 1 - 4　国家雪车雪橇中心效果

资料来源：新华网，http：//big5.xinhuanet.com/gate/big5/m.xinhuanet.com/bj/2019 - 06/14/c - 1124622285.htm。

图 1 - 5　国家雪车雪橇中心实景

资料来源：腾讯网，http：//view.inews.qq.com/wxn2/20210120A012RU00。

（二）"黑科技"助力冬奥

首都体育馆将举办短道速滑和花样滑冰两项重头比赛，在改造中注入诸多高科技元素，其制冰系统首次采用先进的二氧化碳跨临界直接蒸发制冰技术，而场馆顶部采用悬挂超薄膜单元系统，搭配声光电全新投影技术，呈现出"最美的冰"，让运动员犹如置身梦幻般的赛场，冬奥会后可为群众冰雪运动提供良好的氛围和视觉引导。此外，为力求在冰雪运动场馆极端寒冷条件下，为广大观众提供较为温暖舒适的观赛保障，从而提升观赛体验，国家重点研发计划科技冬奥重点专项课题"赛道环境营造及观赛环境保障技术研究"研究团队应用新型功能材料开发出兼具防风、保温和加热效果的高性能防寒加热服，在外衣整体保温性能提升的基础上进行再升级，对人体腹部、腰部等部位提供持续稳定的局部加热；再如，在观众席的座位、扶手栏杆上做文章，研究人员把加热功能与这些场馆设施巧妙相结合。为响应号召可持续发展，"冰丝带"实现最环保、最低碳冰面，国家速滑馆"冰丝带"，是世界上首个采用二氧化碳跨临界直冷制冰技术的冬奥速滑场馆，该技术是目前世界上最先进环保的制冰技术，碳排放值趋近于零，制冰能效大幅提升。此外还有很多"黑科技"将在冬奥会上亮相，比如高精度镜头精准"捕捉"运动员冰上轨迹、弯道瞬间加速、"飞扬"火炬、航空气象保障系统、激光测风雷达、室内多自由度模拟滑雪训练系统等，这些层出不穷的"黑科技"将为冬奥会增添太多色彩。

图1-6 1月22日拍摄的国家速滑馆内景

资料来源：搜狐网，http://sohu.com/a/448585882_115479。

（三）科技创新与冬奥深度融合

为举办好这次盛会，"科技冬奥智慧崇礼行动计划"统筹了四方面重点任务，首先，支撑冬奥筹办。重点任务包括运用现代精细化气象预报、预警、评估技术手段提供全面气象服务；提升冬季竞技运动易发损伤和急重症的处理与诊治技术水平，加强高寒地区医疗卫生保障研究，完善医疗卫生综合保障体系；提升高速公路智能化水平和车路协同能力，强化交通运输指挥调度系统建设与应用，打造张家口冬奥智能交通运输体系；利用 NGBW（下一代广播电视网）无线交互技术，为冬奥场馆提供高清电视、超高清电视和数据信息移动接入服务，满足新闻媒体及观众不同需求等。其次，支撑冰雪产业。重点任务包括积极与世界冰雪强国开展对接，联合建立冰雪装备技术研发、咨询机构；培育一批冰雪产业相关高新技术企业和科技型中小企业；支持高校院所建设冰雪产业发展急需的重点实验室、中试基地和共性技术专业研发平台；大力引进、培养冰雪全产业链人才，为冰雪产业创新发展提供智力支撑等。再次，引领可持续发展。将以绿色、循环、低碳理念为指导，推动高标准永久场馆赛后利用技术解决方案和临时场馆赛后恢复方案制定；研究赛时及赛后场馆绿色运行技术方案，推动实现能源消耗及碳排放智能化管理；在新能源汽车、智慧能源、近零排放等重点领域示范一批先进技术；积极创建可持续发展实验区（示范区）等。最后，打造智慧崇礼。将着力加强崇礼智慧城市建设，强化系统技术集成，加快形成整体技术方案；推进数据共享标准体系建设；推进 5G 应用及通信基础设施共建共享、感知网络统筹部署、市政设施全面智能化等建设，形成集约、统筹的智慧城市基础设施体系；在此基础上，利用统一云平台、大数据中心打造形成开放、共享、安全的城市信息综合集成环境；有计划、分步骤统筹推进绿色智慧奥运村和智慧城市建设等。

第二节　冬奥科技创新的包容性发展

奥运文化秉承古希腊理性精神，继承西方文化理念，融入东方的先进文化思想，经过百年的传承和发展，已经成为世界性质的文化现象以及精神财富。在百年奥运发展的过程中，奥运精神也因为自身独特的文化形式和精神内涵一直传承下来，每一届奥运会的开展，都是一次文化与科技的融合发展与创新。借助科技的力量，举办城市从奥运的传播方式、参与过程、平等和谐，促进世界舞台精彩非凡等方面向世界人民展示了特有的文化创新和文化内涵。

一 科技创新引领冬奥传播多元化

（一）电视转播新技术

曾任国际奥委会名誉主席萨马兰奇说过："是电视让奥运会生存下来，并繁荣发展下去。"[①] 电视转播技术促进了奥运会的发展，实现了在全球范围内传播奥运精神的目标，让奥运会成为名副其实的全世界规模最大的综合性运动会。一般而言，传统的电视转播技术的焦点主要在如何提高传播过程中画面的清晰程度。影响图像清晰度的因素主要有：拍摄设备性能、图像处理、通信等技术。拍摄设备随着影像、光学、电子技术的进步，有了变焦比更大、解析度更好的镜头，像素更好的传感器，这使得转播画面从低分辨率到标清再到高清甚至4K成为可能。图像压缩处理算法的优化创新使拍摄的画面能保留更多细节，更贴近现实的色彩。画质的提高对视频转播的带宽也有了更高的要求。5G等通信技术的实现，使电视流畅转播高画质奥运赛事成为可能。同时，随着5G技术的发展，新闻报道实时化、互动化的特点越发凸显。灵活运用受众喜欢的载体，适应5G互联时代体育新闻报道的变化，满足受众对于快速高质量获取体育资讯的需求也是电视转播需要考虑的因素。

电视转播需要依靠专业的转播车和演播室进行。为了进一步提升观众观感，减轻采编人员工作量，可以借助中国联通的轻量级演播服务。[②] 该轻量级演播服务包括"轻量级转播车"和"轻量级演播室"两种形态，分别针对纯移动场景和临时固定场景使用，结合基于云平台服务的非编系统，编辑人员利用5G大带宽，随时随地远程接入媒体云平台，完成视频远程协同制作、媒体内容共享与分发，将大幅缩减现场编辑人员的人工、时间成本，实现观众零延时观赛。

电视转播本质上是为用户提供连续的由二维视频帧形成的视频影像，因此用户只能观看到二维的赛事转播，而二维视频无法为用户提供

---

① 卢群、赵兴玉：《奥运电视转播发展历程及技术发展现状》（上），《广播与电视技术》2008年第3期。

② 中国联通新疆分公司：《中国联通：5G赋能智慧冬奥》，《当代兵团》2020年第1期。

沉浸式体验。最近几年，应用于体育视频转播的 360 度回放技术提供了视频转播的三维视角。① 这项技术例如 Intel 的 True View，利用虚拟现实技术，实现了观看者可以从任何可能的角度查看体育赛事某个发生的关键时刻。如在冬奥会的滑雪赛场上，当运动员做出高难度动作时，观赛者除了从电视转播的角度欣赏赛事，还能够调整其他任意的角度进行回放观看，从而让观赛者能够更好地投入到比赛中。为了进一步提高观众的观赛体验，可以采用虚拟现实技术的环绕拍摄技术。② 例如，硅谷初创公司 voke 的核心技术 voke 环绕（voke surround）可以捕捉和创造 180°—360°非鱼眼、不失真、立体式高清晰度视频，在直播中用户可以对视角进行自由切换、直播暂停或重播等。

（二）新型媒体传播

现今的媒体时代，媒介传播不再局限于传统的广播、报纸和电视。移动端设备的出现及发展，在一定程度上降低了媒体传播的门槛，产生了新型的媒体传播方式，媒体传播进入了自媒体时代。对于现今的全民创作的自媒体时代，可以利用更多的媒介手段进行合理有效的宣传。例如，可以进行中英双字幕的短视频创作，更好地将本土文化进行有效的对外传播。就冬奥会的举办城市张家口而言，可以发动张家口本地的短视频制作者进行宣传。短视频平台还可以进行相关短视频的拍摄比赛，不断地进行思维的碰撞，产生更多的视频进行有效的文化传播。同时，为了避免传播内容单一的问题，冬奥会相关内容的传播应该适应不同媒体的传播特点设计内容，例如，在自媒体内容设计上充分利用议程设置、互动性、碎片化的功能特点，结合新时代的语态设计报道体育明星、娱乐类体育新闻及体育文化等内容，围绕主题进行情感的探讨，引起人们的共鸣。

传统媒体传播方式以电视、报纸等传播方为主体，听众作为受者只能被动地接收媒体发布的信息。而新媒体传播增强了传播双方的互动过程。以微博为例，微博具有匿名性、双向传播、实时性等特点，微博的

① M. Krishna, et al., "Impact of Technology in the Future of Sports", In: *Innovation Management in the Intelligent World*, Springer, Cham, 2020: 45 - 53.

② 王相飞等:《虚拟现实技术在大型体育赛事传播中的应用》,《上海体育学院学报》2018 年第 5 期。

信息发布之后，受众可在阅读之后实时评论、转发、点赞，这增强了受众的参与度，也极大地扩展了报道的传播范围。随着新媒体传播技术的发展，传播者也有了更多有效的传播手段与技巧。传播者应该有效地利用这些手段与技巧，如搭建微博、微信、客户端、视频网站统一工作平台，以评论、图解、漫评、表情包、互动小程序、Vlog 等方式解读冬奥会相关信息，这些新型的传播方式扩大了受众范围。冬奥会作为一次国际性的专业体育赛事，必然含有相关的术语。为了迎合更多的观众，在遣词造句上应避免专业术语，使用具有亲和力的语句。借助新媒体、利用新技术等多种方式进行包装和推荐，将微博、微信等公众平台作为传播的媒介阵地，在有力监管条件下，多元化视角呈现冬奥新闻。

二 科技创新促进冬奥参与多元化

冬奥会作为一个全球性的国际体育赛事，具有极其广泛的受众范围。其中，观看体育赛事的观众人数占据主体地位，是冬奥会顺利举办的焦点之一。为了提高观众的参与感，可以从以下几个方面考虑，为参观者提供参与冬奥会多元化的体验。

（一）新型交通方式

现阶段，燃油发动机驱动的运载工具仍然是交通运输中的主要工具。但随着汽油使用率的增加，环境污染问题逐渐成为人们待续解决的问题。为了解决这个问题，新能源运载工具逐渐进入人们的视野。新能源汽车主要可由蓄电池驱动和氢气驱动。氢的主要优点是车辆的加注时间约为 3 分钟，而典型的蓄电池车辆的加注时间为 8 小时[①]，解决了蓄电池车辆加注效率低的问题。氢燃料电池汽车加注速度快、低温性能好、续航里程长，使用可再生能源制备的绿色氢气可以做到全程零碳排放，已成为全球实现能源转型、遏制全球气候变暖的重要技术路径。2019 年，北京世园会使用的氢能源电池客车完成了游客接驳示范应用，日均载客量 200 人次，行驶总里程 5500 公里。氢能源客车的投入使用表明，国家已经初步掌握了氢能源技术。2019 年氢能源客车的使用为 2022 年冬奥会客流问题提供了新的解决方案。按照计划，氢燃料电池

---

① Kevin, K., et al. "Hydrogen Vehicles in China: Replacing the Western Model", *International Journal of Hydrogen Energy*, 2017, 42: 30179 – 30185.

车辆将在 2021 年北京冬奥会各类测试赛及 2022 年北京冬奥会开展应用保障。届时，绿色、零碳、环保的氢燃料电池车辆将承担便捷接驳、运动员服务等各类赛事保障任务，延庆区也将开行氢燃料电池公共交通线路。

图 1-7 冬奥氢能保供首批项目中国石油太子城加氢站已投入使用

资料来源：搜狐网，http://m.sohu.com/a/467742928_260616。

图 1-8 工作人员为冬奥车辆加注氢气

资料来源：《中国石油报》，http://m.thepaper.cn/newsDetail_foruand_13706993。

除了新能源客车为冬奥会提供客运服务，中国自主研发的智能无人公交车也将服务 2022 年北京冬奥会。随着人工智能技术的发展，在简单的驾驶环境中，交通工具完成自动驾驶很快成为现实。[1][2][3] 乘客只要打开手机，通过系统下达指令，智能公交车就能感知到人的用车需求，到站时它就会停车带客，并且这种智能车是全新设计，与现在的车辆相比，没有方向盘，也没有刹车、油门。

（二）虚拟现实赛事体验

1994 年，Paul Milgram 和 Fumio Kishino 提出了 MR 混合现实的概念。随着计算机视觉、图形处理能力、显示技术和输入系统的进步，MR 逐渐变成了可能[4]。一个 MR 系统主要包括：环境输入、空间音效、真实与虚拟空间的位置和定位。计算机处理、人类输入和环境输入这三者的组合为创建真正的混合现实体验奠定了基础。传感器通过将环境参数传输给电脑，而全息显示技术又可以将电脑的数字物体投射显示在现实世界中，这样，人、现实环境、数字世界三者就能融合并呈现在同一感知域，从而达到虚拟物体与环境叠加的效果，这种效果就是混合现实。利用混合现实技术，结合冬奥会的冰球项目，出现了 MR 混杂现实冰球体验眼镜。眼镜配有一个前置传感器用于捕捉佩戴者手势动作，可用于冰球等体育项目的体验。

除了 MR 技术的使用，VR 虚拟现实技术也可以应用到冬奥会中。利用 VR 技术，可以实现一套 VR 模拟滑雪系统。VR 模拟滑雪系统能够让参与者在非专业滑雪赛道外体验滑雪的乐趣。

---

① S. Glaser, et al. "Maneuver – based Trajectory Planning for Highly Autonomous Vehicles on Real Road with Traffic and Driver Interaction", *IEEE Transactions on Intelligent Transportation Systems*, 2011, 3: 589 –606.

② U. Ozguner, et al. "Systems for Safety and Autonomous Behavior in Cars: The DARPA Grand Challenge Experience", *Proceedings of the IEEE*, 2007, 2: 397 –412.

③ J. Hwang, et al. "Development of a Path Planning System Using Mean Shift Algorithm for Driver Assistance", *International Journal of Automotive Technology*, 2011, 1: 119 –124.

④ M. Paul, et al. "A Taxonomy of Mixed Reality Visual Displays", *IEICE Transactions on Information and Systems*, 1994, 12: 1321 –1329.

图 1 - 9　体验者在体验 VR 滑雪模拟器

资料来源：飞责科技网，http://feizekeji.com/lieqi/107499.com。

三　科技创新构建冬奥平等和谐多元化

奥林匹克运动和奥运会是世界上少有的全世界所有国家和地区的运动员、青年、群众都能平等参加的盛会。此次冬奥会将借助科技的力量，向全世界人民展示平等和谐的人类向往的世界。

（一）无人机防护

无人机是利用无线电遥控设备和自备的程序控制装置操纵的不载人飞行器，在航拍、农业、植保、微型自拍、快递运输、灾难救援、观察野生动物、监控传染病、测绘、新闻报道、电力巡检、救灾、影视拍摄、制造浪漫等领域均有应用。2019 年 1 月，延庆实现了无人机长城巡查，并利用无人机便捷性进行精细化三维建模，建立长城数字化保护系统。结合无人机产业的发展，在冬奥会上，可将无人机用于比赛环境的监测，推进无人机在河道巡查、森林防火、环境监测、应急救援等方面的实际应用，为奥运参与者营造一个和谐的环境。

（二）大数据技术分析

冬奥会举办期间，来自世界各地的参赛者、观赛者将在短期内聚集在一起，人流量将会激增。为了构造一个和谐平等的环境，需要记录每一个参与者的信息。如何高效地处理这些庞大的数据也是需要考虑的问题之一。为此，可以在每一个安检通道实时采集数据，依托大数据技术分析购票人数和人员信息，对赛事期间每天观赛人数、人流量、交通和住宿等情况进行统计预测，优化比赛期间资源的配置。

四　科技冬奥促进冬奥舞台精彩与非凡

对一个表演者而言，一场优秀的表演离不开舞台的精心布置。在冬奥会期间，为了让参赛者展现精彩与非凡，赛场必须进行精心设计。中国主要是大陆性、季风性气候，而在之前多数举办冬奥会的城市中，大多数是海洋性气候。"气象保障非常重要，气象预报的准确性、超前性都需要做好准备"，中国雪橇协会主席、北京冬奥会组委会顾问赵英刚表示。小气候对滑雪比赛也有影响。造雪技术是需要关注的科技难点。他说："雨水回收、造雪技术怎么能够保证水资源的循环利用，是下一步崇礼赛区最关键的问题。"做到这些要争取达到"一场一测"，每个比赛场馆都要有专门的方案，涉及用雪量、雪质、补雪时间、造雪窗口期等多个环节。

（一）内置传感器的高科技运动服

运动员在比赛场上得到的优异成绩与平时的训练密切相关。如何让参赛运动员在备战期间能够进行高效的训练，也是此次冬奥会需要解决的问题之一。本次冬奥会，内置传感器的高科技运动服是备战的一大研发热点。"传感器能感应和追踪运动员肌肉纤维内部活动，通过应用程序报告各部分肌肉的运动状态。"科研人员说，这可以帮助运动员有针对性地进行训练。

同时设计提出了基于足底压力的可穿戴设备，能够实时采集足底压力数据变化，记录运动员的训练数据和反馈，全面科学地让教练了解运动员在训练过程中的实际情况。

（二）水质保证

冬奥会期间，寒冷的环境会快速消耗掉运动员的体能，让参赛运动员拿出最好的竞技状态的关键在于身体水分的补充。在寒冷的冬天运动，人体在出汗、呼吸的过程中会消耗掉大量的水分。适当补充水分，能在不显著提高心律的情况下，让身体更好地散发热量，调节体温。同时，补水还能防止身体抽筋，提高注意力和运动能力，加强免疫力，加快身体的恢复。为了保证运动员有充足且健康的水资源使用，此次冬奥会使用了光谱智能快速监测系统。该系统是中国科学院遥感所童庆禧院士团队的科研转化成果，应用高光谱遥感技术，能够快速、实时、非接触、非破坏地对水质进行检测和智能化分析。同时，河北省张家口市启动了崇礼奥运直饮水工程，采用北京理工大学研发的直饮水处理技术，对城区居民用水进行处理，确保水质达到国际直饮水标准，这项处理技术通过创新的消毒方式，解除传统工艺中加"氯"对人体带来的二次伤害，同时彻底解决网管二次污染难题，实现供水 100% 合格。

（三）医疗保障

体育赛事除了给人们带来荣誉和视觉享受，还时常伴随着一定的风险。冬奥会在冰雪上举办，不可避免地会带来骨折、韧带损伤风险。追求速度的滑雪运动，还可能造成高能量运动损伤风险。因此，医疗保障是奥运会完美举办不可或缺的一环。在医疗保障方面，中国联通将向赛事相关人员提供智慧移动医疗服务——赛程中基于 5G 技术开展常态化医疗监测，在监测到紧急情况时，利用 5G 开展远程急救，实现院前急救和院内救治的无缝对接；在到达基层医疗单元后，由冬奥指定医院开展多方远程会诊及指导。智慧医学影像远程平台，通过此系统可将患者信息及时传输到定点医院，实现专家实时会诊指导。

第三节 弘扬冬奥精神与可持续发展理念

"创造在同一个城市举办夏季和冬季两个奥运会的纪录，为弘扬奥林匹克精神作出新的贡献。"回顾历史，展望未来，北京 2022 年冬奥会还有另一系列重大意义。

一 助力安全、数字、智能、绿色、科技的奥运会

2022 年，北京—张家口将举办第 24 届冬季奥林匹克运动会，这是中国历史上第一次举办冬季奥运会，北京成为奥运史上第一个举办过夏季奥林匹克运动会和冬季奥林匹克运动会的城市，也是继 1952 年挪威的奥斯陆之后时隔整整 70 年后第二个举办冬奥会的首都城市，同时中国也将成为一个举办过五次各类奥林匹克运动会的国家。不断变化的国内外形势、世界人民的信任、中国人民的期望，为"平安奥运"带来了新的内涵，为冬奥会安保工作提出了更高的要求。

北京冬奥会安全是冬奥会成功举办的基础，其核心是确保国家领导

人、外宾、运动员等人员在住地、场馆等活动点及活动点之间行车途中的绝对安全。北京冬奥会安全工作涉及范围广泛、人员复杂，因此，对影响北京冬奥会安全的风险因素进行研究，对可能导致各种事故的风险加以控制，才能从本质上提高北京冬奥会安保管理水平。

在"平安奥运"的前提下，"绿色奥运"也成了举办大型体育赛事的城市的共识。在全球化加速以及城市治理转型的双重背景下，作为全球性的体育盛事，冬季奥林匹克运动会已成为促进城市转型和可持续发展的重要催化剂。在《奥林匹克 2020 议程》中，国际奥委会强调"将可持续性融入奥运会的各个方面"。2022 年即将在北京—张家口举办的第 24 届冬奥会，除了单独关注环境可持续性之外，在比赛理念、场馆建设、遗产管理、仪式布置等方面均提到了可持续性，是贯彻国际奥委会可持续发展战略的重要舞台，必将引领冬奥会进入全新时代。

"绿色、共享、开放、廉洁"的办奥理念是新发展理念下北京冬奥会筹办工作的具体体现。在对北京冬奥会举办理念的贯彻实施状况进行梳理的基础上，提出前瞻思考：在筹办工作的后续阶段，应更加注重有序推进与适度提前相结合、国际规则与中国经验相统一、统筹规划与重点布局相一致，最终实现"精彩、非凡、卓越"的办赛总目标。

新技术的革新，带来了信息生产方式和信息传播主体的变革，人工智能的技术在体育及体育传播领域的应用，改变着原有的传播方式及内容生产模式，冬奥会体育赛事的信息传播形态也随之迎来新变革，传播渠道也已由传统媒体的垄断转变为多渠道、多形式传播，与此同时，围绕"三亿人参与冰雪运动"的目标，据冰雪蓝皮书数据显示，2016 年，国内共举办 289 项冰上运动赛事、共举办 112 项滑雪赛事，在此背景下，打破原有的传播壁垒，真正意义上实现冬奥赛事内容的个性化定制。北京冬奥会的举办，将有大量的冰雪项目赛事资源，冰雪项目赛事传播量也将激增，新媒介环境下，用户细分化，体育赛事内容生产的专业化，对体育赛事传播要求提升，在激烈的媒体竞争中，如何抓住机遇，进行全方位立体的赛事传播成为冬奥会的一项课题。

对于体育赛事的移动传播而言，5G 在移动网络传输与连接能力方面的技术飞跃会直接带来赛事信息传播速度与容量的大幅提升，同时还会进一步为高清视频、虚拟现实、人工智能、物联网等相关媒介技术的发展与应用扫除障碍。两者叠加迸发出的巨大能量将在底层实现对体育赛事移动传播技术手段的革新，形成主要由技术"赋能"而非通过挖掘传统采编资源得到的传播空间及传播体验。

在5G条件下，高清晰度、低延时以及多路信号直播等技术的应用将为体育赛事传播提升视觉体验提供更好的技术支持。在画面品质方面，超高清视频将成为5G网络条件下体育赛事移动传播的主流。而基于5G网络的低延时特征，不在现场的用户也能无限接近现场观众获得赛场视觉信息，实现观赛进程上真正的同步。在空间维度，多路信号直播的应用可向用户提供从更多视角体验精彩比赛、自由调整和切换观看视角的机会。以此叠加高清技术的应用，将能最大限度地实现在赛事传播中为用户提供全方位的"在场感"。①

互动性是"现代媒体和传播技术的一种基本特性"。在当下的新媒体环境中，互动性也成为衡量传播活动优劣的一个重要指标。基于移动媒体的体育赛事传播亦应注重挖掘其互动潜能。这不仅是提升用户使用体验的必要条件，也符合体育赛事本身所倡导的全民运动、全民参与理念。5G与人工智能的结合可为体育赛事传播提供更多智能化、人性化的交互技术，这有助于传播者构建跨越赛场内外、线上与线下、现实与虚拟的多级互动体系，同时也是向用户提供更自然、更具吸引力的与赛事、赛场、运动员、体育爱好者交互、交流体验的上佳方案。可以看出，5G技术将为冬奥会的成功举办做出巨大贡献。

二　改善基础设施

冬奥会的举办前后，会对北京、张家口两地的基础设施带来显著影响，这是我们应该重点关注的问题。首先，受运动项目开展的季节限制，雪场滑雪项目的经营时间一般为3—4个月，因此雪场在非雪季的经营成为一大难题；其次，雪场大多在远离市中心的山区，普通消费者前往的交通成本较高；最后，冬奥会许多场地设施为赛时专用，赛后开发难度较大。如高山速降雪道的难度过高，不适宜业余滑雪者开展运动；雪车、雪橇项目消费市场十分有限，赛后场地时常闲置。加上专业比赛用的设施设备造价高，更加不适宜一般消费者消费，更多作为比赛

---

① 郭凌：《创新科技手段，丰富体育转播模式》，《现代电视技术》2018年第4期。

和训练场地使用。面对上述情况，雪场应探索多样化经营道路，结合自身场地情况，开设四季皆宜的休闲娱乐项目，如夏季滑草、户外运动、奥运观光旅游等。同时也可将专业比赛场地加以改造，使之更适宜普通消费者参与。加拿大卡尔加里和盐湖城就在冬奥会后将赛场建设为奥林匹克公园，开发了冬奥会体验观光路线、冬奥博物馆等。[1][2] 卡尔加里冬奥场馆运营方还将雪车、雪橇的赛道改为水泥质的速降滑行场地，配备专人驾驶，吸引游客前往体验。二者创造了可观收入，成为北美地区场馆赛后开发的成功典范。社会层面上，冬奥会雪上项目场地十分适合开发成为旅游观光景点，冰上项目场地则可作为地方奥林匹克博物馆和冰雪运动教育基地，还可以比赛场馆为主场建立冰球、冰壶等俱乐部，为当地人提供合适的社交场所。[3]

对于冬奥会雪上运动举办场地的未来发展，应结合京张地区特色，设计多元化的四季经营项目。应优先发展休闲旅游业，依靠京津冀一体化经济圈打造集冰雪旅游、生态休闲、养老地产为一体的产业集群，同时学习国外经验，充分挖掘冬季运动场地设施的多功能用途，场地建设时提前考虑后期改造需求。同时需在充分认识冬季运动场地的特殊性前提下，制订冬奥会雪场生态环境修复和保护工作计划，确保资源能可持续利用。[4] 在冬奥会遗产开发过程中，要尤其注意经济效益与生态效益的平衡。

三 支持生态环保

冬奥会70%为室外雪上项目，由于其运动项目、办赛条件的特殊性，对于环境的影响不容忽视。纵观历届冬奥会，我们可以看到正反两方面的事例。冬奥会对举办地既有积极影响，也有消极影响，如1992

---

① Essex, S., Chalkley, B., "Mega – sporting Events in Urban and Regional Policy: A History of the Winter Olympics", *Planning Perspectives*, 2004, 19 (2): 201 – 204.

② Bottero, M., et al., "Turin 2006 Olympic Winter Games: Impacts and Legacies from a Tourism Perspective", *Journal of Tourism and Cultural Change*, 2012, 10 (2): 202 – 217.

③ Essex, S., Chalkley, B., "Mega – sporting Events in Urban and Regional Policy: A History of the Winter Olympics", *Planning Perspectives*, 2004, 19 (2): 201 – 204.

④ 徐宇华、林显鹏：《冬季奥运会可持续发展管理研究：国际经验及对我国筹备2022年冬奥会的启示》，《北京体育大学学报》2016年第1期。

年法国冬奥会总体上负面影响要小于正面影响。① 积极的影响包括：加快实施城市的环保规划、促进生态环境治理、推进城市建设、体育设施利用、唤起民众的环保意识。例如，利用 2022 冬奥会这次契机，可以促进京北地区的绿色发展，推进白色冰雪产业和绿色两大产业构建，通过北京冬奥会这个媒介进行环保宣传等。消极的影响主要是冬奥会体育场馆建设造成的地形、地貌的破坏和生物多样性的减少、水资源利用、场馆建设和比赛期间的环境污染、气候灾害。例如，滑雪比赛场施工期间以及建成使用后，由于人为活动的频繁干扰，对本地的野生动物产生惊扰使其躲避或迁移；滑雪场建设过程中对原有景观的改造导致植被的破坏，地形地貌的改变，雪道压实处理使得土壤温度较低延缓了植被的发芽期；滑雪期结束后赛道裸露，无植被覆盖带来的水土流失；由于冬奥会越来越偏向在大城市举办，滑雪比赛场地的天然降雪不能保证比赛用雪量，需要大量的人工造雪，从而造成了水资源的浪费。② 随着奥运会规模加大、参与人员增多，现代奥运会对环境造成的影响，由最初的不够明显逐步发展到威胁奥林匹克运动的生存。

2022 年冬奥会与 2008 年夏奥会不同，将是一种全球化、信息化时代的奥运会，既需要和谐的生态服务功能支撑，又需要资源节约型的高新科技支撑。③ 应鼓励在技术发展、政策和社会响应方面的创新以实现冬奥会的可持续性，2022 年冬奥会是落实国际奥委会环境战略的重要舞台，也将向全世界展示中国的可持续管理实践。

四　推动优质科普教育

2019 年 2 月 19 日，北京冬奥组委正式发布了《北京 2022 年冬奥会和冬残奥会遗产战略计划》（以下简称《遗产计划》），"努力创造体育、经济、社会、文化、环境、城市发展和区域发展 7 个方面的丰厚

① Tenet, T., "Gold Medals and White Economy: Winter Olympic Games and the Making of the French Elite (1959 - 2013)", *The International Journal of the History of Sport*, 2015, 32 (4): 565 - 583.

② Baade, R. A., et al., "Slippery Slope? Assessing the Economic Impact of the 2002 Winter Olympic Games in Salt Lake City, Utah", *Working Papers* 0815, Utah: Department of Economics, College of the Holy Cross, 2008.

③ Mol, A. P. J., "Sustainability as Global Attractor: The Greening of the 2008 Beijing Olympics", *Global Networks*, 2010, 10 (4): 510 - 528.

遗产，为主办城市和区域长远发展留下宝贵财富，惠及广大人民群众，实现奥林匹克运动与城市发展的双赢"。《遗产计划》在指导思想和目标中明确提出"创造文化遗产"，弘扬奥林匹克精神和残奥理念，普及国际先进冰雪文化；传播中华文明，讲好中国故事，传播好中国声音；重点任务中明确提出"促进大众广泛参与，创新宣传形式和渠道"。

2019年10月，北京国资公司旗下的北奥集团正式成为北京2022年冬奥会和冬残奥会官方体育展示和颁奖仪式服务赞助商，开创了东道国企业承担奥运会官方"体育展示和颁奖仪式服务"的先河。

图1-10　北奥集团正式成为北京2022年冬奥会和

冬残奥会官方体育展示和颁奖仪式服务赞助商

资料来源：中国日报网，http：//mbd. baidu. com/newspage/data/landingsuper？ context = ％7B"nid"％3A"new_9161671726188481991"％7Dzn_type = Ozp－from = 1。

目前，他们正全力推进体育展示与颁奖仪式中的视频、音频、娱乐、颁奖舞台、礼仪人员、礼仪服装、演出创意等各项筹备工作，确保交付任务的高标准、高质量，力争在北京冬奥会的舞台上讲好中国故事，传播好中国声音。

近几年，每到冬季，"鸟巢""水立方"共同打造的"相约2022"冰雪文化节已成为北京奥林匹克中心区规模最大、品质最高、周期最长的冰雪文化盛会。由北奥集团打造的青少年节目《小小主播说冬奥》

已经在海南卫视上线，节目通过1000多名6—14岁"小主播"的精彩播讲，展示出北京2022年冬奥会相关内容，进一步激发了广大青少年关注、参与冬奥会的热情。与此同时，由北奥集团策划的冬奥公益项目《心·画冬奥爱心行动》也已经启动，活动将邀请知名艺术家深入崇礼山区进行文化公益扶贫，面向当地青少年和儿童开展绘画教学、普及冬奥知识等活动，帮助当地青少年脱贫扶志。

五　展示中国硬实力和软实力

申办和举办冬奥会，是新时代背景下缔造"中国梦"的圆梦舞台，将集中展示中国改革开放成果和世界经济引擎的综合实力，集中展示中国文化软实力和中华文化独特魅力，集中展示文明、开放、活力、负责任的大国形象，为增强民族凝聚力、提升国际影响力、实现中华民族伟大复兴增添浓墨重彩的一笔。这一举动契合了京津冀协同发展的重大国家战略和中国转型升级的发展主题，将促使河北省树立全面开放意识，转变发展观念，加快促进京冀深度合作和区域一体化发展，催生奥运相关产业跨越式发展，打造新的财富增长极。有利于迅速提升张家口市城市形象和地位，加快对外开放步伐，对于推动张家口市完全融入首都开放圈、华北内陆地区全方位扩大开放具有促进意义。

冬奥会对冰雪条件、交通条件和生态环境要求苛刻。张家口市是北京周边同时具备三个组合条件的唯一城市，完全有实力与北京一起成为奥运城市。冰雪条件优越，降雪期长，滑雪期长达150多天；雪质雪量有保障，雪季降水量较均匀；山地条件和温度、风速也都非常适中，完全符合国际奥委会的要求。崇礼的雪场集聚度世界少有，是国家体育总局和省体育局设立的国家滑雪训练基地，以太子城为中心的区域，是中国目前最好的能够举办冬奥会雪上项目的比赛地点，开展雪上运动和竞技项目优势明显。承办2022年冬奥会，标志着张家口市正处在以体育为突破口带动城市跨越发展的新的历史起点，标志着张家口市发展开始真正步入打造奥运城市的新的历史时期。①

---

①　冯雅男、孙葆丽：《冬季奥运会可持续发展研究及对北京2022年冬奥会的启示》，《沈阳体育学院学报》2017年第5期。

图 1 – 11　崇礼雪场

资料来源：人民网，http：//baijiahao. baidu. com/s？ id = 1660191920231305699&wfv = spidev&for = pc。

伴随 2022 年冬奥会的顺利推进，冬奥会对冬季旅游市场、区域生态环境和展示中国新形象都会产生积极影响。京津冀紧密相接，在环京津地带存在很多贫困县，经济发展缓慢，人民生活贫困，主要集中在张承地区和保定地区，特别是张家口地区，受山地阻隔，交通、信息联系较少，经济扩散辐射强度非常弱，大量贫困县一直很难脱贫。冬奥会有利于进一步发挥张家口市作为京津北联的内陆桥头堡和华北腹地东出、亚欧大陆南出大通道的重要作用，改善华北内陆地区外向型经济发展环境，强化华北腹地承接产业转移和参与国际分工合作的能力，从而促进张家口市形成向南、向东与首都经济圈和渤海湾西岸经济区的对接，向西与华北内陆地区实现区域经济合作互动，向北加强与边境口岸贸易区的经济交流联系的全方位对外开放局面。

2008 年北京奥运会的成功实践证明，奥运会是中国向全世界展示自己悠久的历史、灿烂的文化；是增强中国文化软实力的最有利平台；也是中国向全世界讲好中国故事、传播中国好声音的最好时机。中国是全世界第二大经济体。2021 年在中国人民实现第一个百年奋斗目标的历史时刻，2022 年 2 月，在北京又举办一场全球瞩目的冬奥盛会，这是历史赋予中国的又一重大机遇。

第四节 冬奥科技创新生态链的问题

一 冬奥科技助推后疫情时期创新产业闭环

新冠肺炎疫情的影响已然越来越深远，当今全球经济一体化，牵一发而动全身，越来越多的国家正在通过大规模货币宽松、限制交通人流物流等举措控制疫情的蔓延，疫情正以复杂方式影响着全球供应链，扰乱着世界经济秩序。疫情期间，通过冬奥科技的助力，中国产业链需要借机做出改变，发展强劲的制造、创新能力，成功转向中高端产业，融入未来的全球供应链，并推动产业闭环。

北京市在坚决落实党中央决策部署，在常态化疫情防控条件下，以冬奥会为契机，不断提升冬奥科技创新能力、创新水平和创新发展的成效，为冬奥会筹办和产业发展贡献科技力量。

科技冬奥的目标，是通过冬奥筹办，为世界探寻更好的未来城市生活解决方案，实现对人友好、对环境友好、对产业友好、对社群友好的人类城市生活永续目标。科技冬奥的理念，则是："冬奥，智能新时代"。目前，科技创新已经贯穿在奥运会的方方面面，移动互联、虚拟现实/增强现实（VR/AR）等新技术的运用，为观众观赛体验的提升和国家形象的快速、高效传播提供了形象、便捷的手段。目前，围绕办赛、参赛和观赛需求，多批科技冬奥项目已取得不同程度的进展。除了在竞技训练中"用科技换时间"，以"冠军模型"的数据分析提升训练效果之外，在2022年的北京冬奥会上，依托5G技术的全面铺展，科技创新还将广泛地应用于观赛体验和展示传播的整体进步中。①

与此同时，科技冬奥需要保持可持续发展，形成创新产业闭环。基于冬奥科技创新场景的大背景，在强调科技创新重要性的同时，也应该把关注焦点放在社会发展的可持续性上。通过北京冬奥会这一重大赛事展现新技术，为"后奥运时期"的中国社会发展提供普遍支撑和服务。要更多地关注科技创新为奥运本身、奥运之后带来什么。只有这样，科

---

① 《创新技术驱动冬奥筹办 文化科技赋能北奥担当》，中国网体育频道，http：//sports. china. com. cn/chanye/detail2_ 2020_ 07/28/2167388. html，2020 – 07 – 28。

技创新才是有温度的，才能真正让更广大人民群众从中受益。对于当今世界经济格局而言，创新在世界经济生产链中占首要位置，谁掌握了创新的话语权，谁就掌握了世界经济的分配权。当前国际国内形势下，中国应扮演"世界创新工厂"的角色，通过奥运会这个人类体育史上的重大赛事活动，最终形成创新产业闭环，并推动产业闭环进一步在"后奥运时期"发挥作用。①

二 参与"十三五"科技扶贫攻坚战

研究表明冬奥会对大多数主办地有明显的带动作用。通过对2000年之后发表的1964篇冬奥会相关论文进行分析表明，冬奥会既是主办地城市振兴的催化剂，也是主办地发展旅游业及提高城市形象的机会。② 日本1972年的札幌冬奥会及1998年的长野冬奥会、意大利2006年的都灵冬奥会、韩国2018年的平昌冬奥会等均带动了当地旅游、冰雪产业乃至城市发展等。

2022年北京冬奥会是向全世界展示中国风采的重要窗口，借助北京冬奥会宣传展示北京扶贫支援成效，将让世界更深入地了解中国脱贫攻坚工作，为世界减贫提供中国智慧、中国方案。将冬奥文化推广与地区扶贫深度结合，通过推进冬奥筹办工作，传播冬奥文化，进一步对接当下日益升温的冬奥热，体育扶贫催生了一个扶贫开发的重要"窗口期"。相关研究证明，申奥成功对张家口经济发展的提振作用显著，奥运经济效应在筹备期已经显现，第三产业发展促进力度最为明显。③

科技扶贫是当今扶贫开发的必然选择，然而一直以来，许多贫困地区却存在科技发展基础薄弱、新技术引进和转化速度慢等问题。这当中的一个重要原因，就在于这些地区自然条件较差、交通不便、信息闭塞，而承办冬奥会则为化解这些问题带来了千载难逢的机遇。一方面，冬奥会对基础设施、信息服务等的大量需求，必将有力推动交通运输、

---

① 杨宏山等：《激活新发展动能——北京冬奥与引领未来的前沿科技》，《人民论坛》2020年第35期。

② Marilyne, G., et al., "Winter Olympic Games, Cities and Tourism: A Systematic Literature Review in this Domain", *Journal of Sport Tourism*, 2017, 21 (4): 287-313.

③ 王红梅、鲁志辉：《申奥成功对张家口经济发展的提振效应研究》，《经济与管理》2020年第5期。

信息传递等基础设施建设，为科技扶贫构筑坚固的硬件基础。另一方面，冬奥会对新科技、新技术的强大聚拢作用，可以不断吸纳和引进先进技术，有效提升贫困地区的科技水平。只要牢牢抓住冬奥机遇，开展多层次、多形式、多门类的科技扶贫，就一定能推动科技扶贫工作的全面升级。

此外，在科技扶贫的同时也注重智力扶贫。智力扶贫是增强贫困地区"造血"功能的重要方式。冬奥会带来资金流、信息流，更带来人才流、智慧流。无论是筹办时期的规划建设人才，还是举办时期的赛事运营人才，甚至来自国内外的观众和游客中的各类人才，都有可能对智力扶贫工作产生巨大的推动作用。在筹办、举办冬奥会的过程中，既要重视人才的引进，吸纳各种人才和智慧，为智力扶贫注入新血液、新力量，又要加强人才的培育，有针对性地培育掌握先进致富技术的人才，为脱贫及经济持续发展提供源源不断的智力支撑，最终将人才优势转化为科技优势，更好地服务扶贫工作。①

第五节　冬奥科技创新的示范引领

一　智慧观赛、智慧办赛、智慧参赛三大场景下的冬奥科技革命

（一）智慧观赛

1. 冬奥5G智慧场馆

冬奥5G智慧场馆借助5G网络构建媒体转播专网，为转播提供随用随接的服务；场馆内构建5G边缘计算环境，实现向场内用户提供精彩回看、多视角、自由视角等智慧观赛服务。② 冬奥5G智慧场馆对转播方与观众采取了不同的解决方案。面向转播商构建一个媒体专网，使用5G网络切片技术与数据分流技术，为移动媒体转播提供拍摄上传服务，将数据实时传回转播平台，满足转播商快速高效的内容制作需求。对于观众，智慧场馆通过云端的统一部署与管理实现本地视频处理、内

　　① 《冬奥热催生扶贫开发重要"窗口期"》，河北网，http：//www. he – bei. cn/hebei/shizheng/201510/02259717. html，2015 – 10 – 02。

　　② 冯选等：《冬奥5G智慧场馆研究》，《邮电设计技术》2020年第12期。

容分发；5G 的网络资源将为观众带来多视角的精彩回放、VR 沉浸式的观赛体验、实时的观众互动与社交媒体的良好服务。

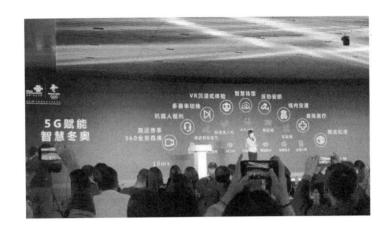

图 1-12　5G 赋能智慧冬奥

资料来源：C114 通信网，www.c114.com.cn/news/119/a1075603.html。

2. 360 8K VR 技术

360 8K VR 可以为观众提供分辨率达到 8K 的沉浸式 360 度观赛体验。通过构建冬奥场馆的三维数字孪生环境，实现动态对象个性化部署、多相机高真实感模拟、多相机快速拼接、创意 VR 内容生成等功能，完成创意设计的修正反馈和逼真推演。以"新视角""镜头智能跟踪"、运用重点镜头和氛围镜头可以营造冰雪赛事的独特魅力。在 8K VR 编码和传输系统方面，基于 AVS3 发明了一系列快速编码模式决策技术和并行编码技术，研发成功 8K 视频实时编码器，并结合基于主视点的自适应传输技术，大幅度提升 VR 和自由视角视频的分辨率和清晰度。

3. 3D 数字孪生技术

3D 数字孪生技术基于 3D 数字孪生建模，将现实世界的智慧场馆应用的真实信息，与数字孪生虚拟世界完美融合，可以基于 3D 数字孪生模型和云渲染技术开发赛道模拟、摄像机位模拟、观众座位观赛视角模拟、场馆内导航等服务，让运动员、转播商、观众、场馆方都能够通过 5G 网络访问基于 3D 孪生的云化服务。

4. 云转播服务

云技术支持赛时转播，赛事信号可实时上传至云端，转播方可以在云端实现直播信号的制作、收录、转码、AI 自动剪辑、图像质量检测等诸多功能；全程构架于云端的赛事直播，便于赛事在互联网用户中播出和互动，扩大赛事传播范畴，提升传播效果。

（二）智慧办赛

1. 智慧安防

依托 AI 技术，监控系统能够不断学习，实现对数据的抓取采集与监测和对数据的主动识别功能。在北京冬奥会期间预计将有大量无人机"上岗"，从事集群表演、巡逻监控、赛事录像等工作。面对数量众多的无人机，通过无人机管控系统对无人机进行有效管控，预防"无证"无人机侵扰赛事。

2. 智慧医疗

赛程中基于 5G 技术开展常态化医疗监测，在监测到紧急情况时，利用 5G 开展远程急救，实现院前急救和院内救治的无缝对接；在到达基层医疗单元后，由冬奥指定医院开展多方远程会诊及指导。

图 1-13　智慧医疗

资料来源：创捷科技，http://chuangjie.com/list-8-1.html。

3. 智慧交通

京张铁路是智能化高速铁路，沿线 10 个车站将共享一个控制中枢，实现统一调度指挥。赛区内有交通智能协同保障系统负责管理，届时智能无人公交车将上线使用，用户只需打开手机下达指令，智能公交车就会感知用户需求，停车载客。

（三）智慧参赛

1. 3D 运动员追踪技术

Intel 将与阿里云合作开发 3D 运动员追踪技术，采用深度学习算法，通过标准摄像头实时分析和提取运动员在训练或比赛时的数据和姿态，开发训练或转播应用。在训练中，教练根据运动员实时的运动数据和姿态，可以针对每一个运动员及时优化训练方法。在比赛转播中，运动员运动数据和姿态可以及时叠加到转播画面中，给观赛者带来前所未有的智能观赛体验。[①]

2. 智慧训练

通过 5G 将多个摄像头采集到的运动员训练比赛视频上传至边缘云计算上，在云端进行视频拼接，基于 AI 算法的运动员识别，再将视频通过 5G 网络回传至场内教练员，实现"5G + AI"指挥训练。内置传感器的高科技运动服能感应和追踪肌肉纤维内部活动，通过应用程序报告各部分肌肉的运动状态，可以帮助运动员有针对性提升训练水平。

3. 智慧服务

场馆中分布的各种人工智能机器人将为观众提供良好的服务，AR 导航则为观众游览赛区提供便利。

二　科技助推冬奥全球传播取得新进展

前奥委会主席萨马兰奇所言："是电视让奥运会生存下来，并繁荣下去。"奥运会的蓬勃发展与信息技术的发展是密不可分的。信息技术的飞速发展给奥运会提供了发展之基；奥林匹克运动风靡全球使人们对信息传播提出了更高的要求，促进技术的发展与进步，二者相辅相成。

20 世纪 30 年代，电视机出现，在第 11 届柏林奥运会上，组委会通过安装闭路电视系统，首次通过大屏幕向赛场外的柏林市民进行了实

---

① "Intel and Alibaba Cloud Sign Strategic MoU Regarding Innovative Technologies in Preparation for the Olympic Games Tokyo 2020 and the Olympic Winter Games Beijing 2022", Intel Newsroom, https：//newsroom. intel. com/news/intel – alibaba – cloud – sign – strategic – mou – regarding – olympic – games/#gs. ag0v68，2019 – 09 – 25.

况转播，覆盖范围仅有十几公里，覆盖收视观众 16 万人。1960 年，组委会通过录像带首次向全世界电视转播了奥运会比赛的实况。其后，卫星通信技术出现，第 18 届东京奥运会首次通过卫星实现全球直播，覆盖全球，上亿人得以观看奥运赛事。2004 年，雅典奥运会首次提供高清电视服务，3G 技术让用户可以使用手机查阅奥运会的新闻和图像；2008 年北京奥运会首次全面采用高清电视技术进行转播，广播电视进入高清时代。2018 年平昌冬奥会首次引入 5G 通信网络进行赛事直播，4K、VR、AR 技术已经部分应用。科技的进步，带给观众更为逼真的视觉享受，更加极致的听觉体验；转播技术对身临其境的不懈追求，让观众感受奥运赛事的魅力，享受运动乐趣，助力奥运的全球传播。

OBS 首席执行官表示 2022 北京冬奥会将成为最具科技含量的冬奥会。众多新技术将从现场直播、电视转播和赛事内容传播三个方面给观众带来全新的视听觉体验。

（一）现场直播

1. 全 4K + HDR 制作

在 2018 年的平昌冬奥会中，组委会对大部分赛事进行了超高清直播，但是在 2022 年的北京冬奥会中，将采取全 4K 超高清制作，并加入 HDR 技术，使其在北京冬奥会成为一项基本服务。在 4K 分辨率下，可以提供 880 多万像素，具有丰富的画面细节。4K 制作为后期剪辑提供了编辑的可能性，通过从 4K 画面中裁剪相当于高清的部分，可以创建变焦镜头的效果，为后期的内容制作提供了极大的灵活性。HDR 技术的应用使得 4K 超高清制作更加逼真。HDR 格式的视频达到的动态范围，人类视觉系统接收到此种图像会认为是真实的。此外，4K 视频与高亮度动态范围结合，可以扩展视频的表达能力，更好地展现赛事的魅力。①

2. MCF 技术全面应用

多路并发信号（MCF）技术将在北京冬奥会全面应用。MCF 技术可以为赛事转播提供更多的镜头，包括各个赛事转播过程中的辅助镜头、场外花絮等，以供持权转播商在转播过程中能借助更丰富的信号素

① Ogura, T., Espinosa, P., "4K HDR Workflow: From Capture to Display", 2018 IEEE Broadcast Symposium (BTS), *IEEE*, 2018: 1 – 9.

材来进行有特色的赛事转播；除此之外，MCF 技术还将应用到虚拟追踪分析、3D 回放技术等领域。多视角比赛画面及时上线发布，让比赛更具特色。

3. 5G 赋予观赛更多可能

平昌冬奥会首次将 5G 引入奥运。平昌冬奥会将 5G 通信应用于同步视角、全景视角和时间切片三个方面。同步视角是指以运动员的第一视角观看比赛，使用 5G 网络可以提供连续、流畅的视觉体验；全景视角是在赛道全程安装多个相机，全程跟踪选手；时间切片则可以对选手的动作进行切割、回放。但是在平昌冬奥会期间，观众只能在场馆的 5G 体验区使用 5G 终端设备才能观看。东京奥运会期望使用 5G 技术提供 360 度 8K 视频流，以向观众体提供实时的运动员视角和虚拟现实的体验。在即将到来的北京冬奥会上，5G 的全方位部署，可以实现 5G 全景直播，沉浸式 VR 观赛体验等技术让观众感受真实奥运；5G 高可靠、低延时、支持超大规模物联网的特点使得它成为超高清赛事制作的利器。通过 MEC 技术可以将部分制作流程前移，完成与体育场的实时互动；可进行短视频制作与直播推送；实现场内 AR 互动体验与订制机位多视角场内观看体验等。8K 视频技术与 5G 的平台应用能力提供高分辨率、高帧率、高色深、宽色域、高动态范围的赛事视频，将为观众带来颠覆式、更具感染力和沉浸感的临场体验。①

（二）OBS 云转播

OBS 预计在 2022 年北京冬奥会期间制作约 5000 小时的内容，如此大量的视频内容制作是一项巨大的挑战。云转播平台的兴起，可以大量的处理内容，并根据观众的个性化需求推出专属的定制化内容。

OBS 云是奥林匹克广播服务公司（OBS）和阿里云合作构建的一个完全在云上运行的创新广播平台。OBS 关键的特点有：全球覆盖、跨区域连接、高性能云服务器、高性能弹性存储；OBS 云可以提供云服务器、云储存、媒体服务等。②

---

① Ogura, T., Espinosa, P.，" 4K HDR Workflow：From Capture to Display"，2018 IEEE Broadcast Symposium（BTS），*IEEE*，2018：1-9.

② 华为云官网，https：//www. huaweicloud. com/theme/66047-3-C。

云转播就是利用 OBS 云高性能计算与存储的能力，把传统笨重昂贵的集中式转播拆解为三个环节：前端信号采集、云端编辑处理和导播制作，实现转播设备云端化和人员服务远程化，提升转播效率。同时 OBS 还可以利用 OBS 云向所有奥运会持权转播机构及时、高效、安全地传送奥运会的相关影像；同时各个转播机构可以在云上设置专属工作台，直接获取 OBS 发送的内容和产品，进行个性化的内容制作和传播。

（三）内容制作和传播

AI 技术的发展给奥运内容制作带来颠覆性的改变。新华智云研发的媒体人工智能平台"媒体大脑"可以为各类媒体机构提供线索发现、素材采集、编辑生产、分发传播、反馈监测等服务；MAGIC 短视频智能生产平台可以在极短时间内完成短视频的生产，发布体育剪辑服务。AI 参与下的奥运内容实时制作让奥运会传播更加有力。

三　科技创新完善冬奥人才培养体系

（一）冬奥人才培养意义深远

对于冬季体育，特别是冰雪体育的发展本身与休闲关系密切。美国在对体育管理专业的探索上认为人才的培养需强调课程与实践应用的结合，特别是在滑雪资源丰富地区。提出冬季人才需要关注对实践问题的解决；德国则更关注对冰雪人才培养的社会效应评价研究；意大利提倡高校应通过专业应用解决滑雪度假区联合经营问题；日本则提出高等教育应该关注滑雪产业的深层次开发，例如对滑雪制造基地的分开模式及滑雪度假区的创新经营。①

可见，随着生产力的发展，经济全球化日益凸显，在各国经济体制的发展框架下，体育高级人才的培养体制与机制逐步完善，专业技能水平与综合素质显著提升，这在很大程度上源于国外高校注重学科建设，以及社会各界的广泛支持。在体育人才的培养过程中，目前国外相关研究取得了一定的成果，特别是体育人才专业技能的实践研究方面，强调实践应用能力的提升，突出理论与实际的紧密性及产学研的联动是目前

---

① 孙英智、刘元国：《韩国冬奥会人才培养历程对备战北京冬奥会的启示》，《沈阳体育学院》2020 年第 4 期。

国外相关研究的共性。

但基于冬奥会人才培养的相关研究，目前并不十分多见。同时，在全民健身和大力发展体育产业上，确立了争取全国 3 亿人上冰雪的目标，制约这一目标实现的主要瓶颈是专业人才缺口较大。

（二）冬奥人才体系初步建立

2018 年北京冬奥组委会同国家体育总局、中国残联、北京市政府、河北省政府在京联合正式对外发布《北京 2022 年冬奥会和冬残奥会人才行动计划》，人才行动发布会现场如图 1 - 14 所示，提出加快建设专业化、国际化人才队伍的总体目标，明确了开发培养 11 支人才队伍的路线图和时间表。人才行动计划的出台，是冬奥会和冬残奥会进入"北京周期"以后，北京冬奥组委首推的重要举措，表明"聚天下英才而用之"成为北京 2022 年的战略选择。

图 1 - 14　人才行动计划发布会

资料来源：北京冬奥组委官方网站，https：//www. beijing2022. cn/a/20180605/025785. htm。

为打造专业化国际化冬奥人才要做到以下几点：完善顶层设计，构建与国际接轨、符合现实国情的人才政策和体制机制；广开工作视野，多措并举吸引和延揽国内外优秀专业人才；创新战略举措，建立"请进来""走出去"相结合的国际化人才培养体系；夯实工作基础，完善立体化、分领域、多层次的教育培训项目体系；延展工作体系，建构和完善社会化冬奥人才工作格局。

（三）冬奥人才体系趋于完善

目前，中国冬奥人才体系已经基本建立，但体系各方面还不是很完备，我们需要积极学习和借鉴国外优秀的人才培养机制。

韩国在亚洲属于冬季运动强国，其冰雪运动项目能够在冬奥赛场上取得好的成绩，在一定程度上是因为国家对青少年后备人才的重视和培养。对中国人才体系的建设启示有如下几方面：①通过开展青少年冬季体育竞赛活动，扩大青少年冬季体育人才储备。②加强体育院校的冰雪专业人才培养。③拓宽冬季运动项目的范围，加强对冬奥会重点项目优秀运动员的选拔和培养。④为从事冰雪运动的运动员尽可能消除运动员在训练中发展中的各种后顾之忧。⑤教练员团队是冬季项目后备人才培养的关键，国家应该加强对冬季项目教练的培训工作，补充冬季项目后勤保障团队的人员配备。

人才的培养可以通过借鉴他国成功经验得以实现，与此同时也要结合中国冰雪运动自身的特点与优势，建立具有中国特色的培养模式。

第六节　冬奥科技创新展望

一　科技创新推动全球文明发展

从农业文明、工业文明，到当前的信息文明时代，科技创新一直是推动文明进步的重要力量。尤其通用目的技术是对人类社会产生巨大、深远和广泛影响的革命性技术，蒸汽机、电力、计算机、互联网等都是典型的通用目的技术。通用目的技术的发展通常经历两个阶段：第一阶段是技术从无到有、在消费侧或局部领域扩散普及的孕育期；第二阶段则是技术由弱到强、向核心工业生产领域加速渗透，推动社会生产效率大幅提升的爆发期。[1] 按照此规律重新审视移动通信技术发展：从 1G

---

① Fiona, M., "Innovation as Co-evolution of Scientific and Technological Networks: Exploring Tissue Engineering", *Research Policy*, 2002, 31: 1389.

到 4G 历经四十余年发展，实现了全球 50 亿用户的普遍互联，正处于技术从无到有的孕育期；5G 超大带宽、超广连接、超低时延三大新型特性将推动移动通信从弱到强，从消费侧向生产侧全面渗透，成为新一代强通用目的技术。通用目的技术还会促进基础设施形态升级。例如，蒸汽机技术催生基础交通网络，带动制造业的蓬勃发展，并促进工业制成品及钢铁、煤炭等制造业重要原材料的远距离运输需求，从而催生公路、铁路、海上运输等基础交通网络的建设与完善。对于电力而言，全社会普遍用电需求催生了全国性电力生产与传输系统，同时建立在电力基础设施之上的电话、电报等基础设施也随之出现。伴随计算机、互联网和移动通信技术的出现与广泛应用，全球通信网络逐渐完善，取代固定电话、电报，成为新型通信基础设施。

未来，个人及企业用户对永续互联、泛在智能的连接与计算需求提出更高要求，将催生以 5G、AI 为核心的新一代"连接 + 计算"泛在智能基础设施。与前代移动通信相比，5G 技术与 AICDE 深度融合，将引发生产生活的全方位深刻变革。信息交流方面，5G 网络特性将实现声音、文字、图像等多维度信息的全量承载，实现超高清视频互动和全息投影互动，让交互更趋近现实，真正实现声情并茂和身临其境。休闲娱乐方面，5G 将实现更多感官融入，提供集视觉、听觉、触觉等于一体的沉浸式游戏、多路交互虚拟购物等体验。居家出行方面，5G 的全连接能力让家庭成为拥有感知、富有智能的有机整体，同时 5G 还将实现人、车、路信息的自由交互，助力自动驾驶的全面落地，让汽车成为新的智慧生活平台。办公科研方面，5G 和 VR/AR 相结合将虚拟环境与现实世界的融合，通过搭建虚拟科研实验环境和虚实结合的操作培训环境，促进新型生产力工具的普及。社区民生方面，5G 与无人机、人工智能等技术相融合，将实现全域覆盖、全网共享、全时可用和全程可控的立体化安防，同时 5G 还将让远程医疗成为现实，推动优质医疗资源下沉和普及。工业生产方面，5G 的超广连接能力将促进工业离散专网逐步向统一公网发展，实现全量连接、全局智能的柔性生产和无人化、智能化远程控制，助力工业 4.0 全面落地。

表 1-1 　　　　　　　　　　2013—2025 年制造业主要指标

类别	指标	2013 年	2015 年	2020 年	2025 年
创新能力	规模以上制造业研发经费内部支出占主营业务收入比重（%）	0.88	0.95	1.26	1.68
	规模以上制造业每亿元主营业务收入有效发明专利数（件）	0.36	0.44	0.7	1.1
质量效益	制造业质量竞争力指数	83.1	83.5	84.5	85.5
	制造业增加值率提高	—	—	比 2015 年提高 2 个百分点	比 2015 年提高 4 个百分点
	制造业全员劳动生产率增速（%）	—	—	7.5 左右（"十三五"时期年均增速）	6.5 左右（"十四五"时期年均增速）
两化融合	宽带普及率（%）	37	50	70	82
	数字化研发设计工具普及率（%）	52	58	72	84
	关键工序数控化率（%）	27	33	50	64
绿色发展	规模以上单位工业增加值能耗下降幅度	—	—	比 2015 年下降 18%	比 2015 年下降 34%
	单位工业增加值二氧化碳排放量下降幅度	—	—	比 2015 年下降 22%	比 2015 年下降 40%
	单位工业增加值用水量下降幅度	—	—	比 2015 年下降 23%	比 2015 年下降 41%
	工业固体废物综合利用率（%）	62	65	73	79

资料来源：《国务院关于印发〈中国制造 2025〉的通知》（国发〔2015〕28 号），www.gov. cn/zhengce/content/2015 - 05/19/contect_9784. htm。

在中国，信息通信业从中华人民共和国成立前至今也实现了迅猛发展，取得了辉煌成就，为经济社会转型升级做出了突出贡献。4G 网络规模全球第一，4G 基站总数占全球比重超 50%；电信业务快速普及，移动电话、固定宽带、物联网用户数均位居全球第一；电信资费持续下调，2015 年以来，固定网络和手机上网流量的资费水平降幅均超过 90％。在谈及电信运营商在中国信息通信业发展中的贡献时，可以用"扁担效应"来概括，这个扁担效应体现在两个层面：第一个层面是运营商挑着信息制造业和互联网产业，助力信息通信产业上下游企业发展；第二个层面是运营商承担中央企业责任担当，更好地促进国家经济社会发展。面向新时代，党和国家对国有企业发展提出了更高要求。

二 科技创新助推落实冬奥可持续发展议程

科技创新是实现可持续发展目标的重要手段。联合国提出了可持续发展技术促进机制，我国在党的十八大上提出了创新驱动战略，二者再度高度吻合。我国明确指出，以科技创新推动可持续发展成为破解各国关心的一些重要全球性问题的必由之路。当下，新冠肺炎疫情给各国社会和经济造成重创，严重影响着 2030 年议程目标的实现，国际社会期待着从困境中寻求破解发展难题的方法。在联合国成立 75 周年和 2030 年议程实施 5 周年之际，中国宣布将设立"可持续发展大数据国际研究中心（SDG 中心）"，正是用中国智慧、中国行动为联合国可持续发展提出中国方案和中国经验，为可持续发展的全球落实作实质性的贡献。在科技创新体系中，大数据技术无疑有不可取代的作用。大数据是知识经济时代的新型战略资源，是人类认识地球的新钥匙和知识发现的新引擎。蓬勃发展的大数据为人们认识世界提供了全新思维，为科学研究带来新的方法论和新的范式，正深刻改变着人类的生产生活方式以及对世界的理解。

2018 年年初立项的中国科学院"地球大数据科学工程"A 类先导专项（以下简称"地球大数据"专项）把利用大数据支撑全球和中国可持续发展的实现作为战略重点工作，专项组织了来自全国 129 个单位的 1200 余名专家，利用大数据、云计算、人工智能、空间技术、网络通信技术，围绕数字"一带一路"、全景美丽中国、时空三极环境、三维信息海洋和生物多样性和生态安全战略命题，开展全球和区域多尺度可持续发展研究。[①] 中国科学院已实现了国家相关优势资源的整合，具

---

① 邹英、马薇：《我国平面媒体冬奥会新闻报道的可持续发展对策研究》，《沈阳体育学院学报》2012 年第 2 期。

备了中心启动和建设的条件。而氢能让绿色产业"动"起来了——支持在新能源汽车、智慧能源、近零排放等重点领域示范一批先进技术，亿华通动力科技有限公司先后启动实施"面向冬奥－30℃环境下燃料电池系统快速冷启动关键技术研究与应用""120千瓦高性能小型化燃料电池发电系统"科技项目，着力攻克一批核心关键技术，加强自主创新能力提升，保障冬奥绿色出行。生态修复让城市"活"起来了——北方工程设计研究院有限公司在省科技厅的支持下，开展了基于数字技术的冬奥景观设计与生态修复关键技术研究。该研究采用无人机倾斜摄影、3S技术、无人机搭载多光谱成像、激光雷达等数字技术，完成冬奥廊道沿线基础数据的收集、分析、比较，建立了数据库、生态修复评估评价体系，着力改善冬奥赛区生态环境，成果已应用于2900亩冬奥廊道景观建设。

联合国2030年议程实施5年来，取得了重要的成就，许多成员国和国际组织都在深入推进科技创新机制。联合国今年开始推进的可持续发展"行动十年"计划，更将科技创新作为支撑可持续发展实现的一项核心工作。技术促进机制，是在推动中国自身发展的同时为联合国作贡献的重要战略平台，是实现双赢的重要机遇。面向可持续发展目标，基于中国和全球科技创新领域新的发展态势，制定中国的科技创新促进可持续发展路线图。路线图既可指导中国该领域的发展，也可对联合国可持续发展议程做出贡献。

图1－15　联合国提出的17个可持续发展目标

资料来源：联合国网站，https：//www.un.org。

三　科技创新提升冬奥国际发展合作能力和水平

把科技冬奥纳入发展全局，《科技冬奥智慧崇礼行动计划》深入实施创新驱动发展战略，以冬奥为契机，汇聚各类创新资源，推动科技创新与冬奥深度融合。省科技厅牵头成立了科技冬奥领导小组，建立起省科技厅、省发改委等20多家省直部门参与的多方协调联动机制。为做好统筹谋划，高质量完成各项工作任务，省科技厅还成立了厅内科技冬奥工作组，并制定了工作组职责。此外，积极对接国家《科技冬奥（2022）行动计划》，围绕落实《科技冬奥智慧崇礼行动计划》，2019年，省科技厅实施科技冬奥专项，在支撑冬奥筹办、支撑冰雪产业、引领可持续发展、打造智慧崇礼等方面支持开展一批重点技术攻关和示范项目，充分发挥科技对冬奥会筹办和本地发展的支撑作用，努力为完成两份优异答卷贡献科技力量。

为提升整体产业层次，冰天雪地科技企业孵化器被认定为省国际科技合作基地，雪之谷众创空间通过国家备案，冰天雪地科技企业孵化器被认定为国家级科技企业孵化器。支持多家企业开展造雪机、滑雪板、冰雪户外装备研发应用，引导市场主体从传统装备制造向冰雪装备制造转型，开展高附加值冰雪装备研发制造，不断提升冰雪产业技术创新水平。

冬奥会的一场比赛结束后，退场的观众中可能不少人想尽快找个饭店去饱餐一顿。若在以往，这恐怕挺麻烦，但在5G时代就不同了。只要输入目的地，手机、汽车等智能设备很快就能为你提出最佳出行方案——观众可以走最近的路找到你在停车场的汽车，汽车可以根据拥堵、红绿灯等数据，为你计算出包括路线、时速等在内的最佳交通方案，并在抵达前为你找到最佳停车位。以车联网为代表的智慧交通是智慧城市的一个重要特征，为全面支撑智慧城市建设。

"通过高质量推进科技冬奥工作，一大批科技成果在转化，产业向高端、智能、绿色方向转型升级步伐不断加快。"北京冬季奥运会坚持"绿色、共享、开放、廉洁"的办奥理念，突出"简约、安全、精彩"的办赛要求，推动冬季奥运会的科技协作向创新发展、绿色发展、高质量发展方向取得进步。

第二章 北京冬奥会与文化传承

继 2008 年北京奥运会后，中国将于 2022 年与奥林匹克运动再续前缘——举办北京 2022 年冬季奥运会。100 多年的现代奥林匹克运动是伴随人类社会发展走过来的，每一届奥林匹克运动会都是一次盛大的庆典活动，点燃了奥林匹克文化的火种，传递了文明之光，奥运历史文化遗产值得传承与发扬。

第一节 冬奥文化传承

一 奥林匹克文化根脉与精神源泉

100 多年来，奥林匹克运动克服重重障碍，获得了蓬勃的发展，成为当今世界规模最大、范围最广、影响最深的国际文化活动，也成为现代文明生活的一个显著标志。仅以 2008 年北京奥运会为例，观看开幕式的观众（包括电视观众）就超过 47 亿人次，几乎占世界人口的 70%。

奥林匹克文化的内涵非常丰富，广义的奥林匹克文化应该包括古代奥林匹克传统、现代奥林匹克运动、奥林匹克主义、奥林匹克理想、奥林匹克精神以及所有的奥林匹克活动如奥林匹克运动会、大众体育、奥林匹克文化活动、奥林匹克教育和奥林匹克商业活动等。

北京奥运会吸引了全世界 47 亿观众（占全人类的 70%，这是任何国际活动不可比拟的）。北京奥运会带给人们的不仅是欢乐的场面，而且包含北京历史和人文环境的表演，使观众在短短的一个夜晚看到几千年的中国灿烂文化和绮丽风光，同时看到勤劳的中国人民在现代化方面的成就。再以各项比赛为例，包括运动员、教练员、裁判员、观众和工作人员以及媒体都在不同角度和不同程度上受到教育。运动员的顽强斗志，如刘翔取得男子跨栏冠军，这不仅是中国田径运动的突破和里程碑，对于崇拜英雄的青少年来说，更可以从优秀运动员身上获得精神力量。他们那种艰苦训练、不屈不挠和为国争光的高尚品德是现代青年学习的榜样。这就是我们所说的广义的奥林匹克教育。

奥林匹克运动所号召的全球性必然带来奥林匹克文化的多元性或多样性，当今世界，由于科学技术进步和交通通信的发展，奥林匹克运动所提倡的全球化有了实现的可能。回顾100多年前在雅典举行的第一届现代奥运会，当时只有13个国家的311名运动员，其中希腊运动员有230人，占74%。参加国家和地区增加了近16倍。目前运动员人数严格控制在11000人，也比当时增加了35倍。可以设想，仅从这些数字就可以理解这样大规模的聚会必然带来五大洲的文化交流和融合，必然产生多元文化。多元文化不仅符合时代潮流，而且对于促进不同民族之间的了解和友谊起到不可估量的作用，也是人类文明进步的标志。这完全符合奥林匹克运动的宗旨："通过开展没有任何形式的歧视并按照奥林匹克精神——以互相理解、友谊、团结和公平比赛精神的体育活动来教育青年，从而为建立一个和平而更美好的世界作出贡献。"

奥林匹克主义要求建立的生活方式是必须在奋斗中求欢乐，具有榜样的教育价值和符合伦理的基本原则，这就要求所有运动员具备高尚的体育道德标准，符合公正竞赛的精神，这也必须产生与教育的结果。现代奥林匹克运动的宗旨就是要以奥林匹克精神教育青年，从而建立一个和平而更美好的世界。

二 两条主线——奥林匹克核心价值观与文化传承价值观

《奥林匹克宪章》在继承古代奥林匹克运动精神的基础上，开始建立现代奥林匹克运动的价值观，并逐步形成了奥林匹克运动的价值体系。

"奥林匹克主义是一种生活哲学。他整合身体、精神和意志等素质，并促进其均衡发展。"均衡发展的身体观是古代奥运会留下的重要遗产，它强调了对人的尊重，强调了人的自然属性中的肉体与精神的结合，并强调通过体育实现身体、精神、意志等素质均衡发展的人生目标。

奥林匹克运动始终带给青年人拼搏、奋斗、不断进取的生活价值观。奥林匹克格言提出"更快、更高、更强"的思想成为全国世界青少年不断奋斗的座右铭。这句格言是顾拜旦好友、巴黎阿奎埃尔修道院院长亨利迪东在其学生举行的一次户外运动会上，鼓励学生时说的。顾拜旦借用过来，成为奥林匹克的格言。这句格言激励青少年不断进取的奋斗精神。

　　奥林匹克的价值体系中还体现了社会生活中人与人交往的价值观。这主要体现在平等、尊重、合作等方面。如奥林匹克精神指出，"相互理解、团结、友谊、公平竞赛"。这种精神不仅在体育竞技场上需要，而且在人类的社会生活中也处处需要。他为世界多元文化的和谐与发展奠定了重要的基础。奥林匹克主义第四条：参加运动是人类的权利。每个人都有权参加体育运动，反对种族、性别等歧视。第五条：任何有关国家、种族、宗教、政治、性别等歧视行为都被奥林匹克运动所摒弃。

　　人类发展的价值观，主要体现在追求和平，反对暴力等方面。奥林匹克主义的第二条指出：奥林匹克运动的目的是让人们在运动中得到发展，并致力于人类和平社会的建立。再如，从古代奥运会的"神圣休战"，到现代奥运会通过的"奥林匹克休战"，奥林匹克运动维护世界和平的作用已经得到国际社会的肯定。1993 年 10 月 25 日，一只洁白的鸽子携着象征和平的五环和带给人们希望的奥林匹克圣火，出现在纽约联合国大会的屏幕上。联合国第 48 届大会第 36 次会议全体代表一致通过了国际奥委会关于"奥林匹克休战"的提案。奥林匹克运动始终倡导世界和平，已经成为全人类共同期盼的"世界观"。

　　奥林匹克思想体系用体育公平竞赛的标准和一视同仁的裁决确定了它的公正、公平、诚信的价值观。

　　奥林匹克运动还积极倡导环境保护和可持续发展的理念，提倡资源节约的环保意识。20 世纪 80 年代后期，国际奥委会和主办城市都开始重视环保问题。1996 年，《奥林匹克宪章》将环境保护划入国际奥委会主要任务之一，并且成立了国际奥委会环境委员会，要求申办城市必须具备城市美化、环境优雅的条件。1999 年，奥林匹克环境保护方面的纲领性文件《奥林匹克运动 21 世纪议程》得到通过，促进可持续发展成为奥林匹克运动的根本目标之一。

奥林匹克文化经过两千多年历史考验成为当代为最广泛的人群所能接受的文化，这绝非偶然。它体现了人类的崇高理想，它体现了对未来社会的憧憬和追求，它体现了世间难得的真善美和公平正义。尽管历史上有多少哲人和先知提出了未来世界大同的理想和美好的愿望，但总难免有它们的局限性。唯独奥林匹克文化能为不同国家民族、不同宗教信仰、不同政治见解、不同文化背景的人群乐于接受并不断发扬光大。

中国冬奥文化，应当是奥林匹克运动与中国冬奥理念的融合，形成中国冬奥文化自身特色。

冰雪文化活动中是以冰雪生态环境为基础，并以冰雪为媒介，创造着独特的文化情境和模式。也可以说，冰雪文化就是在冰雪的自然环境中，以冰雪生态环境为基础，创造出的具有冰雪符号的生活方式。这包括物质财富和精神财富两部分内容。冰雪文化涵盖广，内容丰富，形式多样。包括体育、艺术、建筑、民俗、饮食、服饰、旅游、交通、文化展览、科技、渔猎、经贸、文化教育等。不同地域的冰雪文化，由于地域文化的不同而呈现出不同特点。比如，中国的吉林市和新疆阿勒泰地区，开展冰雪运动都有悠久历史，虽然两地开展冰雪运动有其相近内容，但两地冰雪文化的活动内容无疑受到所处的地域文化影响和制约，并显示一些不同特点。例如，新疆阿勒泰冰雪文化，完好保存着远古时期古人滑雪的壁画，传承着古老毛皮滑雪板的制作技艺。这就是中国古老的阿勒泰冰冰雪文化特色。

三　2022 年北京冬奥文化传承

办好北京冬奥会、冬残奥会，是中国对国际社会的庄严承诺。面对疫情给全球体育赛事带来的巨大挑战，北京冬奥会、冬残奥会筹办有条不紊、力度不减。

目前北京冬奥会 12 个竞赛场馆已全部完工，所有竞赛场馆将100% 使用绿色电力；京张高铁、京礼高速全线通车，大大缩短了 3 个赛区的通行时间；赛会志愿者报名人数突破 100 万名。

北京 2008 年奥运会留下了丰厚的场馆遗产，"双奥"之城北京打造了"双奥"场馆，如"鸟巢"作为冬奥会开闭幕式场馆、"水立方"作为冰壶比赛场地、五棵松体育馆和国家体育馆作为冰球比赛场地、首都体育馆作为短道速滑和花样滑冰比赛场地。

图2-1　国家体育场"鸟巢"

资料来源：北京冬奥组委官方网站，http://www.beijing2022.cn。

在冬奥筹办过程中，也充分体现中国文化特色。比如，首钢滑雪大跳台设计概念的原型取自中国敦煌壁画中传统的"飞天"形象，得名"雪飞天"；国家跳台滑雪中心的跳台赛道剖面与中国传统吉祥物件"如意"的曲线相似，也称"雪如意"；国家雪车雪橇中心选址与赛道形状和遮阳设计带来的独特建筑形态，宛如一条游龙飞腾于山脊之上。

同时，场馆建设还注重文化传承。北京赛区的首都体育馆修建于1968年，外观从传承保护的角度"修旧如旧"，最大限度保留首都市民记忆中的首都体育馆模样。张家口奥运村西侧紧邻的太子城遗址得到了整体保护，赛时，运动员可经太子城遗址步行至颁奖广场及太子城小镇区域，遗址文化与奥运文化相交融。

为了展示中国风格，传承传统文化，北京将展示一些特许商品。比如，冬奥五环珐琅尊。北京冬奥会特许商品《冬奥五环珐琅尊》由中国工艺美术大师组成的设计团队精心策划推出。珐琅尊总高43厘米，采用景泰蓝、琉璃和錾刻三大非遗技艺制作而成。造型设计灵感源于奥运五环标志，五种底色分别取自奥运五环的五种颜色；器型似竹，有"节节高"之意；盖钮取自中国传统如意造型，祝福北京2022年冬奥会圆满成功；盖子一周呈现的"冬奥图卷"，采用20克纯银镀金而成，以北京冬奥会开闭幕式场馆鸟巢、竞赛场馆冰立方、北京的天坛，以及张家口的大境门作为创意元素设计；尊身饰以五种中国传统吉祥纹"忍冬纹"，象征着冬奥会运动员坚韧不拔的意志；底足以商代虎形为尊足，象征北京冬奥会在2022年中国农历虎年举办，祝愿参加北京

2022 年冬奥会的奥运健儿虎虎生威，旗开得胜。

除此之外，冬奥会还有很多设计包含有传统文化的元素。

冬奥会会徽"冬梦"。汉字成为系统的文字，可追溯至殷商时期。北京 2022 年冬奥会会徽"冬梦"，体现了书法与体育运动的结合：以中国书法"冬"字为主体，上半部分展现滑冰运动员的造型，下半部分表现滑雪运动员的英姿。中间舞动的线条流畅且充满韵律，代表举办地起伏的山峦、赛场、冰雪滑道和节日飘舞的丝带，为会徽增添了节日喜庆的视觉感受，也象征着北京冬奥会将在中国春节期间举行。举办现代奥运会是中国人的一个梦想，可以说冬梦是冬天的梦、冰雪的梦，更是中国的梦。

冬奥会吉祥物"冰墩墩"。大熊猫已在地球上生存了至少 800 万年，是世界公认的"活化石"和中国国宝，形象友好可爱、憨态可掬。2019 年 9 月 17 日，它以冬奥会吉祥物的形象再次为中国代言。熊猫也有过很多名字，而现在它叫冰墩墩——健康、敦厚象征运动员强健的体魄，内敛、和善代表体育人平衡的心性。冰墩墩穿着冰晶外壳亮相，完成了冰雪运动与现代科技的跨界组合。

国家速滑馆"冰丝带"。西汉开始，中国被称作"丝国"，那时候，中国丝织品大批运往国外，更开启了世界历史上第一次东西方大规模的商贸交流。2000 多年后的 2020 年，被称为"冰丝带"的国家速滑馆宣布完工，这是北京冬奥会的标志性建筑。运动员在高速冰道滑行时，带出的轨迹如同条条丝带，而场馆外墙由玻璃制作的 22 道装饰条，寓意着北京 2022。所有丝带表面，都有冰片般的图层，因而就有了"冰丝带"的称谓。

国家跳台滑雪中心"雪如意"。形似北斗七星的如意，最早出现在中国的东汉。它可作为防身器物，战争中也用于代麾作指挥之物，寓意万事顺利，吉祥如意。作为吉祥之物，它在民间及宫廷中都被广泛使用，普通人远行前，家人或友人会送上如意，以表良好祝愿。而作为生活用品，它用于按摩、挠痒。手够不到就用它来替代，可抓可挠、可如人意，"如意"之名由此而来。回过头，我们再看国家跳台滑雪中心，就是因与"如意"外形相似，而被形象地称为"雪如意"，从高空看，会越发觉得相似和逼真。

图 2 - 2 国家速滑馆"冰丝带"

图片来源：中国新闻网，hi. people. com. cn/GB/n2/2020/0104/c231182 - 33688999. html。

图 2 - 3 国家跳台滑雪中心"雪如意"

资料来源：北京冬奥组委官方网站，http：//www. beijing2022. cn。

第二节 冬奥文化呈现与传播

倘若我们将 2008 年的北京奥运会看作世界观察中国的一个新起点，那么 2022 年的北京冬季奥运会就是我们中华民族向世界展示新时代中国的一个新契机。在这百年未有之大变局的背景下，2022 年北京冬奥会将是一场文化盛宴，北京作为主办城市特别注重奥林匹克核心价值观与中华文化传承价值观并行的"双主线"式文化呈现与传播。冬奥会会徽、吉祥物、大型场馆设计与建设等无不在奥林匹克核心价值观中有机结合了中国风元素，这都是为冬奥文化的呈现与传播所做出的努力与贡献。

一　融合本地文化元素

虽然中国文化元素的融合体现在冬奥会的方方面面，但最能给世界各国的冬奥参与者与观众留下深刻印象的当属会徽、吉祥物、体育图标了。

2022年北京冬奥会会徽"冬梦"以汉字"冬"为灵感来源，运用中国书法的艺术形态，将厚重的东方文化底蕴与国际化的现代风格融为一体，呈现出新时代的中国新形象、新梦想。[①] 会徽图形上半部分展现滑冰运动员的造型，下半部分表现滑雪运动员的英姿。中间舞动的线条流畅且充满韵律，代表举办地起伏的山峦、赛场、冰雪滑道和节日飘舞的丝带，为会徽增添了节日喜庆的视觉感受。会徽色彩以蓝色为主色调，寓意梦想与未来，以及冰雪的明亮纯洁。红黄两色源自中国国旗，代表运动的激情、青春与活力。在"BEIJING 2022"字体的形态上汲取了中国书法与丝带的特点，增强了字体的文化内涵和表现力，也体现了会徽图形的整体感和统一性。中国花样滑冰国家队总教练赵宏博认为，会徽代表了一个时代和一届奥运会的精髓。"2022年北京冬奥会会徽代表了中国的传统文化，书法则是中国文化最经典的诠释。它色彩的搭配，让北京冬奥会和冬残奥会两个会徽交相呼应。"

图 2 - 4　2022 年北京冬奥会会徽"冬梦"

资料来源：北京冬奥组委官方网站，http：//www.beijing2022.cn。

---

① 北京冬奥组委：《北京 2022 年冬奥会会徽——冬梦》，https：//www.beijing2022.cn/a/20171215/044650.htm，2017 - 12 - 15。

2022 年北京冬残奥会的会徽命名为"飞跃"。① 把汉字"飞"巧妙地幻化成一个向前滑行、冲向胜利的运动员形象。上半部分线条刚劲曲折，下半部分柔美圆润，寓意运动员经过顽强拼搏、历经坎坷最终达到目标，定格了运动员超越自身、激励世界的体育精神。同时也形象化地表达了轮椅等残奥运动员的特殊器械。会徽图形整体充满了昂扬向上的激情、奋进飞跃的动感，色彩丰富，构图完美，象征运动员以坚强意志作为精神的翅膀，在冬残奥赛场上放飞青春的梦想。在北京冬残奥会会徽发布仪式上，国际残奥委会主席安德鲁·帕森斯通过视频表示了祝贺。他说："北京冬残奥会会徽是一个蕴含着残奥会精神的标志，也是中国文化的象征。"

图 2 - 5　2022 年北京冬残奥会会徽"飞跃"

资料来源：北京冬奥组委官方网站，https：//www. beijing2022. cn。

　　2022 年冬季奥运会吉祥物的名字叫作"冰墩墩"。② 这个冰墩墩可不简单，它可是一个可爱的大熊猫，这憨实、可爱、敦实是一只大国宝。

图 2 - 6　2022 年冬季奥运会吉祥物"冰墩墩"

资料来源：北京冬奥组委官方网站，https：//www. beijing2022. cn。

---

　　① 北京冬奥组委：《北京2022 年冬残奥会会徽——飞跃》，https：//www. beijing2022. cn/a/20171215/044863. htm，2017 - 12 - 15。

　　② 北京冬奥组委：《北京2022 年冬奥会和冬残奥会吉祥物》，https：//www. beijing2022. cn/mascot/index. htm，2019 - 09 - 17。

它象征着中国人拼搏奋斗，它头上的丝带象征着国家速滑馆。透明的线条好似高速运行的"5G"技术，左手中的心形，就是东道主对于无数运动员的欢迎，它还好似一个航天员，这代表着中国在探索未来、追求卓越。中国是世界上的体育大国，它有着一个国家应有的责任与担当，而北京作为 2022 年奥运会举办城市，也是中国向世界展示中国发展的成绩与中国文化的一个窗口，向世界展示中国人民的精神。

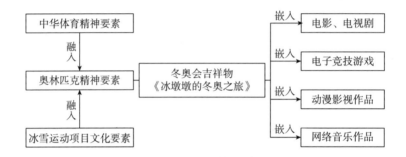

图 2-7　以 2022 年北京冬奥会吉祥物"冰墩墩"
为要素的文化产品开发路径

资料来源：北京冬奥组委官方网站，https：//www. beijing2022. cn。

2022 年北京冬残奥会的吉祥物的名字叫作"雪容融"。[①] 雪容融以灯笼为原型进行设计创作。灯笼代表着收获、喜庆、温暖和光明。顶部的如意造型象征吉祥幸福；和平鸽和天坛构成的连续图案，寓意着和平友谊，突出了举办地的特色；装饰图案融入了中国传统剪纸艺术；面部的雪块既代表"瑞雪兆丰年"的寓意，又体现了拟人化的设计，凸显吉祥物的可爱。灯笼以"中国红"为主色调，渲染了 2022 年中国春节的节日气氛，身体发出光芒，寓意着点亮梦想，温暖世界，代表着友爱、勇气和坚强，体现了冬残奥运动员的拼搏精神和激励世界的冬残奥会理念。

---

① 北京冬奥组委：《北京 2022 年冬奥会和冬残奥会吉祥物》，https：//www. beijing2022. cn/mascot/index. htm，2019 - 09 - 17。

图 2 – 8 2022 年北京冬残奥会的吉祥物 "雪容融"

资料来源：北京冬奥组委官方网站，https：//www. beining2022. cn。

　　在印章的方寸之间，北京冬奥会、冬残奥会体育图标将中国文化载体汉字与篆刻艺术顶峰 "汉印" 完美结合。① 30 个来自汉朝的神秘 "小红人"，构成了冬奥会史上首套动态体育图标，演绎出冬季运动最优美、最成功的瞬间。北京冬奥会共有 24 个体育图标，冬残奥会共有 6 个体育图标，每枚图标代表一个体育项目。这些 "小红人" 与北京 2008 年奥运会会徽 "中国印" 遥相呼应，将现身冬奥场馆、特许产品、交通工具、城市景观当中，成为冬奥 "代言人"，更掀起冬奥 "新国潮"。30 个 "小红人" 以一种时下流行的超感动图形式，将 "抽象" 的体育项目演绎为精彩的运动瞬间，同时配合背景音乐的节奏，达到了 "燃" 的效果。"我们就是要让传统印章变得年轻、有活力，让年轻人看到，这样古老的东西也会以这种 '超感' 的形式出现。" 北京冬奥组委文化活动部形象景观艺术总监林存真说。冬奥会体育图标以中国汉字为灵感来源，以篆刻艺术为主要呈现形式，将冬季运动元素与中国传统文化巧妙结合，既展现冬季运动挑战自我、追求卓越的特点，也凝聚了中国传统文化的厚重精深，又一次为奥林匹克运动贡献了 "中国文化符号"。

---

　　① 萱草：《满满中国风，北京冬奥会背后的文化元素》，《重庆科技报》2021 年 2 月 4 日第 12 版。

图 2 - 9　2022 年北京冬奥会体育图标

资料来源：北京冬奥组委官方网站，https：//www.beining2022.cn。

2022 年北京冬奥会和冬残奥会色彩系统是构造冬奥会整体形象景观的重要视觉元素和规范依据。[①] 上述设计中均遵从了 2022 年北京冬奥会和冬残奥会色彩系统的指导。此色彩系统经过对中国历史上代表性色彩的挖掘，对中国色彩文化的提炼以及对北京、延庆和张家口三个赛区城市色彩的分析而设计包括主色、间色、辅助色三部分。[②] 主色包括霞光红、迎春黄、天霁蓝、长城灰、瑞雪白；间色包括天青、梅红、竹绿、冰蓝、吉柿；辅助色包括墨、金、银。色彩系统通过基础色系、相邻色系及多色色系等方式可以形成组合应用。

其在设计上有如下四个特点：一是色彩系统灵感源自中国传统矿物颜料色彩。矿物颜料是人类绘画中使用的最原始的表现材料之一，拥有悠久的历史和永不褪色的稳定物理特性。中国矿物颜料从古至今广泛存在于壁画、雕塑、建筑、国画、唐卡等中国艺术作品中。二是色彩系统的设计依据源于对中国传统色彩研究，建立在中华民族独特感知方式与哲学思维基础上的色彩体系，反映了中华民族的生存体验和文化心理，极具文化价值。三是色彩系统的选择来源于对三个赛区城市冬季色彩及春节文化色彩的调研。城市、春节色彩展现了人与自然、物质和精神在当下的面貌，述说新时代下的城市性格和文化特征，是色彩系统的重要

---

① 《北京冬奥会发布核心图形和色彩系统，首次使用动态图形》，新京报，https：//baijiahao.baidu.com/s？id=1666084588555688575&wfr=spider&for=pc，2020-05-08。

② Lv，M.，Qin，H.，*Enlightenments to the Beijing Winter Olympic Games：A Review of Main Color Schemes for Olympic Games International Conference on Human - Computer Interaction*，Springer，Cham，2020：383-395。

依据。四是色彩系统来源于对自然四时、天地五方和二十四节气等中国传统文化的理解，将其划分为五主色与五间色。主色和间色之间相互对应组合，形成了一套全新的北京 2022 冬奥色彩系统，既体现了冰雪运动、绿色奥运和科技奥运的内涵，又呈现了中国独有的春节文化和长城文化魅力。

还有以中国风筹建大型体育场馆。中国是一个具有优秀传统文化的大国，在历经五千年的历史中，中国文化璀璨生辉。冰上场馆承担着奥运会冰上项目，好似一条冰丝带；水立方一改，成了冰立方，承担着冰壶等比赛；"S" 形赛道依山而建，恰是一个 "如意"；滑雪中的大跳台，好似一个飘带。这些建筑都承载这中国风的元素，是中国文化的象征，更是祖国发展过程中的一个见证。北京作为举办城市像是一个 "桥"，这所桥让中国文化在群众中广泛传播，让这中国文化向世界展示。

文化的力量是非凡的，文化的力量是强劲的，北京作为 2022 年冬季奥运会举办城市，承载的是中国的文化，展示的是中国发展过程中的成绩，更是带着中国人民爱好体育运动，展示的是拼搏奋斗、追求卓越的精神。

二　2022 年北京冬奥教育文化遗产与科普教育

奥运会作为一个全球盛会，能够为举办城市、举办国和全世界都留下了丰富而宝贵的物质财富和精神财富。奥运遗产，既是申办国的奥运愿景，也是对奥组委的申奥承诺，其内涵与外延的广泛性，决定着其价值的多元性，这些财富构成了奥运会独特的遗产。在过去 30 余年中，遗产在奥运会发展过程中发挥了重要作用，其在规模、范围和成本上都发生了许多变化。随着奥运会不断发展，"奥运遗产" 概念被提出，内涵日益丰富，由于 "遗产" 概念本来没有明确定义，故何为 "奥运遗产"，奥运遗产包含的内容也并无定论，如表 2 - 1 和表 2 - 2 所示。

表 2 - 1　　　　　　　　　　　奥运遗产概念及类别

作者	遗产的种类
Ritchie, J. (1984)	经济、社会、物理、文化、技术、心理
Cashman, R. (1999)	经济、基础设施、信息和教育、公共生活、政治文化、体育、符号、记忆和历史

续表

作者	遗产的种类
Preuss, H. (2000)	有形和无形的影响（形象、生态方面、结构变化、经济关系、对公民的负担、娱乐价值、"后续方面"）
Hiller, H. (2002)	体育和非体育成果：建设环境、经济发展/旅游发展、社会心理（情绪、市民对城市的看法）、城市作为社区（新旧冲突、奥运期间政治领导的变化）
Poynter, G. (2004)	"有形"：体育遗产，社区再生（奥运就业，额外的住房、休闲、体育设施、运输），环境/生活质量（公园、空间、水、空气、生态），旅游，公共服务（教育、医疗等），劳动力市场（技能、知识），志愿者组织，生活成本增加（主办城市与其他城市比较指数显示的百分比变化）"无形"：奥运会相关工作岗位的消失，知识/技能和志愿者精神的保留，地区自豪感/形象/品牌，国家自豪感/形象/品牌，以及结构性"替代效应"（不投资其他地方的机会成本）
Clark, G. (2008)	旅游经济、交通和城市基础设施、文化基础设施、体育基础设施、有形遗产、城市形象、商业兴趣、管理和活动战略发展
Gratton, C. 和 Preuss, H. (2008)	主办所需的结构：基础设施、知识、形象、情感、网络、文化；适用场所：生活、游客、交易会、工业、大会和活动（可持续遗产）

表 2-2 　　　　　　　　　国外研究奥运遗产的主题与实例

主题	实例
文化	建筑、档案、艺术、庆典、文化交流、博物馆、纪念品、纪念碑、口述记忆、纪念品、街道名称、火炬接力
经济	债务、经济活动、就业、利润
环境和可持续发展	在中心城市禁止汽车通行、减少污染、设立监测站监测空气质量、增加步行区、建立新的野生动物保护区、种植新的树木和灌木、减少浪费
无形资产	集体的努力与记忆、残疾意识、经验或技能、外部危机、给当地居民带来不便、欢乐、社区凝聚力、大众记忆
基础设施	新机场、公园、光纤网络、体育场馆、交通管理系统、酒店、写字楼、道路、残疾人停车位、铁路、奥运村
体育	增加当地娱乐或竞技体育活动，成立新的地方委员会，在奥运会设施中组织未来活动，吸引运动员和观众
房地产	短期提振租金和房价，长期平均房价上涨

续表

主题	实例
宣传	混乱和争议，城市声誉的提高/对城市的认知，与奥运会前和期间的国际审查有关的负面宣传、丑闻、争议
旅游与会议产业	在城市营销的增长，会议代表，一般旅游，酒店设施的数量和质量，会议空间
城市再生	改造或粉刷的建筑物、城市规划、拆除非法广告牌、改建为各种用途的场所（学校、商场、剧院、会议中心、政府机关）

　　奥林匹克运动具有强大的教育力量。它教育人们参与比取胜更重要；它教育人们要更高、更快、更强；它教育人们树立正确的价值观。奥林匹克运动中体育与文化、教育相结合，推动着人们向前发展。[1]

　　"诠释奥运精神内涵，传承冬奥文化遗产"是对 2022 年北京冬奥教育的概括。大到官方出品的冬奥文化遗产教育材料，小到各基层社区与中小学组织的冬奥科普活动，无一不体现着奥林匹克精神给社会带来的教育意义、对现代思想政治教育的启示；奥林匹克精神的教育文化功能、政治教育功能[2]；奥林匹克精神对现代教育的影响、对中国学生的人格塑造作用等。[3] 奥林匹克精神的伟大之处在于其使体育与教育融为一体，使体育与文化紧密结合。面向全体民众，促进人们全面发展，启迪青年一代，奥林匹克精神在世间掷地有声，使人念念不忘。传承冬奥文化遗产，不仅体现在历届冬奥会的延续上，而且还生生刻了历史中，烙印在人们的心灵深处。2022 年北京冬奥教育可谓在冬奥历史长河中留下了浓墨重彩的一笔。

　　三　精彩、非凡、卓越的科技与文化融合

　　科技与文化在各个层面的深度融合，是发展文化产业的重要途径。对于这二者的融合，充满诗意的期待和预言是"两粒种子，一片森林"。文化与科技相辅相成、相互促进，先进文化理念是科技创新的思想源泉，

　　[1]　Wels, S., *The Olympic Spirit: 100 Years of the Games*, Collins Publishers San Francisco, 1995.

　　[2]　Taylor, T., "Politics and the Olympic Spirit", *The Politics of Sport*, 1986: 216–241.

　　[3]　Jun, P. E. I. & YOG, "Expain for the New Idea of Olympic Spirit", *Journal of Nanjing Institute of Physical Education (Social Science)*, 2010, 2.

科技创新是推动文化产业转型升级、实现高质量发展的有力杠杆。

促进科技文化融合发展要利用数字技术等高新技术对文化产业进行改造升级，推动文化产业向产业链两端延伸、向价值链高端攀升，增加附加值，提高竞争力。运用互联网、云计算、人工智能等新一代信息技术对传统文化存量资源进行数字化改造，特别是对数量庞大的文化遗产进行数字化改造①，推进文化资源和文化产品虚拟化、可视化、互动化，创造和满足新的文化消费需求。

为全面贯彻党的十九大提出的"筹办好北京冬奥会、冬残奥会"的要求，落实《北京2022年冬奥会和冬残奥会筹办工作总体计划和任务分工方案》，加快推进"科技冬奥（2022）行动计划"。② 瞄准"精彩、非凡、卓越"办赛目标的2022年北京冬奥会自然地将科技与文化融合作为了完成上述办赛目标的重要一环。由清华大学牵头，北京第二外国语学院、北京邮电大学、中国传媒大学和中国外文局当代中国与世界研究院承担的国家重点研发计划"冬奥全球传播服务平台研究及应用示范"项目的启动正佐证了这一点。

图 2 - 10 "科技冬奥"项目启动会

资料来源：北京冬奥组委官方网站，http://www.beijing2022.cn。

———————————

① Thwaites, H., "Digital Heritage: What Happens When We Digitize Everything", *Visual Heritage in the Digital Age*, Springer, London, 2013: 327 - 348.

② 《"十三五"——国家重点研发计划——科技冬奥》，国家科技管理信息系统公共服务平台，https://service.most.gov.cn/zy2/20200519/3347.html，2016 - 03 - 16。

从"冬奥文化呈现与传播"这一点来说，国家重点研发计划"冬奥全球传播服务平台研究及应用示范"是贯彻落实习近平总书记关于北京冬奥会和冬残奥会筹办工作的重要指示精神，是面向北京冬奥会和冬残奥会的重大需求，强化科技冬奥战略谋划和系统布局的国家科技研发重大项目。2022 年北京冬奥会是国际重大标志性活动，是展现中国国家形象、促进国家发展、振奋民族精神的重要契机。项目面向冬奥全球传播影响力提升国家重大需求，突破冬奥赛事多模态资源聚合、跨模态内容生成与检索关键技术，创新冬奥赛事全球传播理论，形成全媒体、全媒介、多元化的冬奥赛事和中国文化多语种全球传播服务平台。项目研究多语种传播、精准推荐、跨模态生成的理论方法和关键技术，冬奥全球传播关键技术的内核为多模态信息挖掘与细粒度分析、跨模态生成与智能检索和赛事信息精准推荐与全球传播，实现"传播速度快、覆盖面广、精准度高"的全球冬奥传播。①

　　除了"冬奥全球传播服务平台研究及应用示范"项目之外，冬奥会、冬残奥会的开闭幕式演出也是科技与文化融合的重要阵地。以计算机为核心的高科技数字化舞美科技应用研究的方向是当今国际艺术科技领域发展的前沿，是文化产业发展的制高点。将声、光、电、形、影、音等高新技术融为一体，将数字科技成果转化为现实文化艺术创作工具，将电影、动漫艺术、网络游戏中的虚拟舞台场景实现在舞台表演中，实现舞台全方位智能化控制能力提升，已是舞美科技产业化的现在进行时。针对在虚拟和现实混合空间中，人机交互和可视化问题，通过提供感官符合的视觉效果和虚拟交互能力，提高表演制作能力，增强数字表演的艺术表现效果，在现场表演中真正实现"虚实结合、虚即是实、实即是虚"的境界，从本质上增强数字化表演的艺术表现能力。利用三维数字投影系统，实景虚拟影像的结合及全虚场景的利用，因不受场地空间因素的限制，可以根据场地的大小来自由调节舞台空间，表现效果更为优美、逼真，具有很强的交互性，带给观众一种融入体验式

---

　　① 《国家重点研发计划"冬奥全球传播服务平台研究及应用示范"项目预启动会召开》，中国社会科学网，http：//news.csn.cn/zx/bwyc/202008/t20200828_5175877.shtml，2020－08－28。

交互真实感。通过"提出需求、实现突破、完美融合、产业延伸"四步走的策略，真正去做、去尝试、去实践科技与文化融合，横向连接了科技、文化、经济三个纵向垂直的链条。[1]

四　冬奥传播平台的文化传播

根据三点前置内容的描述，冬奥与文化是紧密连接、不可分割的有机综合体，对于冬奥传播平台而言，文化传播贯穿其中，起到了重要的作用。国家重点研发计划之《科技冬奥》专项的总体目标是以创新驱动发展战略为指导，以京津冀协同发展战略为依托，面向冬奥会科技保障的重大战略需求，攻克一批核心关键技术，示范一批前沿引领技术，转化一批绿色低碳技术，展示一批体现国家实力的高新技术，建立一批综合应用示范工程，促进冬季运动普及和体育产业发展，将北京2022年冬奥会办成一届创新、绿色、开放、共享的科技盛会，办成一届精彩、非凡、卓越的奥运盛会。[2] 这其中就明确指出了"科技盛会"这一概念，为此，冬奥传播平台也将延续第三点的核心要义，是科技与文化相融合的传播平台。

科技与文化相融合的冬奥传播平台将会是通过科技引领；进行跨界融合；做到线上线下协同；辅以IP（知识产权）创立与衍生手段；依托互联网、智能手机、平板电脑等载体；融入微电影、短视频、网络直播等新业态；借助混合现实、虚拟制片等新技术的全新传播平台。这可以提高创意设计水平、文化产品制造水平，推动文化生产方式、传播方式和消费模式系统创新，是"互联网＋文化"战略的扩展与延伸。[3]

上述对于科技与文化相融合的冬奥传播平台的描述不仅表现在传统媒体与新兴互联网媒体的联合传播上，还表现在传播内容与最新科学技术的融合上。在传播速度上，针对基础设施，引入了最新5G技术[4]，

---

① 《文化与科技融合到底有多难？》，光明日报，http：//www. most. gov. cn/ztzl/gjwh-kjcxgc/whkjmtjj/201208/t20120807_ 96088. htm，2012－07－19。

② 《"十三五"计划——国家重点研发计划——科技冬奥》，国家科技管理信息系统公共服务平台，https：//service. most. gov. cn/zy2/20200519/3347. html，2016－03－16。

③ 张立：《推动文化与科技深度融合》，人民日报，http：//opinion. people. com. cn/n1/2019/0515/c1003－31084955. html，2019－05－15。

④ Andrews，J. G.，et al.，"What will 5G Be?"，*IEEE Journal on Selected Areas in Communications*，2014，32（6）：1065－1082.

瞄准"高数据速率、减少延迟、节省能源、降低成本、提高系统容量和大规模设备连接"的目标，提供 5G 信号覆盖范围内媲美光纤的通信效果。在对传播广度上，除了依托纸媒、广播电视等传统媒体，不仅联合短视频、网络直播平台进行传播，还以更细腻的布局加入了各软件平台的表情包商店、用户个性化装饰系统等，在各个位面、各个粒度进行传播，以达到更大的传播广度。在内容制作上，除了传统的拍摄录制与视频线性编辑以外，融合了非线性编辑、虚拟制片①②、基于 H5 技术的互动叙事、虚拟现实③（包括增强现实④和混合现实⑤⑥）等新兴内容制作手段，参考多模态信息挖掘、跨模态内容生成理论和基于大数据的内容选择建议，使得传播内容更加丰富多彩，受众覆盖范围更加广泛与全面。在内容投放上，在使用传统媒体进行大众化普遍投放的基础上，利用多语种传播、智能检索、推荐算法进行精准度高的按兴趣点投放，大大提高了传播效率。

在上述新兴技术的加成下，冬奥传播平台的科技含量大大提升，将成为真正的"科技盛会"，承担起冬奥文化呈现与传播的历史重任。

第三节　冬奥文化融合发展

一　冬奥会中国文化与奥林匹克价值观相互交融

2018 年 8 月，《文明》杂志策划推出"奥林匹克文化"系列珍藏

---

①　Kuchelmeister, V. , "Virtual Production and Realtime Filmmaking Technologies for the Independent Filmmakers, An Overview", FKT – Fernseh – und Kinotechnik, 2020.

②　Epic Games, "The Virtual Production Field Guide: A New Resource for Filmmakers", https://www. unrealengine. com/en – US/blog/virtual – production – field – guide – a – new – resource – for – filmmakers? session Invalidated = true, 2019 – 07 – 25.

③　Milgram, P. , Kishino, F. , "A Taxonomy of Mixed Reality Visual Displays", *IEICE Transactions on Information and Systems*, 1994, 77 (12): 1321 – 1329.

④　Thomas, P. C. , David, W. M. , "Augmented Reality: An Application of Heads – up Display Technology to Manual Manufacturing Processes", *Hawaii International Conference on System Sciences*, 1992: 659 – 669.

⑤　Milgram, P. , Kishino, F. , "A Taxonomy of Mixed Reality Visual Displays", *IEICE Transactions On Information And Systems*, 1994, 77 (12): 1321 – 1329.

⑥　Speicher, M. , et al. , "What is Mixed Reality", Proceedings of the 2019 CHI Conference on Human Factors in Computing Systems, 2019: 1 – 15.

特刊Ⅱ——《北京：世界首个双奥之城》暨"壮阔东方潮　奋进新时代"庆祝改革开放 40 周年特别策划，共同展望这一美好时刻：奥林匹克文化与中国春节文化将在世界青年的共同参与中，于北京的时空中交相辉映。在党中央的战略部署和习近平主席的亲自指挥下，北京携手张家口获得 2022 年冬季奥运会举办权。如今，奥林匹克再次进入北京时间，首都北京成为世界第一个举办夏季奥运会和冬季奥运会的"双奥之城"，实现中国奥运的百年梦想和开启奥林匹克新起点，成为国际奥林匹克文化传播中心和世界文明交流互鉴的大舞台。由此，2018 年是中国在实现第一个奥运百年梦想基础上，在新时代开启的新征程中向新的目标迈进之时，成为中华文明推动奥林匹克文化发展进程的关键之年。国际奥委会高度赞誉："《文明》杂志准确地理解和诠释了奥林匹克的理念与价值。""以奥林匹克宣言为载体，奥林匹克文化传播的中心与起点是北京。"新时代北京将是最吸引世界目光的奥林匹克文化传播中心和国际交往中心。

凭借奥运舞台的巨大国际传播力，2008 年北京已向世界成功展示中华悠久文明和古老北京的青春活力，中国以开放自信的胸襟推动东西方文明交流互鉴。2022 年冬奥会将在中国的春节期间举行，人类两大盛典即春节文化与奥林匹克文化的交融将为这届冬奥会带来不同寻常的独特文化体验，北京将借助奥林匹克的平台，向全世界展示中国文化独特而时尚的魅力，同时让世界共享人类文化的多元与丰富，以及实现人类命运共同体的美好愿景。

在北京举办一场全球瞩目的冬奥盛会，必将极大振奋民族精神，有利于凝聚海内外中华儿女为实现中华民族伟大复兴而团结奋斗，也有利于向世界进一步展示中国改革开放成就、和平发展主张。因此，筹办北京冬奥会是中国人民对奥林匹克理解的一种延续，是中国文化走向世界的再一次升华，是中国文化与世界文化融汇并丰富发展奥林匹克文化的新征程，也是中国改革开放 40 年成果中的一颗璀璨明珠。①

北京冬奥组委主席蔡奇认为，北京冬奥会是中国重要历史节点的重

---

① 闫丽敏：《北京冬奥会背景下学校体育对"冰雪之约"的践行与思考》，《中国体育科学学会、第十一届全国体育科学大会论文摘要汇编》，中国体育科学学会，2019 年。

大标志性活动，我们要全力以赴推进各项筹办工作。筹办工作要与丰富人民群众文化体育生活结合起来，促进全民健身，打造京张体育文化旅游带，推动体育产业发展。

"双奥之城——北京"已奏响人类命运共同体的交响乐章，在2022年北京春节冬奥会隆重召开之际，作为伟大文明体的中国将会以又一场"无与伦比"的冰雪奥林匹克文化与中国春节文化盛宴，欢迎来自世界各地的体育健儿，同时也是携手世界推动构建人类命运共同体的美好实践。①

二　"十四五"时期冬奥文化战略任务

2021年对于体育而言，是特殊而又重要的一年。身处"十四五"规划开局之年，如何站在"十三五"体育产业跨时代发展的快车道上，将良好势头延续下去；面对即将到来的东京奥运会和北京冬奥会，如何做好体育场馆升级、利用；在体教融合政策推动下，体育在教育中将走向何方……都是大家关注的焦点。

据新华社报道，在近两万字的政府工作报告中，提到了体育发展的诸多细节：

（1）加快发展文化事业，文化产业年均增长13%以上。全民健身广泛开展，体育健儿勇创佳绩。

（2）发展壮大新动能。做大做强新兴产业集群，实施大数据发展行动，加强新一代人工智能研发应用，在医疗、养老、教育、文化、体育等多领域推进"互联网＋"。

（3）深入推进教育、文化、体育等改革，充分释放社会领域巨大发展潜力。

（4）支持社会力量增加医疗、养老、教育、文化、体育等服务供给。

（5）做好北京冬奥会、冬残奥会筹办工作，多渠道增加全民健身场所和设施。人民群众身心健康、向善向上，国家必将生机勃勃、走向繁荣富强。

---

① 黑迪：《奥运赛事文化活动对2022年冬奥会的启示和可持续发展研究》，博士学位论文，北京体育大学，2019年。

这些建议总结起来，共分为四个方向。

体育产业方向：推进智慧化场馆建设，提高场馆设施利用率。

体育教育方向：将体育纳入高考，成为"第四大主科"。

冰雪运动方向：做好冬奥场馆赛后利用，立法规范冰雪产业发展。

体育发展战略方向：加速体育法修订，建立专业的体育仲裁制度。

自2022年冬奥会申办成功以来，在带动"3亿人参与冰雪运动"的大目标下，冰雪运动在国内的热度持续攀升。仅刚刚过去的春节假期，北京延庆两座滑雪场共接待滑雪游客就接近1.5万人次，冰雪旅游游客量更是突破15万人。

北京冬奥组委运动员委员会主席杨扬提到，竞技体育除了是一种技能之外，也是一种能力、一种素质的培养。她呼吁建立中学生以上级别的联赛，让孩子持续兴趣和爱好，推动青少年冰雪人才可持续培养。[1]

此外，杨扬还提议，冰雪运动，尤其是雪上项目，是高风险项目，如何规避运动风险，让参与冰雪运动的人得到安全保障，是冰雪运动发展的重中之重。为此她建议，把安全放在第一位，规范冰雪运动场地设施建设的安全标准，提升运动场所的安全管理能力，提高冰雪运动参与者的安全意识，以避免不幸的发生。[2]

第四节　冬奥文化发展展望

一　助推冬奥国家形象传播大使

奥运会是东道主国家或地区进行文化展示和国家形象推广的绝佳平台。[3]通过冬奥会的舞台，各主办国不仅可以弘扬奥林匹克精神，倡导身心健康发展的理念，还可以借助这个平台进行各种文化展示，传播普

---

① 闫丽敏：《北京冬奥会背景下学校体育对"冰雪之约"的践行与思考》，《中国体育科学学会、第十一届全国体育科学大会论文摘要汇编》，中国体育科学学会，2019年。

② 黑迪：《奥运赛事文化活动对2022年冬奥会的启示和可持续发展研究》，博士学位论文，北京体育大学，2019年。

③ 邱秋云：《后疫情时代大学生文化自信培育的路径探析》，《南方职业教育学刊》2020年第6期。

及本国文化。① 冬奥国家形象传播大使担负着在世界范围内传播推介冬奥会，支持并参与冬奥会各类宣传活动，扩大国家冬奥会的国家级传播力，提高社会影响力，传播中国文化，赢得更多民众的支持的任务。因此，如何打造国家形象大使，助推冬奥文化传播，是一个需要不断探讨的课题。

冬奥会作为全球性的体育媒介事件而备受世界关注，"和平发展""负责任大国"既是当代中国对自身特色、未来形象的定位，也是中国稳定与发展的基石，是国际社会对中国的好感和认同度升降的重要风向标。② 因此，要打造冬奥运动明星，青少年大使，发挥明星、平民两个效应，发挥大众传播媒介的优势，在新的国际形势下，通过传播构建一个良好的国家，塑造良好的国际形象。

新冠肺炎疫情带来世界变局，受新冠肺炎疫情的影响，北京冬奥会既充满不确定性，又面临着前所未有的挑战，包括赛事自身及相关的政治、经济、社会、安保等方面，更是面临着此前奥运会不曾遇到过的逆全球化抬头现象。这就要求北京冬奥会要同时兼顾国内和国际受众的不同需要，既要树立中国的国家形象，更要强调人类命运共同体的重要意义。要突出奥运及体育超越政治、宗教、经济、性别等一切隔阂的独特价值，彰显各国文化各美其美、美美与共的大心胸、大境界。突出"卓越、友谊、尊重"的奥林匹克价值，坚持"包容、团结、进步"的精神，以化解因疫情可能导致的误解、矛盾与冲突。

竞技体育参与者是年轻人的天下，因此，冬奥会关注应将年轻人作为重点关注对象，吸引青少年认识冬奥，热爱冬奥，习近平总书记曾在观摩青少年冰球和花样滑冰训练后向嘱咐："少年强则中国强，体育强则中国强，要强起来。所以冰雪运动一定要全面开展，希望在你们身上，请大家务必努力。"只有抓住了青少年，才能够实现冰雪运动普及

---

　　① 李军凯等：《突发公共卫生事件背景下北京冬奥会风险防范与对策研究》，《科技智囊》2021 年第 1 期。
　　② 董欣：《从平昌冬奥会朝韩合作看北京冬奥会体育与外交的深度融合》，《冰雪运动》2020 年第 2 期。

和可持续发展，才能够助推体育强国建设。① 因此打造青少年大使，招募和培训青少年志愿者等活动，可以影响带动中国乃至世界范围内的年轻人关注、参与、热爱冬奥会，向世界展现中国的蓬勃朝气。

"奥运会是当今世界上最刺激的体育赛事之一，同时奥运选手也具有很强的激励作用。"② 体育明星也是冬奥会国家形象的传播大使，利用体育运动明星的偶像作用，助力冰雪项目在民众间的传播和推广，明星的亲和力近一步拉近民众与冬奥会之间的距离，借助体育明星的榜样的力量更多地鼓励引导更多的青年人参与冰雪运动，掌握冰雪技能。再者，在全球化时代的今天，体育冥想也代表着国家的形象，在国际上发挥着国家形象大使的作用，促进国家间的文化交流，传播亲善的国际形象，为冬奥会助力。

二　助力冬奥文化传承与国际影响力

冬季奥林匹克运动会的重要任务之一就是传播冬季运动价值，通过人的全面发展推动世界和平和进步。③ 通过冬奥会，东道主国家不仅可以弘扬奥林匹克精神，倡导身心和谐发展的理念，还可以进行文化展示，全面传播和普及本国文化。④ 冬奥会开闭幕上利用本国的历史和文化元素，讲述本国的故事，也是对本国冬奥文化的传承与发展，在弘扬奥林匹克文化与体育精神以及本国人民对体育的热爱的同时，又展示本国风土人情、人文特征，而且在各项庆典活动中的各种带有强烈民族特色的文化展示和教育内容更容易为民众所接受，在传播奥林匹克价值和哲学中满足民族自尊心和自信心。

冬奥会是推动世界多元文化进行交流和互动的舞台，致力于加强体育与文化的交流融合。⑤ 北京要借助冬奥会的展示平台，在向大众展示

---

①　陈晓桐：《后北京奥运时期羊坊店中心小学奥林匹克教育研究》，硕士学位论文，首都体育学院，2019 年。

②　Sport Business, *The Future of Olympic Games Media Consumption*, London：Sport Business Group, 2017.

③　陈晓桐：《后北京奥运时期羊坊店中心小学奥林匹克教育研究》，硕士学位论文，首都体育学院，2019 年。

④　Wels, S. , "The Olympic Spirit：100 Years of the Games", Collins Publishers San Francisco, 1995.

⑤　［英］雷穆森：*Tientsin An Illustrated Outline History*，天津书局 1925 年版。

欧美为主导的冰雪竞技体育项目的同时，也要让更多的国人了解中国的冰雪文化。① 冰雪运动在中国古代就很盛行，例如隋唐时期的雪橇、清代的冰嬉文化等。中国冰雪体育文化作为中华文明的重要组成部分，经过历史的沉淀和中国人民的共同努力，在传承中不断地发展创新，在物质层面、精神层面、制度层面都取得了巨大的发展。冬奥会的申办成功，既是对中国冰雪体育文化的认可，同时也为中国的冰雪体育文化的发展提供了契机，冬奥会所传承的应是举办地的传统文化、体育精神、奥林匹克宗旨等理念。要让世界看到北京这座城市已将奥林匹克精神融入城市发展与实力提升之中，与时代并行、与世界接轨、与西方文化碰撞结合，从而形成具有中国特色、蕴含世界文化又诠释奥运精神的竞争实力一流的申办城市。

北京冬奥会是中国再一次登上世界体育舞台，冰雪文化、奥运文化、中国文化完美呈现，赢得世界的认可和尊重，展示国家软实力，树立良好国家形象的机会。对于飞速发展的中国来说，其经济发展成就世界各国有目共睹，但国际形象与拥有的国际话语权却与其不成正比。国际话语权与国家软实力紧密相关，学者乔舒亚·雷默指出，中国的国家形象是中国当前面临的最大战略威胁。② 北京冬奥会为中国提供了构建国际话语权的机会。国际奥委会发布的《奥林匹克 2020 议程》改革方案，再次确认了"尊重、友谊、对话、宽容、公平、团结、和平"的奥林匹克价值观，体现了历经千年、具有世界主义理想的奥林匹克运动在全球化时代的使命和责任。③ 而中国推行的"一带一路"旨在借用古代丝绸之路的历史符号，高举和平发展的旗帜，积极发展与沿线国家的经济合作伙伴关系，共同打造政治、经纪、文化、命运共同体。二者的目标和定位都致力于世界各国文化交流与和平发展，冬奥会的使命责任与中国提出的人类命运共同体理念不谋而合。因此，冬奥会可以与

---

① 王诗雨：《让冬奥会像冰雪一样纯洁干净——推进北京冬奥会监督工作记事》，《中国纪检监察》2021 年第 4 期。

② 白雨竹：《美国驻华大使馆官方微博对国家形象传播的启示》，《新闻传播》2012 年第 12 期。

③ 郭晴、杨茜：《使命、机遇与挑战：对北京冬奥会国际传播的思考》，《体育科学》2020 年第 11 期。

"一带一路"结合，建立面向"一代一路"国家的冬奥交流项目，这样不仅推动冰雪运动在世界的扩展，传播中国文化，推动冬奥运动项目的普及与提高，也有助于向世界表明中国和平发展与开放共荣的不变初心。[①] 借冬奥会的东风，讲述中国故事，给西方提供近一步了解中国的契机，通过冬奥会的国际传播，让西方了解中国的体育观念，树立良好的负责任大国的形象，提升国家软实力，让中国故事切实嵌入国际话语体系，提高国际话语权。

三 推动冬奥文化遗产科普教育在线

每一届奥林匹克运动会都是一次盛大的庆典活动，点燃了奥林匹克文化的火种，传递了文明之光，奥运历史文化遗产值得传承与发扬。冬奥文化遗产的科普教育在线可以进一步推广冬奥文化，感受冬奥运动的魅力，让更多的民众、青少年儿童足不出户就能接触冬奥文化知识，推动冬奥精神的传播。科普布展、科普讲座、宣传单页等传统的线下科普教育大多为自上而下的宣教式科普，缺少与民间的对话与互动，其科普教育的效果也会大打折扣。[②] 随着信息技术的发展，人们接触互联网更加便捷，冬奥文化的科普教育途径也不断地得到拓展。

利用文化大地图可以助力冬奥文化遗产的科普教育，冬奥文化科普内容地图倾向于以更为直观的、清晰度更高的视觉形式来展现冬奥文化遗产的传承与发展状况，利用系统梳理的框架结构和简洁的信息图表，生动的人物形象来引导人们方便、快捷地了解冬奥的内容，还可以增加更多的交互效果，使科普教育的过程具有更多的趣味性。

科普动画也可以为冬奥文化遗产的科普教育添砖加瓦，随着 CG 技术、三维数字技术等的发展，动画画面也变得更加的生动逼真。动画能相对精确地模拟完成一些无法重现的、实拍不能完成的镜头，使已濒临消失的文化场景得到精彩的感性还原。而且三维动画技术可以更加动感、逼真地虚拟再现冬奥文化遗产，产生特殊的艺术效果。

---

① 刘正等：《2018 平昌冬奥会奥林匹克教育研究》，《北京体育大学学报》2019 年第 2 期。
② 周荣庭、李爽：《世界文化遗产科普的融合路径探究》，《科普研究》2020 年第 6 期。

图 2 - 11 冬奥科普动画

资料来源：网易网，https：//www. 163. com/dy/article/EJJAGQOU0529S95E. html。

设立教育门户网站、打造奥林匹克教育共享平台，也能更好地传播冬奥知识，传扬奥林匹克文化遗产，实现科普教育的效果。例如，在 2018 年平昌冬奥会上，为了让更多的民众建立起对冬奥会、冬残奥会历史、项目、规则、场地、装备等基本认知，以平昌冬奥组委和韩国教育部为教育主体，平昌冬奥、冬残奥知识教育通过开设教育门户网站的形式得以实现。该网站以韩国中小学生为重点教育对象，全体国民均作为冬奥、冬残奥项目知识教育的客体，旨在韩国乃至世界范围内传播冬季项目知识和历史。[①]

早在 2001 年，Pieraccini 等就对文化遗产中的文物进行三维采集与数字化技术保护，认为数字化技术可以广泛应用于文化遗产领域。[②] 如今，在各种文化遗产领域数字化技术已得到普遍应用，对现存的文化遗产进行采集与复原，展示文化遗产原始风貌，在保护文化遗产的基础上有效传承、传播文化遗产的各项价值。[③] 虚拟现实、增强现实、3D/4D 成像、全景漫游、全息投影、遥感测绘和激光打印等技术也越来越多地与文化遗产的科普结合，将文化科普以艺术化的形式呈现，增强体验者

---

① 刘正等：《2018 平昌冬奥会奥林匹克教育研究》，《北京体育大学学报》2019 年第 2 期。

② Wheeler, S., "The Significance of Family Culture for Sports Participation", *Musical Times & Singing Class Circular*, 2012, 60（60）：1 – 12.

③ 周荣庭、李爽：《世界文化遗产科普的融合路径探究》，《科普研究》2020 年第 6 期。

的沉浸感与交互感，使民众更加深入地理解科普内容。在昌平冬奥会期间，为向公众传播奥林匹克价值，平昌冬奥组委会利用虚拟现实、沉浸技术为公众提供了逼真的包括冬残奥项目在内的各种冬季运动体验。①因此，北京冬奥会的科普教育活动可以更多地与 AR、VR、人工智能等技术相结合，设置各种体验项目和科普游戏，开发具有科普教育的 App，用全方位的科技创新支撑冬奥会，推动奥林匹克教育创新，大力普及冬奥会知识，丰富教育的多元性，进而全面学习、理解和感受奥林匹克人文精神，贯彻和普及奥林匹克的优良精神。

四 提升国际文化传播能力和水平

冬奥会期间应该加强国家的国际传播能力建设，构建对话话语体系，发挥好大众传播媒介的优势，在传播冬奥文化的同时，诠释中国的特色，促进中国文化在世界上的传播，让外国进一步了解认识中国，提升中国的文化软实力，打造有力的国际舆论环境。

国际文化传播的一个重要任务就是讲好中国故事，引导国际社会更加全面客观地认识当代中国、塑造良好的国家形象。然而，现在世界上"西强东弱"的传播格局仍未得到改善，不利于中国文化的传播，因此要提升中国的国际传播建设。官方主流媒体是西方社会了解中国的关键渠道，党的十八大以来，中国政府大力实施新闻媒体"走出去工程"，逐步构建了以中国中央电视台、新华社、人民日报等传统媒体为战略支点，以新媒体空间上的"占领""覆盖"为战略辅助的国际传播格局。② 通过冬奥会来传播中国文化，需要官方主流媒体发挥主流和引领作用，以官方媒体的身份向世界传播中国，更好地传播奥林匹克价值观，进一步推动国人了解奥林匹克运动，发出属于中国的声音。

要提升民间传播力量的广度，官方媒体在国际传播中的核心作用毋庸置疑。但是面对媒体力量多元化、信息流复杂化、传播技术更新化的

---

① 刘正等：《2018 平昌冬奥会奥林匹克教育研究》，《北京体育大学学报》2019 年第 2 期。

② 肖丽斌、王润斌：《2022 年北京冬奥会与我国国际传播能力建设》，《体育研究与教育》2020 年第 1 期。

局面，国际传播需要更加丰富立体的传播渠道与传播主体。① 要优化新闻路径，加大传播力度。电视、报纸和广播等传统媒体在人文交流过程中的优势可以结合现代新媒体技术，将微信、微博、Facebook 等平台融入人文沟通的途径中，拉近与人民之间的距离，促使不同文明可以在交流和碰撞中进行延伸，创建出和谐友好的文化环境。北京冬奥组委会应借助自己的官网、社交媒体以及推特等为冬奥会预热，着力展示现代中国与时俱进的面貌，冰雪赛事的报道应注重与国际奥委会、相关国际项目联合会、运动员互动，讲述更多普通人的冬奥故事，对普通人视角的关注、对个人社交媒体用户的鼓励也为冬奥会的国际传播奠定有利的群众基础。② 习近平总书记高度重视传统媒体与新兴媒体的融合发展，多次在重要场合强调要利用新技术、新应用、创新媒体传播方式："融合发展关键在融为一体、合二为一"。③

从冬奥会的传播来看，利用媒介技术可以传播奥林匹克文化、运动，扩大自身的影响力，先进的媒介技术有助于提升观赛体验和参与度，在冬奥会等体育赛事中应用新媒体技术可以实现奥运会的全球传播，北京冬奥会的传播也应充分发挥媒体技术的优势，运用更多的新技术手段，向世人展示冬奥故事。如今随着 5G 技术的发展与普及，使体育赛事的转播也更为流畅，色彩还原度更高，细节更加的生动，可以更加容易地制造出画面景深的效果。《北京市超高清视频产业发展行动计划（2019—2022 年）》提出，推动北京超高清视频关键核心技术取得突破，实现北京冬奥会、冬残奥会 4K 超高清电视全程直播，8K 超高清实验直播。④ 除此之外，各种自媒体力量，VR、AR 等虚拟现实和人工智能等技术在冬奥会中的运用也开拓了视角的广度，使受众最大限度地享受身临其境感。这些技术的发展可以有力提升冬奥会的观赛体验，展

① 肖丽斌、王润斌：《2022 年北京冬奥会与我国国际传播能力建设》，《体育研究与教育》2020 年第 1 期。

② 《奥运知识进课堂，北京冬奥会教育材料发布》，北京日报，https：//baijiahao. baidu. com/s？id＝1677537649835074953&wfr＝spider&for＝pc，2020 年 9 月 11 日。

③ 史安斌、盛阳：《开创国际传播能力建设的新局面、新理念、新形式》，《电视研究》2018 年第 11 期。

④ 郭晴、杨茜：《使命、机遇与挑战：对北京冬奥会国际传播的思考》，《体育科学》2020 年第 11 期。

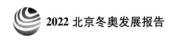

示中国目前的科技软实力。

　　冬奥会的传播，实质上是一种跨文化传播，即沟通和建立不同文化中人与人之间的文化交往。讲述中国体育故事，描述北京冬奥会的组织与筹备、呈现中国的发展图景更应采用跨文化传播思维，只有关注不同文化讲述故事的框架及叙事编排，才能达成传播的理解、共享与认同。①

　　① 郭晴、杨茜：《使命、机遇与挑战：对北京冬奥会国际传播的思考》，《体育科学》2020 年第 11 期。

第三章　北京冬奥会与体育健康

第一节　冬奥加速体育强国建设

一　承办冬奥会驱动中国冰雪运动全面发展

冬季奥运会相较夏季奥运会的比赛项目受众范围小，但是技术要求更高，专业需求更精。回溯冰雪运动的发展，始终伴随着科技的进步，人工制冷技术、高原冰场、克莱普冰刀、卡宾滑雪板等技术创新，提高运动员比赛成绩的同时使冰雪运动更具专业性。冰雪运动强弱与否背后体现的是一个国家的科研水平和经济实力，发展现代冰雪运动具有重要意义。

《2022年北京冬奥会参赛实施纲要》（以下简称《实施纲要》）中指出，中国冰雪运动发展较为落后，基础薄弱，普及程度不高，竞技水平差距较大，主要表现在优势项目少且发展不平衡，训练理念与方法差距较大，冰雪运动专业人才匮乏，高水平教练员短缺，专业训练场地极为缺乏等问题。筹办北京冬奥会，成为补足短板迎头赶上的好机遇。

自中国成功申办2022年北京冬奥会以来，各地掀起了发展冰雪运动的热潮，中国冰雪运动快速发展，呈现出良好的态势。以习近平同志为核心的党中央高度重视体育事业和冰雪运动发展，习近平总书记多次做出重要批示指示，强调"要通过举办北京冬奥会、冬残奥会，把中国冰雪运动特别是雪上运动搞上去，在3亿人中更好地推广冰雪运动，推动建设体育强国。"据统计，近几年国家层面出台的涉及冰雪方面的政策超过14项（见表3-1），内容涉及冰雪消费、冰雪运动、冰雪器材装备、场地设施、青少年冰雪参与等。这些政策都提出要进一步繁荣和建设国内冬季冰雪旅游大市场，为冰雪运动在中国的深入发展提供了必要支持。

表 3 - 1　　　　　　近年来有关冰雪项目的部分政策文件内容摘录

《体育发展"十三五"规划》	(1) 研制并实施《群众冬季运动推广普及计划》，大力发展大众冰雪健身休闲项目，扶持滑冰、冰球和雪上等有潜力的冰雪健身休闲项目快速发展。积极打造"全国大众冰雪季"和"青少年冰雪运动普及"等群众性品牌冰雪活动，举办花样滑冰、冰球、冰壶和单板滑雪等赛事，积极推动冰雪运动进校园。大力发展冰雪运动产业，以带动冰雪设备和冰雪运动装备生产、大众冰雪健身服务水平建设为助手，逐步打造多元冰雪产业链，有效扩大冰雪体育产业市场供给； (2) 进一步优化体育服务业、体育用品制造业及相关产业结构，实施体育服务业精品工程、体育用品制造业创新提升工程和体育产业融合发展工程
《关于以 2022 年北京冬奥会为契机大力发展冰雪运动的意见》	(1) 实施品牌战略推动建立一批产业规模较大的冰雪产业集聚区，兴建一批复合型冰雪旅游基地和冰雪运动中心； (2) 发展冰雪健身休闲产业，促进冰雪产业与相关产业深度融合，支持企业开发科技含量高、拥有自主知识产权的冰雪运动产品
《关于进一步激发文化和旅游消费潜力的意见》	(1) 顺应文化和旅游消费提质转型升级新趋势，文化和旅游消费质量水平，不断激发文化和旅游消费潜力，以高质量文化和旅游供给增强人民群众的获得感、幸福感； (2) 提升入境旅游环境。研究出台以北京 2022 年冬奥会、冬残奥会为契机促进入境旅游的政策措施。确保入境旅游环境得到明显改善，入境消费规模保持持续扩大态势
《关于促进全民健身和体育消费推动体育产业高质量发展的意见》	(1) 提升体育服务业比重，支持体育用品制造业创新发展，推动体育赛事职业化，支持校际体育赛事发展，加快发展冰雪产业； (2) 大力发展"互联网＋体育"。鼓励体旅融合，实施体育旅游精品示范工程，加快体教融合，引进专业人员和机构等为学校体育课外训练和竞赛提供指导； (3) 鼓励建设体育服务综合体、运动休闲特色小镇，加强体育产业基地建设与管理，探索体育产业创新试验区建设

续表

《冰雪运动发展规 划 （2016—2025 年）》	（1） 加快推动冰雪健身休闲业。积极推动运动健身、场馆服务、培训教育、体育旅游等健身休闲产业业态发展。加快发展社会关注度高、市场空间大的冰球、花样滑冰、高山滑雪等项目。实施冰雪产业精品工程，支持各地打造一大批优秀冰雪运动俱乐部、示范场馆和品牌赛事； （2） 积极推动冰雪旅游产业发展，指导冰雪资源大省做好冰雪旅游专项规划，充分发挥市场作用，整合现有资源，建设一批复合型冰雪旅游基地和冰雪运动中心； （3） 积极培育冰雪竞赛表演业。大力拓展冰雪竞赛表演市场，促进办赛主体多元化，推进冰雪赛事活动市场化运作； （4） 举办冰球职业联赛，引导培育冰雪运动商业表演项目，打造以“全国大众冰雪季”为代表的群众性品牌冰雪活动； （5） 创新发展冰雪装备制造业。搭建产需对接平台，支持冰雪装备制造企业与冰雪场地等用户单位联合开发冰雪装备，扶持具有自主品牌的冰雪运动器材装备、防护用具、设施设备、客运索道等冰雪用品企业和服装鞋帽企业发展
《冰雪旅游发展行动计划（2021—2023）》	（1） 扩大冰雪旅游优质产品供给。推动冰雪主体旅游度假区和景区建设，推出国家级、省级滑雪旅游度假地，支持冰雪旅游线路和基地建设，发挥冰雪赛事带动作用，推动乡村冰雪旅游发展； （2） 深挖冰雪旅游消费潜力。培育消费理念和市场主体，优化消费环境，加强品牌建设； （3） 推动冰雪旅游与相关行业融合。促进冰雪旅游与文化、教育、装备制造及科技的融合； （4） 提升冰雪旅游公共服务。完善冰雪旅游公共基础设施建设，健全安全应尽和风险管理体系； （5） 夯实冰雪旅游发展基础。加大人才培育力度，加快标准化建设

为加速中国冰雪运动的发展，大踏步赶上冬季体育运动强国，使中国冰雪运动全面复兴，平衡推进冰雪项目、体制、文化、教育、训练、科研等方面的全面发展，严格落实各项冰雪政策，补足冰雪项目短板，积极推进“冰雪运动南展西扩东进”，带动“三亿人参与冰雪运动”。由国家发改委、国家体育总局、教育部、国家旅游局共同印发的《冰雪运动发展规划（2016—2025 年）》提出，到 2025 年，实现冰雪运动

基础更加坚实，普及程度大幅提升，直接参加冰雪运动的人数超过5000万人；冰雪运动竞技水平和国际竞争力全面提升，力争在2022年冬奥会上综合实力跻身世界先进行列；2020年冰雪产业总规模达到6000亿元，2025年冰雪产业总规模达到10000亿元。形成并传播独具人文魅力的冰雪运动文化，提高本国国民对冰雪运动的热情，加强冰雪运动技术研发，提升运动员专业技能，积极主动研究冬季项目特点、趋势及规律，把握项目制胜规律与技巧，形成针对性强、科学专业的训练体系。

二 努力开创冰雪运动发展新格局

现代化的体育发展新格局要求更全面、更均衡地发展，世界眼光、国际标准、中国特色、高点定位、恶补短板——这"20字方针"是开展冰雪运动的重要遵循。具体从三个方面全面建设与现代化体育强国体系相适应的冰雪运动发展新格局：冰雪项目全面覆盖、冰雪运动全面推广、冰雪改革全面推进。

冬奥项目全面覆盖。按照国家体育总局的规划，冰雪运动需要继续恶补以下几大短板——升级训练场地；夯实后备人才基础；提高训练科技含量。两年来，国家体育总局分期分批新开展了雪车、钢架雪车、雪橇、自由式滑雪"U"形场地、坡面障碍技巧、单板滑雪大跳台等项目。项目的发展同样离不开人才的培养，为了能扩大冰雪运动人才队伍，提升冰雪运动员专业素质，以冰雪强省黑龙江为例，通过在省内外跨界跨项公开选拔、对外交流、与国家冬运中心和兄弟省区市及解放军合作等方式，全面实施冬奥战略，以平昌冬奥会为准，在全国各省中率先实现了冬奥会设项全覆盖。在训练备战等环节，冬季运动队采用了先进的生物传感器和大数据等技术创新训练理念和方法手段，同时研发训练、比赛器材装备，形成完备的科学体系。截至2018年，平昌冬奥会设置的7大项15分项109个小项都已在黑龙江省开展，实现冬奥项目全覆盖，为北京冬奥会全面参赛奠定了基础。

冰雪运动全面推广。在中国，因为自然条件的限制，冰雪运动只限于在东北地区发展较好，但又受制于冰雪运动的高昂花费，导致经济条件不如南方城市的冰雪地区并未将冰雪运动真正发展起来。因此，冰雪运动的普及和推广是促进冰雪运动在全国范围内均衡发展的关键所在。

"北冰南展西扩东进"冰雪运动发展战略的提出，旨在形成东南西北遥相呼应、冬夏两季格局特色、冰上雪上全面开花的中国冰雪运动新格局。在政策的积极推动下，上海、江苏、广东、重庆、青海等南部和西部省市开始举办短道速滑、花样滑冰、冰壶等国际大赛，冰雪运动逐渐进入人们的生活，成为大众欢迎的休闲娱乐方式。以筹办北京冬奥会、冬残奥会为契机，提出"三亿人参与冰雪运动"的目标，增强群众冰雪、青少年冰雪、冰雪产业、冰雪赛事、冰雪场地设施及冰雪运动人才等方面的核心竞争力，形成冰雪文化传统。

冰雪改革全面推进。近年来，随着中国体育改革的全面深化，体育公共服务水平不断提高，全民健身蓬勃发展，竞技体育成绩显著提高，尤其是冰雪运动改革发展等一系列举措取得明显成效。从中国参与冬奥比赛的结果来看，冰强雪弱凸显，为了弥补短板，近年来中国重新组建或加强高山滑雪、跳台滑雪、冬季两项、雪车、钢架雪车等项目的国家队建设，大规模跨界跨项选材，通过多种方式提高运动竞技水平。补齐短板、夯实强项，中国滑冰协会、中国冰球协会改革已经破题，积极举办各项联赛，推动冰上运动技能的发展，同时重视培养后备力量，策划大学联赛和青少年发展联盟。冬运中心在其中发挥好统筹作用，既要"放管服"，又要甘当"保障部"，国家体育总局的夏季项目中心和协会积极参与冬奥冰雪改革，地方体育部门、体育院校和冰雪企业做到统一步调，相互配合，为中国的冰雪运动贡献力量。

第二节 冬奥完善体育制度体系

一 建立科学的管理体制

在申奥工作时期中国就提出了运行北京冬奥会的三大理念，即"以运动员为中心、可持续发展、节俭办赛"。

以科学管理实现节俭办奥。"节俭办赛"理念体现了中华民族勤劳节俭的传统文化，中国目前的发展水平早已不需要"一掷千金"式的投资策略，更多的是从自身的角度出发，思考如何将冬奥会打造成为符合国情的顶级盛会。留存的奥运遗产，针对冰雪运动的场馆要求、国际奥委会的场馆要求加以改造，使其能够为北京冬奥会所利用。这样不仅节约大量人力、物力资源、土地资源、减少污染，同时最大化发挥资金利用的实效性。引用民间资本参与冬奥会发展之中，严格做好资金的科学预算、做好成本控制。充分利用 2008 年北京奥运会人才，组建奥组委，减少了人才培养成本，避免了人才浪费。最后，利用好冬奥会举办过后留下的奥运遗产发展相关产业。

以科学管理服务运动员。"以运动员为中心"体现了体育事业发展以人为本的理念，抓住了冬奥会的重点工作对象。建立科学的管理服务体系，在赛前、赛中、赛后中全方位服务好冰雪运动员。大力推动冬奥运动科技服务，设立总局直属重点实验室，加强冬季运动科技人员培养；多样化发展科技服务手段，加快信息通信网络建设，让世界各国运动员体验到中国 5G 技术服务；形成战略目标与对策明确的服务系统，确保在冬奥会赛事进行期间，活动组织和管理、公共卫生与运动医学等方面良好运行，同时做好国内政治、社会舆论、公共关系等维护工作。

以科学管理实现可持续发展。奥运会后留下了很多"奥运遗产"，其中最重要的是奥运会留下的场馆。在此次冬奥会上，将要改造奥运会场馆作为冬奥会场馆，这就是实现了场馆的可持续发展。在奥运会可持续发展示范区，将实施绿色场馆、绿色能源和绿色交通等节能低碳措施，全面推进场馆绿色建筑标准认证。奥运场馆将作为冰雪运动场馆加以利用，不仅作为竞技体育的训练场所，也向社会开放，实现大众冰雪与竞技运动发展的"双赢"。群众体育的发展所能带动的社会效益与经济效益是十分巨大的。冬奥场馆能够吸引群众体验冰雪运动，提高冰雪运动的普及率；人们利用冰雪项目进行健身，提高身体素质；更重要的是对于青少年冰雪运动兴趣的培养，增加奥运后备人才储备。①

以科学管理落实疫情防控举措。突如其来的新冠肺炎疫情造成全球大流行，导致 2020 年东京夏季奥运会推迟举办。为了保证 2022 年北京冬奥会和冬残奥会的按时顺利召开，北京冬奥组委采取科学管理手段，落实各项疫情防控措施，在确保工作人员健康的同时，通过统筹协调，保证绝大多数场馆以及其他基础设施建设顺利复工，加紧推进计划编

---

① 孙路阳：《冬奥会管理体制及治理模式创新研究——以北京冬奥会为例》，《拳击与格斗》2019 年第 14 期。

制、系统开发、桌面推演等内部工作，以视频等方式举办各种重要活动和会议，有条不紊地推进各项筹备工作正有序推进。

二　不断完善项目运行机制

举办 2022 北京冬季奥运会是中国的大事，是全面展示国家综合实力的契机，要主动向国际冬季体育强国借鉴其成功的举办经验，同时开拓创新，为世界各国举办大型体育赛事提供中国方案。

《北京 2022 年冬奥会和冬残奥会场馆化工作总体指导意见》指出，建立场馆化工作协调机制，加强与各单位各部门的对接；组建场馆运行团队，稳定团队构成，编制场馆运行通用导则，强化工作人员培训；属地党委政府要积极对接、主动服务，融入场馆运行团队，组建外围保障团队；场馆业主要深入参与场馆化工作，选派业务骨干进入场馆运行团队，为团队工作创造便利条件。

外部保障机制。做好冬季奥运会筹办涉及的外部环境工作，包括政府部门间沟通、国际交流、国家外交等，其中最为核心的是赛事期间的安保问题。构建多方配合、灵活机动的安保体系，在中央政府、地方政府的统筹下，军队、警察、消防、安保公司以及特别应对安保小组。并且还需重视冬奥志愿者的身份检查和资历审核工作，加强培训志愿者的专业度和紧急突发状况的应变能力。

内部控制机制。冬奥组委会形成了一个完备的控制方案，保证一切资源分配始终围绕组织核心利益，同时，维持财政投入和财务报告的可靠性，确保有关法律法规与组织规章制度以及从中延伸出的一系列控制方法、措施和程序被严格遵守且执行。2021 年 1 月，习近平主席在北京 2022 年冬奥会和冬残奥会筹办工作汇报会上强调，北京冬奥组委要更好履行职责，严格执行各项规章制度，严格预算管理，控制办奥成本，勤俭节约、杜绝腐败，让北京冬奥会、冬残奥会像冰雪一样纯洁干净。[1]

赛事运行机制。在新兴媒体高速发展的大数据时代，一场盛大体育

---

① 《习近平在北京、河北考察并主持召开北京 2022 年冬奥会和冬残奥会筹办工作汇报会时强调　坚定信心　奋发有为　精益求精　战胜困难　全力做好北京冬奥会冬残奥会筹办工作》，新华网，https：//baijiahao. baidu. com/s？id = 1689403581716829981 &wfr = spider&for = pc，2021 - 01 - 20。

赛事都将汇聚世界各国的目光，并会引发政治、经济、文化、体育等各方面令人关注的议题。这些都需要在冬奥赛事进行中高度关注。为了保证赛事良好的运行，北京冬奥组委加强学习、培训与研究，先后派出上千人次观摩平昌冬奥会组织运行情况，结合自身特点，精心完善机制，反复演练，在新冠肺炎疫情的特殊背景下，保障大赛的顺利进行，并提供全方位、不间歇医疗后勤服务以及做好新冠肺炎疫情的预防、救治、宣讲等工作。

三 加强跨地跨界体育合作水平

2022 年冬奥会从一开始就是由北京与张家口联合申办，北京与张家口联合申办 2022 年冬奥会最终成功，决定由北京市承办冰上项目比赛，张家口市崇礼县承办雪上项目比赛，是中国奥委会对北京市和张家口市举办冬奥会的自然条件和基础设施的认可。从起初的跨界体育合作就预示着 2022 年的冬奥会将是一次取长补短、强强联合的重要契机。

在良好的发展机遇和国家有利政策的推动下，积极开展冰雪运动领域的跨地跨界合作，实现地域间、行业间的优势互补。《北京 2022 年冬奥会和冬残奥会赛时运行指挥体系工作方案》指出，北京冬奥会和冬残奥会涉及两省市三赛区，充分发挥体制优势，建立北京冬奥组委和国家、地方党政单位全面融合的"双进入"运行保障机制，紧紧依托主办城市现有城市管理、城市运行指挥体系，整合各方力量，构建高效运行的指挥网络。

随着京津冀协同发展持续推进，以及京张两地共同筹办 2022 年冬奥会相关工作的推进，北京、天津、张家口三地在环保、医疗、教育、旅游等领域广泛开展合作，根据 2017 年 7 月时的数据，三地已签订 37 项合作协议，总投资达到了 309 亿元。京张两地在冰雪运动、休闲旅游等方面的合作也日趋密集。由北京市相关企业投资建设万龙滑雪场二期工程于 2016 年 8 月开工建设，新建 60 条雪道、三条高速缆车以及相关酒店、公寓设施。该项目总投资为 10 亿元人民币。①

此外，国家体育总局提出"大冬奥、大备战、大保障"的工作思路，调动多方参与备战北京冬奥会的积极性。冬奥中心与体操运动管理

---

① 《京张高铁官厅水库特大桥主体年底完工》，《新京报》2017 年 7 月 8 日。

中心围绕备战 2022 北京冬奥进行三方面的战略合作——人才共享、经验共享、资源共享。2021 年 1 月，习近平主席在主持召开北京 2022 年冬奥会和冬残奥会筹办工作汇报会时强调，推动京津冀协同发展，努力在交通、环境、产业、公共服务等领域取得更多成果。要积极谋划冬奥场馆赛后利用，将举办重大赛事同服务全民健身结合起来，加快建设京张体育文化旅游带。在跨地跨界体育合作中共享一切资源，动员各方力量，2022 北京冬奥会组委会扎实推进各项目的进程，把握好这次"从量变到质变"的冰雪运动发展机遇，向国人和世界人民交出一份满意的答卷。

第三节　冬奥提升体育竞技水平

一　补足中国冰雪项目短板

2002 年，随着中国运动员大杨扬在盐湖城冬奥会上实现了中国在冬奥会上金牌零的突破，中国冰雪运动发展驶入"快车道"。意大利都灵、加拿大温哥华、俄罗斯索契、韩国平昌举办的四届奥运会上，中国都有金牌入账，冬季体育运动水平不断提升。但是，中国的冰雪运动优势集中在短道速滑、速度滑冰、花样滑冰、自由式滑雪空中技巧等少数项目上，还存在不少短板项目。借举办冬奥会的良好契机，中国大力发展冰雪体育项目。2019 年国务院办公厅印发的《体育强国建设纲要》明确提出，"持续加大冰雪项目选材力度，恶补冰雪项目短板，不断提高冰雪竞技水平"。

在短道速滑的优势基础上，中国大力发展速度滑冰、花样滑冰、冰壶、集体滑冰等项目，特别是中长距离、团体追逐和集体出发等速度滑冰项目。国家体育总局冬季运动管理中心针对速滑的短板小项选拔身体形态适宜速度滑冰项目、身体机能出色、运动水平高的优秀同类项目冬夏季人才进入速度滑冰项目，巩固短距离强项，恶补长距离短板。

中国"要通过举办北京冬奥会、冬残奥会，推动中国冰雪运动跨越式发展，补缺项、强弱项，逐步解决竞技体育强、群众体育弱和'夏强冬弱''冰强雪弱'的问题，推动新时代体育事业高质量发展"。提高现代竞技体育水平，既要靠气力，也要靠技力。运动员要有为国争光、勇创佳绩的志气，夏练三伏、冬练三九，加强技术创新，学习借鉴国外先进理念和技术，不断提高训练和比赛水平①。

二 参与项目更加丰富多元

2022 年北京冬奥会是国际冰雪竞技项目更加丰富的一次盛会。在 2018 年 5 月 18 日举行的国际雪联代表大会上，代表们提出，希望在 2022 北京冬奥会新增包括自由式滑雪空中技巧混合团体赛、自由式滑雪大跳台、单板滑雪越野团体赛、单板滑雪平行混合团体赛、单板滑雪平行障碍赛、单板滑雪混合团体障碍赛等新的竞赛项目。除国际雪联外，国际滑联、冬季两项、无舵雪橇和钢架雪车等国际体育联合会均提出新增项目。国际壶联没有提出增加新项目，但希望能增加混合双人赛的参加队伍。2018 年 7 月 19 日，国际奥委会通过投票，最终敲定，女子单人雪车、短道速滑混合团体接力、跳台滑雪混合团体、自由式滑雪大跳台（男子、女子各 1 项）、自由式滑雪空中技巧混合团体、单板滑雪障碍追逐混合团体等 7 个小项为冬奥会项目。因此，北京冬奥会将成为全球有史以来项目最为丰富的一届冬季体育盛会。

在丰富冬奥会项目的同时，中国也不断扩大在冬奥项目上的参与范围。在北京 2022 年冬奥会成功申办前，中国国内从未开展过越野滑雪、高山滑雪、雪橇等项目比赛。通过举办 2022 年冬奥会，中国努力改变"冰强雪弱"的冰雪运动格局，项目发展逐步向"雪重冰轻"为特征的冬奥会项目布局倾斜，选择更适合中国选手体能技巧型的冰雪项目进行突破，实现对冬奥项目更加全面、多元的参与。

中国运动员在高山滑雪国际赛事上崭露头角，但与国际高水平运动队的差距仍然十分明显。通过从田径、轮滑、自行车项目的短距离和中距离项目以及球类等项目中选拔运动员，聘请国外教练执教，根据实际情况选择在国外或国内开展全年集中训练，加强国内高山滑雪训练场地建设，强化科研力量支撑等手段，近年来，中国高山滑雪项目的水平得以快速提高。

---

① 《习近平在北京、河北考察并主持召开北京 2022 年冬奥会和冬残奥会筹办工作汇报会时强调 坚定信心 奋发有为 精益求精 战胜困难 全力做好北京冬奥会冬残奥会筹办工作》，新华网，https：//baijiahao. baidu. com/s？ id = 1689403581716829981 &wfr = spider&for = pc，2021 – 01 – 20。

中国雪车和钢架雪车国家队于 2015 年正式成立。为快速提升运动水平，雪车和钢架雪车国家队面向全国选拔国家队队员，根据雪车的项目特点，国家体育总局冬季运动管理中心将从田径、重竞技、球类三大项中的国家队、地方队和院校的一级（包含）以上运动员中选拔。2017 年 2 月，中国雪车运动员正式参与雪车世锦赛。女选手应清作为舵手取得世锦赛的参赛资格，并与队友马园园搭档顺利晋级决赛，男子钢架雪车选手耿文强参加了三轮比赛，虽然未能进入决赛，但也实现了国际顶级赛事的精彩亮相。

三　打造冰雪项目科研优势

北京冬季奥运会的举办不仅对中国冰雪运动普及、运动水平提升有很大的带动作用，也极大地推动了冰雪技术的科研创新。北京冬奥会的成功申办极大促进了中国相关技术研发和专利申请。从人工造雪技术专利申请数量的变化可窥一斑。截至 2021 年 1 月 25 日，全球范围内人工造雪相关专利申请共 6739 件，其中，中国相关专利申请 569 件，占 8.4%。从相关专利发展趋势看，2015 年之前，中国每年相关专利申请不超过 40 件，2015 年之后，与人工造雪相关专利申请呈现上升趋势，2018 年相关专利申请提升至 119 件，创历史新高。[①]

高技术装备的应用满足了冰雪项目运动员四季训练的需要，对进一步提升冰雪项目科学化训练水平、提升运动表现和竞技水平有重要的促进作用。例如，冰雪运动训练采用了风洞技术，通过调节风速、风向，可以模拟千变万化的风场特性，帮助运动员进行辅助训练，对装备器材进行风阻性能评测。由北京理工大学自动化学院联合运达体育管理（北京）有限公司研发"室内多自由度模拟滑雪训练系统"，为高山滑雪、越野滑雪等项目提供室内模拟训练设备，以提升运动员回转、滑行等专项动作训练效率。[②]

更为重要的是，中国企业积极主动与冰雪项目建设和训练对接，不断推陈出新，加强技术和装备研发。例如，武汉酷雪体育用品有限公司

---

① 《冰雪运动专利哪家强》，《中国知识产权报》2021 年 2 月 23 日。

② 《雪质扎实　设备暖心　训练科学：雪白冬奥"黑科技"》，《人民日报》（海外版）2021 年 2 月 19 日。

提交滑雪板专利申请，帮助解决滑雪板形态笨重，携带、存放不方便等问题，并有助于滑雪新手更快掌握启停、转弯等动作。青岛英派斯健康科技有限公司、河北省产品质量监督检验研究院等围绕滑雪板固定器问题，设计了一种力矩检测装置，该装置能够方便地获取滑雪板固定器的倾覆力矩。奥雪文化传播（北京）有限公司提交雪服专利申请，在保暖、美观、舒适、实用的同时还减少了滑雪人员滑雪时因包体硬物而产生的安全隐患。

随着北京冬奥会的临近，围绕冰雪运动的科学研究文章也在不断涌现。根据《2009 年以来中国冰雪运动科研状况分析》一文的研究，近十几年来，中国研究者发表的相关论文主要集中在滑雪、速度滑冰、短道速滑、花样滑冰、冰球、冰壶、2022 年北京冬奥会七大领域，特别是，滑雪方面研究成果较为丰硕，主要倾向于滑雪产业；速度滑冰研究范围较广，具有一定的深度，短道速滑在训练方面的研究较多，并逐步关注运动损伤方面研究。①

四 扩充竞技冰雪人才队伍

以北京冬奥会筹办为契机，中国加大人才培养力度，拓宽人才培养渠道，努力培养输送更多的冰雪运动专业人才，为冰雪强国乃至体育强国的建设提供强有力的人才支撑。

在国家层面，《全民健身计划（2016—2020 年）》《"健康中国 2030"规划纲要》《关于加强竞技体育后备人才培养工作的指导意见》等政策文件都为健全培养体系、加快冰雪人才培养明确了发展目标与方向，推进冰雪运动学历教育，形成专业培养与大众普及相结合的冰雪运动人才培养体系，为培养和输送冬季项目优秀体育后备人才奠定坚实基础。

国内各省市结合自身特点推动冰雪项目教育、培训、资质认定等方面的全方位发展。例如，2016 年北京市人民政府就在《关于加快冰雪运动发展的意见（2016—2022 年）》中提出，建立实力更加雄厚的冰雪运动人才队伍，"培养 1500 名冰雪运动高级管理人员，4200 名运动员、

---

① 张智、刘蓉：《2009 年以来我国冰雪运动科研状况分析》，《体育科技》2020 年第 2 期。

教练员和裁判员，4300 名专业技术人员，15000 名服务保障人员，25000 名校园辅导员和社会体育指导员，为加快发展冰雪运动、筹办北京 2022 年冬奥会提供人才保障"。

河北省以国际交流促进竞技体育人才水平的迅速提升，从 2016 年开始，省体育局组织优秀冰雪运动员、教练员先后赴日本、韩国、俄罗斯等国家，开展专项训练及比赛交流，提升冰雪竞技项目水平。此外，各地依托运动培训联盟等机构，整合培训资源，制定统一标准，通过举办教练员、裁判员培训班，全面提升教练员、裁判员在训练、管理、赛事等方面的综合素质。

各体育专业院校还与冰雪运动俱乐部及相关企业协同合作育人，使学生群体走出课堂，适应社会，促进学生知识的理解与运用，助力学生明确个体学习目标及就业方向。同时，聘请企业专家来校一同商讨育人方案，并组织专业教育者参加企业挂职训练，重视理论内容及实践的合理结合，为学生的成长成才与就业渠道延伸提供保障。

为了提供坚实的冰雪运动群众基础，张家口市还提出"111N"计划，即打造一批冰雪运动特色学校、开设一批冰雪运动相关行业学历教育、建设一批冰雪运动培训基地、培育 N 个国际一流的冰雪运动综合培训中心，不断扩大群众参与冰雪运动人数。

第四节　冬奥加快体育设施升级

一　高标准建设奥运场馆设施

2021 年 1 月，中国国家主席习近平在察看跳台滑雪运动员训练演示情况指出，北京冬奥会、冬残奥会场馆改造建设融入了很多中国元素，体现了我们的文化自信。我们不仅要办好一届冬奥盛会，而且要办出特色、办出精彩、办出独一无二来。

为举办一届精彩非凡卓越的奥运盛会，北京 2022 冬奥会将新建与改建相结合，高标准建设奥运场馆设施。"北京冬奥会、冬残奥会所有场馆建设提前一年完成，中国很多冰雪项目在两年多时间里实现从无到有，有的项目达到了世界先进水平。"国家跳台滑雪中心是中国首座符合国际标准的跳台滑雪场地，也是张家口赛区冬奥会场馆群建设中工程量最大、技术难度最高的竞赛场馆，因形似中国传统吉祥饰物"如意"，因此被形象地称为"雪如意"。国家高山滑雪中心建设仅用 3 年，就在山上建起总长近 23 公里的 26 条雪道，包括 6 条比赛雪道、15 条技术雪道、2 条拖牵雪道、3 条回村雪道。习近平主席在国家高山滑雪中心考察调研时强调，要突出绿色办奥理念，把发展体育事业同促进生态文明建设结合起来，让体育设施同自然景观和谐相融，确保人们既能尽享冰雪运动的无穷魅力，又能尽览大自然的生态之美。① 所有新建的滑雪项目不仅效率高，而且都贯彻了"绿色办奥"原则，注重环境友好，施工红线外用地坚决不破坏，红线内树木尽力保留，对海拔 1800 米以上的亚高山草甸进行剥离、过冬保存、回铺利用，有效保护地表土壤内种子，对上下边坡和雪道面最大限度地进行绿色生态修复。北京冬奥组委外籍专家、国际雪联高山滑雪委员会主席伯恩哈德·鲁西在参观赛场后感慨地说，"中国高度重视北京冬奥会筹办工作，每一位参与者都尽心尽力。中国已做好迎接盛会的准备"。

图 3 - 1　国家跳台滑雪中心

资料来源：北京冬奥组委官网，http：//www.beijing2022.cn/a/20200612/007278.htm。

本着节俭办冬奥的原则，北京 2022 冬奥会场馆的高标准建设还充分利用了既有的场馆资源。2019 年 12 月，国家游泳中心首次完成游泳

---

① 《习近平在北京、河北考察并主持召开北京 2022 年冬奥会和冬残奥会筹办工作汇报会时强调　坚定信心　奋发有为　精益求精　战胜困难　全力做好北京冬奥会冬残奥会筹办工作》，新华网，https：//baijiahao.baidu.com/s？id = 1689403581716829981 &wfr = spider&for = pc，2021 - 01 - 20。

池与冰场的转换，实现了"水立方"变为"冰立方"的华丽转身，不仅成为北京 2022 年冬奥会第一个实现完工的改造场馆，而且还成为世界首座完成"水冰转换"的场馆，比赛大厅将同时具备冰上赛事、水上赛事及大型商业活动的承办条件。冬奥会后，场馆将在游泳季和冰上季之间不断切换，春夏秋三个季节将成为"水立方"，用于水上运动；冬季则变身为"冰立方"，用于开展冰上运动。

图 3 - 2　改建后的"冰立方"

资料来源：搜狐网，http：//www.sohu.com/a/335g448g4_ggg01140。

2020 年 12 月 25 日，"53 岁"的首都体育馆历经两年多时间改扩建之后，以焕然一新的面貌展现在世人面前，将承担北京冬奥会花样滑冰和短道速滑比赛任务。改扩建后，首都体育馆的颜色、样式、细节有些变化，但原有的建筑结构、整体风貌没有改变。外观修旧如旧，内里脱胎换骨，场馆顶部以 36 个 37 平方米的超薄膜铺成一个上千平方米的巨型投影屏幕，与之相映的是 31 米×61 米的多功能转换标准冰场。不断完善场馆功能，广泛吸收规划设计专家的工作成果，认真学习借鉴国内外先进场馆建设的宝贵经验，精心细致优化好场馆造型、色调、灯光、赛道、演出等设计。要统筹谋划场馆综合利用，进一步健全基础设施，完善基本功能，推动场馆赛后可持续利用。"冰立方"与改扩建后的首都体育馆都成为奥运场馆可持续利用的典范。

二 加快建设群众冰雪设施

要巩固冰雪运动的群众基础，就要让更多群众有机会"上冰上雪"。为此，中国在筹办北京 2022 冬奥会过程中，加强群众冰雪设施的建设。2019 年，中办、国办共同印发的《关于以 2022 年北京冬奥会为契机大力发展冰雪运动的意见》就明确提出，支持各地结合自然环境、气候条件、社会需求等因素，加强公共滑冰馆、室外滑冰场、滑雪场、综合性冰雪运动中心等场地场所建设，并配建无障碍设施。鼓励在有条件的城市公园或利用其他现有设施、场地，建设冬季临时性户外群众冰雪设施。

各地积极进行投入，加快群众冰雪设施建设。北京在开展冰雪运动上有着悠久传统，通过举办 2022 年冬奥会力促群众冬季运动水平再上新台阶。为此，北京市提出建设多元化的冰雪场地设施，对冰雪场地设施进行整体布局规划，优先利用疏解非首都功能中腾退土地，充分利用城市公园、郊野公园及城市空置场所等建设冰雪场地设施。北京充分利用公园、广场、社区、学校及疏解非首都功能腾退用地，建设了一批冰上运动场地设施，改造了一批旧厂房、仓库、老旧商业设施，开展群众冰上运动。截至 2020 年 1 月，北京市已建有室内冰场 46 座，冰面数量 64 块，冰面总面积达 8.8 万平方米。朝阳、海淀、丰台、石景山、顺义、昌平、延庆和房山（燕山地区）等区已提前完成新建 1 座不小于 1800 平方米冰面的室内冰场任务。全市开放运营的 20 家滑雪场建成雪道 115 条。推动自然河湖冰场向市民开放，方便群众就近参与冰雪运动。①

2018 年 5 月，《河北省冰雪产业发展规划（2018—2025 年）》就提出，到 2022 年全省滑雪场馆达到 80 个，滑冰场馆达到 200 个；到 2025 年全省滑雪场馆达到 100 个，滑冰场馆 250 个。2020 年 1 月，河北省发改委等十部门联合印发的《支持冰雪场地设施建设的若干政策》又提出 11 项具体措施，大力支持全省各地完成 2020 年室内公共滑冰馆、滑雪场馆任务目标，如支持各市标准室内公共滑冰馆建设。对各市（含

---

① 《北京冰雪运动发展强劲：赛事多、人数多、设施多》，新华网，https：//baijiahao.baidu.com/s? id = 1656347180837289793&wfr = spider&for = pc，2020 – 01 – 22。

定州、辛集市）、雄安新区 2020 年年底通过政府投资建设一座 61 米 ×
30 米标准冰面室内公共滑冰馆的，省体彩公益金给予 600 万元一次性
补助。又如，支持重点县（市、区）室内公共滑冰馆建设。对滑冰运
动开展活跃的县（市、区），争取国家全民健身设施"百城千冰计划"
专项经费，择优支持部分县（市、区）建设一座符合申报条件的室内
公共滑冰馆。

三　支持地方特色设施建设

借举办北京 2022 年冬奥会的契机，各地按照有关标准和要求，结
合自身特点，因地制宜加快各具特色的冰雪设施的建设。在"三亿人
上冰雪"的道路上一个也不能少。河北省大力支持贫困县室内公共滑
冰馆建设。对国家级贫困县、省定贫困县 2020 年年底通过政府投资建
设一座室内公共滑冰馆的，省预算内投资专项资金给予一次性补助。同
时，河北省结合本省地理分布特点，鼓励燕山与太行山山脉沿线加快冰
雪场地设施建设。在防范政府债务风险的前提下，支持燕山与太行山山
脉沿线市县将新增政府债券用于符合政府债券发行条件的冰雪场地设施
建设项目。

中国长江以南地区也不再是冰雪运动的空白地带。例如，浙江省龙
游、衢江两地相关部门经与专家论证，在当地位于海拔 1200 米以上的
桃源尖至六春湖山脉区域打造极具地域特色的"冰雪世界"，利用该区
域每年 12 月中下旬至次年 2 月下旬能够达到造雪条件的特点，建设华
东地区规模最大、设施设备齐全的滑雪运动公园，满足南方群众尤其是
儿童对于冰雪世界的热爱和向往。

东北地区因其自然条件，在特色冰雪设施建设上本就得天独厚，近
年来冰雪小镇不断发展。借北京 2022 冬奥会筹办契机，冰雪小镇纷纷
向冰雪体育小镇方向努力发展。比如，位于吉林省吉林市的万科松花湖
冰雪小镇一直以雪上运动为特色，运营方不断强化体育特色，连续举办
冰雪马拉松、高山滑雪冠军赛、关东决单板公园技巧赛、万科松花湖小
镇铁杆赛等冰雪特色赛事。仅冰雪马拉松一项就吸引 100 多名参赛选手
和 2 万多名观赛群众，推进了冰雪运动的大众化。

第五节　冬奥丰富群众运动生活

一　落实"南展西扩东进"战略

在"南展西扩东进"战略的推动下，冰雪运动从北方走向各地、从冬季走向四季。无论是民间的滑雪、滑冰热，还是中国冰雪健儿备战冬奥会，都能看到冰雪运动在国内发展的势头越来越强。作为冬季体育强省，2016 年辽宁省体育局率先在全国成立了首个省级冬季运动项目管理中心，短短 4 年，辽宁冬季运动注册运动员由 100 余人升职近 700 人，开展的冬季项目由 2016 年的速度滑冰、自由式滑雪等个别项目，扩大到冬奥会全部 7 个大项 15 个分项，创造出冰雪运动的"辽宁速度"。

2021 年 1 月 5 日，中国旅游研究院发布的《中国冰雪旅游发展报告（2021）》显示，一些传统冰雪旅游目的地已进入全国旅游榜单前列。值得关注的是，南方冰雪休闲娱乐与北方冰天雪地均有巨大的市场。随着冰雪设施和冰雪场所的增加，广州、昆明、成都、重庆等南方传统的冰雪游客源地已变成冰雪游目的地。[①] 在冰雪运动基础设建设上，从 2015 年到 2019 年，全国标准滑冰场馆数量从 157 家增加到 388 家，滑雪场总数从 568 座增加到 770 座，基础设施不断健全让冰雪项目逐渐"升温"，"南展西扩东进"战略成效显著。

作为南方省份，在气候条件上本不具备冬季运动的基础，但是随着科研不断进步，好多南方城市在家门口建成了冰雪运动场，满足了当地民众对冰雪运动的需求，也同时激发了更多民众加入冰雪运动当中。浙江冰雪项目起步晚，但近几年来发展势头强劲，目前已有 9 家滑冰场、15 家滑雪场对外营业；四川省统筹各方资源，现在全省共建 12 个雪场、10 个冰场，建成了亚洲最大规模的室内真雪场、国内最大规模大跳台的旱雪场等一批冰雪运动设施；云南因地制宜重点发展"轮转冰"冰雪项目，大力推进冰雪人才培养，借助云南城镇人口 3—14 岁年龄段

[①] 《冰雪旅游收入可观》，人民网，https://baijiahao.baidu.com/s? id = 16882693619934 53194&wfr = spider&for = pc，2021 - 01 - 08。

的轮滑普及率高达 85% 的基础，将轮滑选手转项为冰滑选手，增加冰雪运动人群数量。

各个省市在推进"南展西扩东进"战略上都做出了不小的成绩，应继续开展丰富多彩、形式多样的冰雪活动，加强冰雪运动知识宣传，鼓励民众积极参与冬季运动，掌握冰雪运动技能。开展冰雪进校园活动，引导青少年参加各种冰雪体育活动，积极参加竞赛，为冰雪运动储备力量。夯实好冰雪基础设施，优化公共服务，提升服务管理水平，做好场馆运营的信息宣传工作，让公众及时了解冰雪场馆数量、位置、运营时间、价格等信息，建立起均衡的冰雪运动需求与供给体系。

二　带动三亿人参与冰雪运动

2015 年 7 月 31 日，北京获得 2022 年冬季奥运会的举办权，在当时的申办报告中，中国政府向国际奥委会庄严承诺"三亿人上冰雪"的目标。《冰雪运动发展规划》表明"三亿人参与冰雪运动"是指丰富群众冰雪活动，提高冰雪普及度，增加冰雪运动人数，直接参与冰雪运动的人群超过 5000 万人，并带动三亿人参与冰雪运动。这一目的的意义在于中国申办冬奥会不仅仅是经济层面的争金夺银，更重要的是让更多人通过冰雪运动而受益，尤其是让青少年群体得到全面锻炼和发展。

"提升冰雪运动发展水平，加强政策引导和扶持，鼓励更多的青少年参与冰雪运动，带动更多群众走向冰场、走进雪场。""带动三亿人参与冰雪运动"对于国家来说不仅可以助力冬奥的成功举办并为其造势，也是推动京津冀协同发展、夏季冬季体育运动均衡发展的重要契机；对于民众而言是一次直观的冬奥知识的普及课，热爱冰雪运动的人群逐渐扩大到东西南北，全民健身意识不断提高，通过加入一些群众喜闻乐见的冰雪休闲活动，如冰上摩托车、冰上板鞋、冰上自行车等休闲项目，提高了民众对冰雪运动项目的热情。另外，冰雪运动在全国范围内"升温"也将带动运动服装、器材和场地发展，形成一条健全的冬季运动产业链，从而促进中国冰雪市场的繁荣。

中国每年开展超过 3000 场群众性冰雪活动，冰雪运动已经成为人们的一种生活方式，中国对冰雪运动普及的憧憬正逐步成为现实。2017 年《河北省冰雪活动蓝皮书（2017—2018）》显示，2017—2018 年雪季，河北冰雪运动参与总人次已达 856 万。河北省着力构建五个"全覆盖"群众性冰雪运动推广体系，2020年全省共开展各类冰雪赛事活动4300余场次，全省参与冰雪运动群众超过2100万人。辽宁省积极构建"辽宁省全民冰雪运动会"和"百万使命上冰雪系列活动"，2020年全省组织大型冰雪赛事超500场，辽宁省拥有滑雪场32个，每年滑雪人数超150万人次。在疫情防控常态化下，四川省2021年全民健身冰雪季延续到8月，期间安排组织的大型群众性冰雪活动和青少年冰雪竞赛将超过15场，活动期间预计将吸引超过800万人次参与。

"带动三亿人参与冰雪运动"所容纳的是所有参与冰雪运动的群众、竞技冰雪运动人口、冰雪体育产业的运营者和消费者、传播冬季运动的人群和受众等，所以"三亿人"的目标囊括了整个冬季运动的社会运作系统，这是一场真正的全民参与的体育盛会，冰雪运动越来越平民化、大众化是2022年北京冬奥带来的最大红利。

三 冰雪运动进校园

习近平总书记指出，提升冰雪运动发展水平，加强政策引导和扶持，鼓励更多的青少年参与冰雪运动，带动更多民众走向冰场、走进雪场。在冰天雪地中锻炼体魄，磨炼意志，这也是冬奥精神最生动的体现。从2016年起，国家发改委、国家体育总局、教育部、国家旅游局联合印发《冰雪运动发展规划（2016—2025年）》，提出大力普及冰雪运动，培养青少年冰雪运动技能，到2019年，教育部等四部门印发《关于加快推进全国青少年冰雪运动进校园的指导意见》，对校园冰雪运动发展做出更加明确的部署。

截至2019年，教育部公布认定命名了1036所中小学校为全国青少年校园冰雪运动特色学校，冰雪教育已见成效。未来几年内全国还将更大力度地发展冰雪特色学校，让更多的青少年接受冰雪教育。教育部办公厅发布《关于做好全国青少年校园冰雪运动特色学校及背景2022年冬奥会和冬残奥会奥林匹克教育示范学校遴选工作通知》指出，到2025年计划遴选出5000所特色学校和700余所示范学校，据估算，2025年冰雪特色学校预计的覆盖数量可能超过280万户家庭。在"校园冰雪计划"推行的9年中，冰雪特色学校的冰雪教育预计可以累积深入超过1000万户家庭。

冰雪运动由于受到自然条件和经济条件的制约，一直没有在校园得到普及和推广，北京冬奥组委可持续发展委员会主任，国家体育总局冬季运动管理中心袁主任赵英刚表示，"国内冰雪运动之于教育起步较晚，因此我们更要推进体育和教育深度融合发展"。河北省坚持以青少年为终点，以赛事活动为引领，实现大中小学冰雪运动的全覆盖，深化体教融合，同时将冰雪运动会、冰雪联赛和冰雪进校园有机结合，形成有河北特色的青少年冰雪运动模式。吉林省通过政府购买服务的方式，每年组织五年级及以上的中小学生到滑雪场上两次滑雪体育课，每年体验人次达 20 万，体验后自愿返场率近 30%。

推进"冰雪运动进校园"计划旨在向广大青少年普及冰雪运动，促进青少年对冬奥和冬残奥项目的了解并提升兴趣，丰富学生的体育教学活动，增强青少年体质，通过政策引导青少年积极投身冰雪运动，形成广泛的青少年冰雪爱好者群体，为中国冬季体育运动、冬奥项目扩充人才队伍。教育部体育卫生与艺术教育司司长王登峰希望孩子们在体育竞赛中享受运动的乐趣，能够增强体质，更为重要的是锤炼意志和健全人格。

第六节　冬奥推动体育产业发展

一　中国冰雪经济方兴未艾

中国在 20 世纪 90 年代仅有 1 万名滑雪者，这部分人群热衷选择欧洲、日本和北美等地进行滑雪运动。2020 年 2 月发布的《滑雪产业白皮书》指出，现在中国已拥有 770 个滑雪场，1300 万名滑雪者，虽有新冠肺炎疫情的影响，但也促使中国人选择在国内度假，这为国内冬季运动产业提供了巨大推动力。

在国家不断出台的冰雪产业发展激励政策下，加上各地区政府因地制宜出台的配套政策，中国冰雪产业发展正处于欣欣向荣的阶段。根据智研咨询发布的《2019—2025 年中国冰雪旅游行业市场发展态势及发展趋势研究报告》数据显示：2018 年中国冰雪产业市场规模约为 4506 亿元，较上年同比增长 13.33%（见图 3 - 3）。在中国，冰雪旅游为冰雪产业中的核心领域，2018—2019 年冰雪季冰雪旅游人数为 2.24 亿人次（见图 3 - 4），冰雪旅游收入约为 3860 亿元（见图 3 - 5），分别比

2017—2018 年冰雪季增长 13.7%、17.1%，冰雪旅游增长势头保持良好。2018—2019 年冰雪季中国冰雪旅游人均消费为 1734 元（见图 3 - 6），2018 年中国国内人均旅游消费为 926 元，冰雪旅游是国内旅游人均消费的 1.87 倍，冰雪旅游的内需拉动能力突出。

图 3 - 3　2013—2018 年中国冰雪产业市场规模及同比增长走势

资料来源：中国产业信息网：《2020 年中国冰雪旅游行业发展现状及行业发展趋势分析》，http://www.chyxx.com/industry/202001/827077.html。

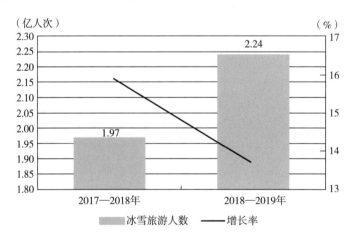

图 3 - 4　2017—2019 年中国冰雪旅游人数及增长走势

资料来源：中国产业信息网：《2020 年中国冰雪旅游行业发展现状及行业发展趋势分析》，http://www.chyxx.com/industry/202001/827077.html。

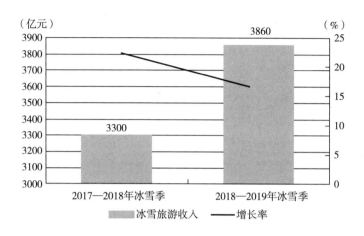

图 3 – 5　2017—2019 年中国冰雪旅游收入及增长走势

资料来源：中国产业信息网：《2020 年中国冰雪旅游行业发展现状及行业发展趋势分析》，http：//www. chyxx. com/industry/202001/827077. html。

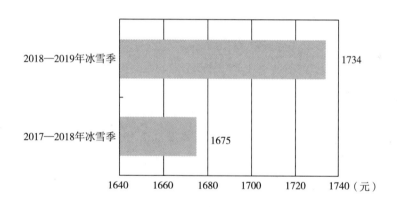

图 3 – 6　2017—2019 年中国冰雪旅游人均消费走势

资料来源：中国产业信息网：《2020 年中国冰雪旅游行业发展现状及行业发展趋势分析》，http：//www. chyxx. com/industry/202001/827077. html。

　　随着 2022 年北京冬奥进入倒计时阶段，冰雪消费的队伍越来越壮大，中国旅游研究院发布的《中国冰雪旅游发展报告（2021）》预计，2020—2021 年冰雪季，中国冰雪休闲旅游人次将达到 2.3 亿元，冰雪休闲旅游收入将超过 3900 亿元。Analysys 易观分析认为，2017 年中国冰雪产业规模达 3976 亿元人民币。预计中国冰雪产业在未来三年仍将维持增长状态，2020 年中国冰雪产业总体规模将完成 6000 亿元的目标，最终达成 2025 年 1 万亿元的目标。

尽管中国的冰雪产业正如火如荼地开展，但与西方冰雪产业发达的国家相比仍有巨大的进步空间。就滑雪产业来说，美国、日本、韩国、澳洲等冰雪资源丰富的国家滑雪场已经超过 6000 个，每年接待游客达到 4 亿人，到访旅游滑雪的游客人数占到世界人口的 10%。2012 年，美国自然资源保护协会（the Natural Resources Defense Council）和美国保护冬季组织（Protect Our Winters）研究发现，冬季体育旅游产业每年为美国带来 122 亿美元的收入，有 2300 万美国人参加冬季运动。2015—2016 年冬季，在美国，滑雪度假村、酒店、餐馆、酒吧、商店及加油站的消费总额达到 203 亿美元。①

继续大力发展冰雪产业，建设一批体育特征明显、文化气息浓厚、产业集聚融合、生态环境良好、汇集人民群众健康的冰雪旅游产业体系。

二 迅速形成了众多冰雪品牌

冰雪品牌的建立是一个国家冰雪运动发展的缩影，2019 年 6 月，工信部、国家体育总局等九部门联合印发《冰雪装备器材产业发展行动计划（2019—2022 年）》，以鼓励冰雪装备器材产业发展。

美国、瑞士、奥地利、法国和日本等冰雪产业发展强国，均已发展形成了相对完善的冰雪运动产业体系，著名的滑雪造雪机设备品牌 SMI、天冰、苏法格、艾瑞克、迪马克均来自欧美发达国家，在亚洲，日本的 ESTIVO、DESCENTE 等也收获了一批冰雪铁粉。目前，中国知名的冰雪品牌有诺泰科、铭星、波司登、探路者，产品包括冬季运动保护性穿戴设备和冰雪场地装备等。

中国当前的冰雪装备，特别是大型装备的质量和技术不及美国、德国等国家，根据头豹研究院发布的《2019 年中国冰雪装备行业概览》显示，造雪机、压雪车等冰雪场地装备，仍主要依赖于进口，造雪机进口比例约为 60%—70%，压雪车进口品牌超过 50%，而魔毯、架空索

---

① "Earth Systems Research Center of University of New Hampshire Scholar's Repository", *Economic Contributions of Winter Sports in a Changing Climate*, 2018 - 02 - 23.

道等装备则已基本实现国产化。从 2014 年到 2018 年，中国冰雪装备行业市场规模持续增长，中国冰雪装备行业市场规模（按销售额统计）从 40.1 亿元增长至 103.5 亿元，年复合增长率为 26.8%。头豹预测，未来五年，中国冰雪装备行业规模预计将以 19.2% 的年复合增长率上升，并于 2023 年达到 248.7 亿元（见图 3 - 7）。

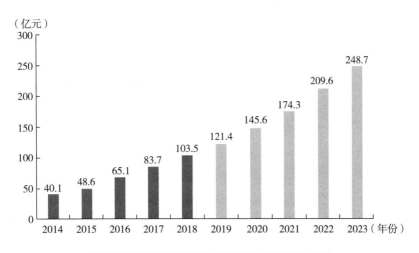

中国冰雪装备行业市场规模	年复合增长率
2014—2018 年	26.8%
2018—2023 年预测	19.2%

图 3 - 7　2014—2023 年中国冰雪装备行业市场规模

资料来源：头豹研究院编辑整理。

《中国滑雪产业白皮书（2019）》显示，截至 2019 年，全国滑雪模拟器生产厂商 140 家，投入使用的各类化学模拟器达到 400 台；国内雪场共计有 1336 条魔毯处于运营状态，全部魔毯总长度约 197 公里；国内有架空索道的滑雪场统计有 155 家，相比 2018 年增加 6 家；中国雪场脱挂索道总数为 60 条，其中进口雪场脱挂索道 40 条，国产雪场脱挂索道 20 条；国内压雪车总量为 629 台，新增压雪车数量为 88 台，其中进口新车合计 61 台，国产压雪车 27 台；国内造雪机总量为 8559 台，比 2018 年增长 41.85%。为响应"带动 3 亿人上冰"的目标，中国本土出现了不少索道、压雪机、造雪机等滑雪场机械设备品牌，如哈飞机电的"雪龙"，北京起重运输机械设计研究院的索道，北京卡宾滑雪集团的造雪机、压雪车等。

图 3 - 8　中国冰雪相关产业矩阵

资料来源：易观：《中国冰雪产业白皮书（2019）》。

三　冬奥带动体育旅游经济

2019 年中央首次在文件中明确提出大力发展冰雪旅游，为中国冰雪旅游跨越式发展提供了政策保障。国务院及相关部委密集出台了一系列涉及支持冰雪旅游发展的产业政策，2019 年 3 月，中共中央办公厅、国务院办公厅印发了《关于以 2022 年北京冬奥会为契机大力发展冰雪运动的意见》，提出"推动冰雪旅游产业发展，促进冰雪产业与相关产业深度融合"；2020 年全国文化和旅游厅局长会议明确提出"推动冰雪旅游、邮轮旅游、自驾游发展"。

中国目前的冰雪旅游市场发展水平略滞后于全球冰雪产业发达的国家，并且伴随着发展不均衡等问题。通过举办 2022 年冬奥会为契机，大力补足冰雪旅游产业的短板，形成规模化、大众化的创新型冰雪产业链。中国冰雪旅游产品主要分为观赏型和参与型，观赏型主要包括对冬奥、冬残奥、冬季全运会等赛事以及雪景、冰雕、雾凇等冰雪景观的观赏；参与型包括冰雪节庆活动、冰雪休闲运动等。

从具体项目来看，自 1995 年起，冰雪资源丰富的东北地区相继建设了黑龙江亚布力、吉林北大壶和崇礼塞北等滑雪场，其中，崇礼作为 2022 年冬奥举办的主场地，崇礼冰雪旅游度假区在 2020 年 11 月入选第四批 15 家国家级旅游度假区，是目前河北省唯一一家国家级旅游度假区。在"南展西扩东进"的战略指导下，2016 年第十三届冬运会首次走出东北，落地新疆，以新疆阿勒泰地区将军山滑雪场、丝绸之路国际滑雪场、天山天池国际滑雪场、白云国际滑雪场、那拉提国际滑雪场等为代表的滑雪场被人所熟知。

冰雪旅游周边产品发展同样重要，尤其面对当下疫情对冰雪旅游的阻碍，"二次消费"的作用日渐突出。比如文创 IP、特殊冰雪体验等纪念性、体验性强的消费方式，也是促进冰雪旅游经济发展的一大动力。比如为新疆的冰雪旅游市场带来活力的阿勒泰"雪怪阿乐"，这样生动形象的 IP 代言，会给消费者带来印象深刻的视觉冲击。还有"雪屋吃火锅""当地原住民体验"等特色活动成为吸引游客刺激消费的手段。

2015 年冬奥会成功申办是中国冰雪运动发展的加速期，头豹研究院发布的《2019 年中国冰雪旅游行业概览》显示，从 2014—2015 年冰雪季至 2018—2019 年冰雪季，中国冰雪旅游行业市场规模从 1700.1 亿元增长至 3859.5 亿元，年复合增长率为 22.8%。中国冰雪旅游经济发展已步入"快车道"，预计到 2025 年，中国冰雪旅游人数将超过 5 亿人次，冰雪旅游收入超过 1.1 万亿元，冰雪旅游对冬季经济起到极大地推动作用，冰雪旅游行业发展空间广阔。

第七节　冬奥促进跨国体育交流

一　国际体育人才加速集聚

北京冬奥会是一个国际舞台。北京冬奥组委广开选人用人视野，遴选优秀人才参与冬奥筹办，加快建设专业化、国际化的人才队伍。要建立有利于延揽国内外各类优秀人才的政策和体制机制，在实践中加强思想引领、调动人才积极性，努力做到用人所长、人尽其才。

2018 年 5 月，北京冬奥组委会同国家体育总局、中国残联、北京市政府、河北省政府联合印发了《北京 2022 年冬奥会和冬残奥会人才行动计划》，提出加快建设专业化、国际化人才队伍的总体目标，明确了开发培养 11 支人才队伍的路线图和时间表。人才行动计划的出台，是冬奥会和冬残奥会进入"北京周期"以后，北京冬奥组委首推的重要举措，表明"聚天下英才而用之"成为北京 2022 年的战略选择。《行动计划》提出，"要办好北京冬奥会和冬残奥会，必须树立'大人才观'，以全球视野发现和遴选人才，注重引进与培养并重、坚持'走出去'与'请进来'相结合，建成一支专业化、国际化的人才队伍，在保障成功办赛的同时，为经济社会长远发展留下丰厚的人才储备"。

为此，北京冬奥组委牵头实施"国际优秀人才集聚专项计划"，取得显著成效。一方面，北京冬奥组委建立了特聘专家制度，与国际奥委会等相关国际组织密切合作，在场馆规划、赛道设计、竞赛组织、雪务工作等领域，引进 14 位外国专家，指导解决了很多关键性技术难点问题。例如，首位受聘的外国专家、国际雪联高山滑雪委员会主席伯恩哈德·鲁西曾经为 9 届冬奥会设计了高山滑雪赛道。自 2016 年 11 月受聘以来，鲁西和筹办团队多次到延庆赛区踏勘赛道，数次登上小海坨山，悉心研究确定赛道设计工作。另一方面，为了更广泛地吸收各方人才力量，特别是办赛工作急需紧缺的人才智力要素，冬奥组委采用更加灵活的用人方式，发挥外国专家作用。新冠肺炎疫情暴发后，多位外籍专家通过远程工作、在线咨询等方式，参与和承担冬奥筹办任务。冬奥组委注重尊重国际惯例，依据中国专家政策，建立合同管理制度，形成以能力、业绩、贡献为主要导向的人才评价机制，鼓励专家弘扬和培育奉献精神。

二 搭建国际体育交流合作平台

冬奥会对促进国际交往、冬季体育活动和各国文化交流产生积极影响。北京冬奥会不仅在国内促进冰雪竞技水平发展和大众冰雪体育健身普及，而且还搭建起与全球加强体育交流合作的平台。在 2022 年冬奥会和冬残奥会筹办工作的 5 大工程中，促进国际体育文化交流就是其中一项。

对于中国来说，冬奥会将是一次展示大国形象的外交良机。冬奥会将进一步丰富城市的国际资源，世界体育大会、世界转播商大会等为北京搭建更多的国际化交流平台。

到 2020 年年底，国家跳台滑雪中心"雪如意"、国家速滑馆"冰丝带"纷纷竣工，"水立方"变身"冰立方"，五棵松体育馆实现"冰篮转换"，首都体育馆改建工程收尾，国内第一条雪车雪橇赛道完工……中国拥有了一批可以承办国际高标准冰雪赛事的场馆，实现了中国冰雪发展与国际冬季运动资源对接的目标，具备了提供国际化、专业化高端服务的条件。

为了不断提高冰雪竞技水平，国家和地方层面都组织运动员赴海外开展训练，加强与国际冰雪项目先进国家的交流。例如，2018 年 10 月，新一批中国冰球国家集训队赴芬兰沃卡提中心展开为期 7 个多月的外训，在此之前已有两支冰球国家集训队赴瑞士训练。除了冰球，雪上项目选手也前往北欧冰雪强国进行学习，如高山滑雪队伍多次赴瑞士训练。中国还与越野滑雪强国的芬兰签署项目合作备忘录，芬兰滑雪学院为中国越野滑雪队提供训练和支持。民间层面，中国滑雪协会也与瑞士滑雪协会达成合作，双方将共通致力于冬季雪上项目和奥运队领域的双边合作。

在人员交流的同时，以北京 2022 年冬奥会为契机，产业和文化交流也方兴未艾。2016 年起，北京连续举办国际冬季运动（北京）博览会，已成为全球规模最大、最权威的冰雪产业第一展，是推动冬季运动发展的优质平台和促进冰雪产业快速发展的重要力量。博览会不仅构建了国际冰雪产业交流渠道，打造政府相关机构、企业联动的冰雪产业文化沟通平台，而且集中展示全球冰雪产业的精华、冰雪文化的魅力，成为全球公众领略冰雪力量的重要平台。与此同时，北京还在国际体育文化交流、青少年奥林匹克教育、体育文化旅游产业促进、冬奥会奥运遗产成果规划管理传承等方面举办各类活动，促进跨国交流。

三　冬奥加速北京国际交往中心建设

如"现代奥林匹克之父"顾拜旦所说："奥林匹克不是一场竞赛，而是一种源于内心的文化交流与融合。"冬奥会是世界上被广泛认可、关注度极高的平台，通过这个平台可以传播中国的发展理念、发展模式、发展道路。中国的文化元素，通过"奥运"这个共通的语言传播，也更容易被接受。这个平台可以加强对外交往，向世界展示中国的多彩魅力。北京作为国家政治中心和国际交往中心，需要通过筹办与举办冬奥会的良机全面提升软硬件水平，建设保障有力、服务到位、特色鲜明的国家外交主场地和国际交往活动的核心承载地。因此，冬奥会不仅是体育盛会，也是一次世界文化与中国文化深入交流的盛会，办好这一盛会将有力推动北京作为国际交往中心的建设。

党的十九大报告中提出："筹办好北京冬奥会、冬残奥会，加强中外人文交流，以我为主、兼收并蓄。推进国际传播能力建设，讲好中国故事，展现真实、立体、全面的中国，提高国家文化软实力。"这为推动北京国际交往中心、文化中心建设，助力北京2022年冬奥会、冬残奥会筹办工作，发挥奥运遗产助推城市经济社会全面发展指明了方向。

北京市在制定市"十三五"规划时就明确提出"到2020年，把首都建设成为在国内发挥示范带动作用、在国际上具有重大影响力的著名体育文化中心城市，成为全国体育文化精品创作中心、体育文化创意培育中心、体育文化人才集聚教育中心、体育文化要素配置中心、体育文化信息传播中心、体育文化交流展示中心"的发展目标。

2020年9月，《北京推进国际交往中心功能建设专项规划》正式对外发布。其中又特别指出，要发挥好北京北部地区的八达岭长城—冬奥会—世园会板块功能，统筹好北京2022年冬奥会和冬残奥会与2019年中国北京世界园艺博览会的设施资源和文化遗产，积极培育具有体育文化特色和生态环境优势的国际文化旅游休闲区。

与国家间竞争发展趋势相一致，全球主要都市之间的竞争日趋多元化，城市建设指标已由单一转向多项，比拼综合实力，其中，体育指标在世界城市建设中的作用越来越重要。在冬奥会的筹办过程中，北京不断丰富城市的国际体育交流功能，加快国际优质资源与优秀人才集聚，通过倡导市民讲外语、窗口行业学外语，改进城市外语标识系统，完善国际化支付系统，增加无障碍设施等，提升北京国际语言环境、消费环境、服务环境，全面优化城市的国际化人文环境，进而提升城市的现代文明水平。

非凡冬奥篇

第四章　北京冬奥会与区域协调发展

第一节　冬奥会谱写京津冀协同发展新篇章

一　京津冀三地协同办奥运

北京 2022 年冬奥会将在北京、张家口两地开办，筹办冬奥会，不仅是京张两地"双城记"，更是京津冀三地"总动员"。从申办到筹办，京津冀三地形成了强大合力，整合资源、补足短板，协同助力圆梦冬奥。

（一）冬奥会促进京津冀一体化机制加快形成

京津冀一体化方案自 2014 年提出以来不断深化，2022 年冬奥会的顺利申办更是赋予了京津冀又一层新身份，为三地推进协同机制再添一把柴。

2022 冬奥会的成功申办，为京津冀地区冰雪运动和冰雪产业迎来了历史性的发展机遇，冬奥会申请成功后的当年春节，张家口就接待了 185 万人次以上的游客，获得旅游收入 12.9 亿元，同比增幅达 30% 左右[1]，各级政府都认识到并高度重视这份可遇不可求的重大发展机遇。各级政府多次出台政策提出京津冀滑雪产业协调发展，推动打造京津冀协同发展示范区，最大限度发挥冰雪产业链具有的带动辐射效应。具体分为三个层次，如图 4 - 3 所示，①做好基础工作，发展冰雪运动产业

---

[1]　转引自《申冬奥成功后首个春节黄金周 185 万人次畅游张家口》，燕郊168，https://www.yanjiao168.com/view - 7850 - 1. html，2016 - 02 - 22。

本身的上下游产业链，具体项目如装备制造、场地建设、赛事筹划、体验活动、专项培训等。②冰雪运动和其他产业融合延伸的产业链，如旅游、住宿、餐饮、服装、教育、会展、文化、互联网、传媒等。③将冰雪运动对接城市发展，融合延伸打造热点区域，比如冰雪小镇、冰雪特色城市等。

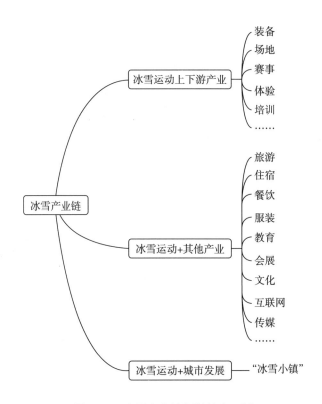

图 4 – 1　冰雪产业链辐射效应示例

资料来源：笔者自制。

河北省在京津冀三地中享有突出的土地和环境资源优势，在此打造京津冀首批冰雪产业示范区能首先发挥出低成本、高效率的特点。河北地方政府紧跟中央的步伐，出台了多项政策支持鼓励本土滑雪产业的发展。2015—2019 年，短短 4 年时间，河北省滑雪场由 40 家增长至 61 家。同时，河北省注重布局场地配套设施，数量与质量并进，如表 4 – 1 所示，截至 2019 年，省内有四大滑雪场进入全国滑雪场前三梯队。

表 4 - 1　　　　　　　　全国代表性滑雪场状况

梯队	滑雪场名称	所属地	场地专业基础设施				
			雪道面积（平方米）	雪道总长（米）	开发落差（米）	高级道数量（条）	造雪机数量（个）
第一梯队	万龙	河北	138	36.5	550	22	368
	万达长白山	吉林	97	30	380	9	64
	万科松花江	吉林	175	32	605	10	57
第二梯队	南山	北京	46	7.2	25	5	33
	北大壶	吉林	126	48	26	19	150
	云顶	河北	120	44.5	42	13	140
	太舞	河北	72	20.5	28	10	138
	富龙	河北	80	18	—		
第三梯队	亚布力阳光	黑龙江	52	31	540	—	—
	渔阳	北京	30	6.3	207		

资料来源：根据前瞻产业研究院公布数据自制。

（二）冬奥会带动京津冀地区整域性开发加速

京津冀协同一体化，打破了北京、天津、河北之间的地缘边界，合理利用区域内部各地理要素之间的相互作用及影响，将三地合为了一个统一的整体。在冬奥会的筹办过程中，京津冀区域内部的相对一致性为筹备工作协调有序推进减少了阻碍，而具体到冬奥会各个项目的选址、建设、开办以及赛后的存续发展，则需与各个区域之间普遍存在的差异性一一对应，有重点地选择对应开发难度低、发展潜力大的区域，系统组织专项资金、人力、物能及科技等配套投入，积极且广泛开发过往未被利用、利用不充分的地区与资源，借冬奥契机提高京津冀地区整体综合发展能力。此次冬奥会，北京将承办所有冰上项目，北京市延庆区和河北省张家口市崇礼区将承办所有的雪上项目，便是合理且充分评估各区位的自然条件后的最优选择。

延庆区位于北京市西北部，距市区 74 公里，总面积约 0.2 万平方公里，常住人口 31.6 万人，是首都生态涵养发展区，生态环境优良，林木绿化率高，气候冬冷夏凉，素有"北京夏都"之美誉。崇礼县位于河北省西北部，地处华北平原和内蒙古高原过渡地带，常住人口

12.6万人，总面积0.23万平方公里，境内山峦纵横，森林覆盖率达到45.6%，空气质量好于中国大多数城市，是一个独特的资源型山区县。延庆和张家口承办室外雪上项目，是因地制宜原则的高度体现。

以崇礼为例，它具备开展冰雪运动的诸多地理条件。其一，崇礼本应受大陆性气候影响，水汽、降雪相对较少，但因特殊山形地貌和良好生态环境，境内小气候明显，年均降雪高于周边地区。雪期从10月至翌年3月、4月，持续五月余，干雪期占整个降雪期的比重达2/3以上。如图4-2所示，天然滑雪期可达120天，存雪期超140天。是北京冬奥会三个赛区唯一一个不用储雪的赛区，符合冬奥会对雪期的要求。

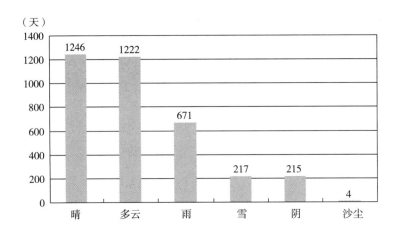

（天）

图4-2　崇礼过往10年天气统计（2011年1月1日到2021年1月1日）

资料来源：根据天气网数据绘制。

其二，在雪质雪量方面，崇礼雪季降水量较均匀，冬季降水量稳定在50—60毫米，年均降雪厚度达1米以上，冬季雪深超过0.5米，且量级为小到中雪，雪板卡刃风险低，能够保障较好的滑雪效果；若遇不利气候，可通过实施人工造雪的途径予以弥补，已通水运行的云州水库调水工程年可调水500万立方米，可保障人工造雪用水，符合冬奥会对雪量的要求。

其三，崇礼区介于北纬40°47′—41°17′，东经114°17′—115°34′，

如图 4 - 3 所示，冬季平均气温为 - 12℃，符合冬奥会雪季 4 个月不低于 - 18℃的评估要求；平均风速仅为二级，适于开展国际高端竞技滑雪运动，能够保障冬奥会高山滑雪、越野滑雪等赛事的顺利进行。①

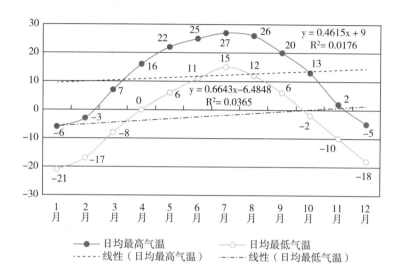

图 4 - 3　崇礼全年温度曲线

资料来源：根据天气网数据绘制。

从山地条件来看，崇礼境内多为中低山脉，海拔 814—2174 米，最大高差为 1361 米，其地貌特征是"山连山，连绵不断；沟套沟，难以计数"；山地坡度陡缓适中，多在 5°—35°，可供旅游滑雪和竞技滑雪的面积达 300 平方公里②，被誉为华北地区最理想的滑雪地域，能够满足冬奥会雪上运动赛场建设的需求。

此外，崇礼所在的张家口市与北京市之间的交通十分便利，尤其是京张高铁通车后，两地往来时间缩短至 50 分钟，为 2022 年冬奥会提供了重要的交通保障。且在过往赛事中，国外广泛应用通用航空服务赛会，而崇礼的地形特点适合通用航空的发展，有望成为高铁、公路等交通方式的有益补充。

---

① 赵亮等：《地理视角下的冬奥会选址》，《地图》2020 年第 1 期。

② 赵亮等：《地理视角下的冬奥会选址》，《地图》2020 年第 1 期。

（三）冬奥会协办成为京津冀协同发展的示范

在冬奥会的筹办过程中，京津冀地区的协调分工与联动建设，为未来深化京津冀一体化程度，推动其他产业协同发展树立了绝佳榜样。

从场馆与赛项分布上看，2022 年冬奥会计划使用 25 个场馆，分布在 3 个赛区，分别是北京赛区、延庆赛区和张家口赛区。

北京赛区共有 12 个竞赛、非竞赛场馆，其中 8 个为现有场馆，还将新建 3 个，并设立 1 个临时场馆。赛区内将进行冰壶、冰球、滑冰 3 个大项，冰壶、冰球、短道速滑、花样滑冰、速度滑冰 5 个分项和 32 个小项的比赛（见表 4 - 2）。北京奥林匹克公园将在 2008 年奥运会后再次成为赛事核心区域，范围内容纳了本次冬奥会 25 个场馆中的 7 个。北京赛区的奥运村预估将可容纳运动员和随队官员 2260 人。①

表 4 - 2　　　　　　　　　三大赛区场馆及项目安排

赛区	场馆	项目	
北京	国家体育场（鸟巢）	冬奥会及冬残奥会开、闭幕式	
	国家游泳中心（水立方）	冰壶及轮椅冰壶	
	国家体育馆	男子冰球	
		冰橇冰球	
	五棵松体育中心	女子冰球	
	首都体育馆	短道速滑	
		花样滑冰	
	国家速滑馆（新建）	速度滑冰	
	首钢跳雪大跳台中心	单板滑雪（预计将产生 2 块金牌）	
张家口	云顶滑雪公园	自由式滑雪	
		单板滑雪（预计将产生 9 块金牌）	
	国家跳台滑雪中心	跳台滑雪	北欧两项
	国家越野滑雪中心	越野滑雪	
	国家冬季两项中心	冬季两项	

① 资料来源：北京 2022 年冬奥会和冬残奥会组织委员会网站，https：//www. beijing2022. cn/cn/competition_ zones/beijing. htm。

续表

赛区	场馆	项目
延庆	国家高山滑雪中心	高山滑雪
	国家雪车雪橇中心	雪车
		钢架雪车
		雪橇

资料来源：根据北京 2022 年冬奥会和冬残奥会组织委员会网站数据绘制。

延庆赛区共有 5 个竞赛、非竞赛场馆，赛区内安排了高山滑雪、雪车、雪橇 3 个大项，高山滑雪、雪车、钢架雪车、雪橇 4 个分项和 20 个小项的比赛。延庆赛区的奥运村预计将可容纳运动员和随队官员 1430 人。[①]

张家口赛区位于已有 20 年的滑雪产业发展历史的张家口市崇礼区。赛区内共设 8 个竞赛、非竞赛场馆，将进行滑雪、冬季两项 2 个大项，单板滑雪、自由式滑雪、越野滑雪、跳台滑雪、北欧两项、冬季两项 6 个分项和 50 个小项的比赛。张家口赛区的奥运村预计将可容纳运动员和随队官员 2640 人。[②]

从具体工作任务上看，北京 2022 年冬奥会的筹办工作共划分出了 3000 余项具体任务，其中有 104 项重点任务。截至 2021 年 1 月初，在三地联合推进与监督下，北京赛区、延庆赛区和张家口赛区共 12 个竞技场馆已全部完工，三个冬奥村也基本完工，京张高铁、京礼高速全线通车，基础设施和赛会服务项目进展（见表 4 - 3）持续推进。

表 4 - 3　　　　　　　　2022 年冬奥会赛会服务部分项目情况

项目名称	达成数量
定点医疗卫生机构	41（家）
签约酒店	103（家）

---

① 资料来源：北京 2022 年冬奥会和冬残奥会组织委员会网站，https：//www. beijing2022. cn/cn/competition_ zones/yanqing. htm。

② 资料来源：北京 2022 年冬奥会和冬残奥会组织委员会网站，https：//www. beijing2022. cn/cn/competition_ zones/zhangjiakou. htm。

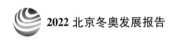

续表

项目名称	达成数量
赞助企业	38（家）
赛会志愿者报名	100（万人）

资料来源：根据《北京日报》数据绘制。①

具体来说，北京赛区的国家速滑馆、国家游泳中心、国家体育馆、首都体育馆、五棵松体育馆和首钢滑雪大跳台建设已于2020年年底全部完工，竞技场馆的运行团队已全部组建，非竞赛场馆建设改造稳步推进，将于2021年7月前完工。

张家口赛区的76个冬奥项目已在2020年全部完工。复工后，项目相关人员持续实行三班倒、24小时不间断施工的工作机制，抢抓因新冠肺炎疫情而耽误的工作。截至2020年7月底，高新区、宣化区两个冰雪产业园已累计签约冰雪产业项目68项，落地项目57项，总投资331.73亿元人民币②，完工建筑如因外形被赋予"雪如意"昵称的国家跳台滑雪中心（见图4－4），是中国第一个跳台滑雪场地，也是赛区内工程量最大、技术难度最高的项目，如图4－5所示，其框架结构选材和跳台建筑位置的选定均为世界首位。

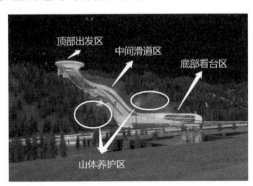

图4－4　国家跳台滑雪中心效果及结构

资料来源：根据《新崇礼新闻》资料绘制。③

---

① 《北京冬奥会竞赛场馆运行团队组建完成》，《北京日报》2021年1月24日。
② 《2022年北京冬奥会张家口赛区76个冬奥项目即将全部完工》，中国新闻网，http://www.chinanews.com/ty/2020/10-22/9319885.shtml，2020-10-22。
③ 《首次揭秘！崇礼冬奥场馆"雪如意"建设到底有多难?》，搜狐网，https://www.sohu.com/a/315596030_100012501，2019-05-21。

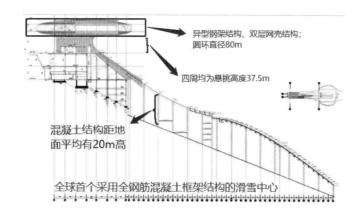

图 4 - 5 国家跳台滑雪中心剖面

资料来源：根据《新崇礼新闻》① 资料绘制。

截至 2021 年 1 月，赛区内 10 项交通基础设施均已完成建设和验收工作，6 条公路项目全部建成通车，张家口南综合客运枢纽和崇礼综合客运枢纽已投入使用，宁远机场改扩建工程也已完工并通航。核心区域已完成 200 台氢燃料清洁能源车辆的采购工作、驾驶员信息的录入与更新、加氢站的规划与设计工作。以上新建道路和建筑物均已完成数据采集，将能够在百度地图中查询到具体详情。河北省交通综合运行协调与应急指挥中心（TOCC）张家口市分中心也已投入试运行，并编制引发了延崇、张承和京张高速公路路段的除雪保障方案，对超 1700 人次②开展了语言类、礼仪类和除雪技能培训。2020 年度的 28 项赛会服务已全部完成。

延庆赛区是本次建设难度最大的赛区，历经四年艰辛，截至 2021 年 1 月，赛区内 24 项配套保障项目已完工 23 项，国家高山滑雪中心、国家雪车雪橇中心（见图 4 - 6）、延庆冬奥村及山地新闻中心四大场馆全部完工。核心区的相关配套设施，包括 7 条总长约 14 公里的内部道路、11 条索道、5 个索道换乘站，以及路、住、食、医等赛区配套设施，也已初具规模。

---

① 资料来源：《首次揭秘！崇礼冬奥场馆"雪如意"建设到底有多难？》，搜狐网，https：//www.sohu.com/a/315596030_100012501，2019 - 05 - 21。

② 《赛区 10 项交通基础设施建设任务完成》，《河北日报》2021 年 1 月 20 日。

共5个赛道出发区

增加了赛道遮阳屋顶

赛道总长1935m
共16个弯道

总观众席位数7500席

图4-6　国家雪车雪橇中心效果细节

资料来源：根据《北京晚报》① 资料绘制。

　　同时推进的还有赛区生态修复工程和可持续性计划。清华大学等专业科研团队在赛区内应用亚高山草甸剥离等技术，成功栽植乔木7万株、灌木31万株。占地0.22平方公里的冬奥森林公园也完成了主体建设工作，其内部还移栽了330余棵移栽自核心区的珍贵树种。整个赛区目前已修复2.02平方公里，完成率达94%以上，贯彻落实了"山林场馆、生态冬奥"理念。整个延庆赛区基本建成，延庆区已全方位做好服务保障冬奥会的准备。②

　　2021年，三大赛区将由全面建设转入测试就绪阶段，按照运行标准，深化场馆运行计划和应急预案的审核及优化工作。针对新冠肺炎疫情的最新态势，京津冀三地相关专员还将进一步讨论完善防控方案，携手为2022年冬奥会提供更加安全、顺畅的运行环境，深度完善京津冀协同合作机制。

二　冬奥创造京津冀融合发展新契机

　　北京冬奥会是中国重要历史节点的重大标志性活动，是展现国家形象、促进国家发展、振奋民族精神的重要契机，对京津冀协同发展有着强有力的牵引作用。

――――――――――

　　① 《北京冬奥会延庆赛区规划设计出炉：众多效果图曝光》，《北京晚报》2018年7月5日。

　　② 《四大场馆完工，配套项目完成百分之九十五冬奥延庆赛区基本建成》，《北京日报》2021年1月8日。

2022 年北京"冬奥会"的筹办，可谓京津冀协同发展所出现的一个新载体，如果抓住这个契机，京津冀一体化发展的道路将会在很大程度上得到更加强有力的促进，京津冀教育、体育、医疗合作也将掀开新的篇章。冬奥为京津冀融合发展所带来的新契机主要体现在下述方面：

（一）冬奥会将为建设京津冀世界级城市群创造条件

冬奥会是百年大变局下时代赋予中国的重要发展机遇，是全方位、多层面展示中国新发展理念和改革开放累累硕果的重要国际窗口。北京冬奥会将彰显源远流长的中华民族文化特色、进一步促进中外文明对话交流，极大地促进京津冀区域的对外开放、交流与合作，有力推进京津冀世界级城市群建设。办好北京冬奥会，可以很好地展现中国全面建成小康社会、实现第一个百年目标后，中国人民在中国共产党的领导下，朝气蓬勃地开启第二个一百年奋斗目标和实现中华民族伟大复兴中国梦新征程的精神风貌，同时也可以很好地展示国家发展的活力，展示中国特色社会主义道路自信、理论自信、制度自信、文化自信。根据北京市《关于建立更加有效的区域协调发展新机制的实施方案》提出的目标，到 2020 年将初步形成京津冀协同发展的新局面；到 2035 年京津冀世界级城市群构架基本形成。北京将进一步强化生态环境联防联控联治，促进基本公共服务共建共享，推动创新链、产业链、供应链"三链"协同布局取得突破性进展，形成更加紧密的协同发展新格局，把京津冀打造成中国高质量发展的新增长极，建设以首都为核心的世界级城市群。

（二）冬奥会将为推动京津冀协同发展提供良好的示范

冬奥会可以把奥运经济作为京津冀协同发展的突出亮点，建成京津冀协同发展的良好示范窗口，有力推动形成区域一体化新格局。通过建设重点工程，推动基础设施互联互通，将对加速京津冀协同发展产生强大的推动作用。北京和张家口联合举办 2022 年冬奥会有利于利于两地资源、环境、市场、产业、基础设施等优势互补，将推动中国冰雪运动及相关产业的快速发展。冬奥会也在持续为文旅体赋能，并不断给京津冀地区的"冰雪经济"释放利好效应。同世界滑雪运动流行时间长的国家相比较，目前中国滑雪人群消费并不高，但随着国内收入水平的提高、滑雪运动的普及以及普通大众对冰雪运动的热爱，国内滑雪人群的消费也会逐步提高。冬奥会将为京津冀协同起到相对关键的助力，将以冰雪体育为整体突破口，以大众冰雪休闲为契机积极发展区域一体化。以冬奥会为契机，应加快促进两地之间在交通基础设施、公共服务、产业及市场之间的沟通协作，促进京冀之间交通一体化、产业一体化、市场一体化、城乡建设一体化，打造京津冀协同发展的标志性工程，实现一项标志工程带动京津冀协同发展。

（三）冬奥会将打造京津冀协同发展新发展轴

根据京津冀协同发展战略和总体规划要求，三省市要按照"功能互补、区域联动、轴向集聚、节点支撑"的总体思路，逐步推进京津冀协同发展。京津冀协同发展将以"一核、双城、三轴、四区、多节点"为架构进行空间布局，构建以重要城市为支点，以战略性功能区平台为载体，以交通干线、生态廊道为纽带的立体网络。当前，京津冀协同已经初步形成"双城、三轴"的空间格局。"双城"为北京、天津。"三轴"分别为"北京—天津城区—滨海新区"的东南轴线、"北京—保定—石家庄—邢台—邯郸"的南轴线、"北京—唐山—秦皇岛"的东北轴线，标志性工程包括北京城市副中心（通州）、雄安新区、北京新机场等。随着冬奥会的举办，未来将形成京津冀协同发展的西北轴线——"北京—张家口"发展轴线，其标志性工程就是2022年北京冬奥会。协同开展试点示范，京津冀三地围绕区域协同创新发展的要求，共同打造雄安新区等创新发展示范区，将北京市成熟的发展理念、优质资源、配套服务实现拓展延伸，推动先行先试政策交叉覆盖、探索产业协同与利益共享新模式。未来，雄安新区和北京城市副中心将成为北京城市发展的两翼，雄安新区和冬奥会也将成为河北两翼发展的重点，最终实现北京"新两翼"与河北"新两翼"比翼齐飞，打造跨区域协同创新驱动发展的新引擎。

（四）冬奥会将加速推动当地经济社会发展

京张联合举办冬奥会将加速推进北京市延庆区、河北省张家口市的交通基础设施、医疗教育等公共服务及城市综合配套设施建设，提升当地社会管理水平。同时，冬奥会将促进当地旅游、文化体育、会展、农业、现代服务业、健康养生养老及其他新兴产业的快速发展，提升当地经济发展水平。冬奥会的举办能够促进京张区域间的产业结构发生转变，利用冬奥经济的波及辐射效应，餐饮业、公共服务业等第三产业的发展将收益巨大，促进环保经济的发展。遣散能耗高、污染严重的企业，淘汰劣质企业，为冬奥会的开展创造舒适的环境，同时主动扶持新型体育器材制造企业、旅游服务行业、物流运输行业等一系列产业，积极调整产业结构，发展新型科技产业，从而完善创新理念下的经济发展体制。张家口旅游业和冬季体育项目发展后，可能会引发京张旅游及相关产业的协同。在北京申奥报告中指出，北京如承办冬奥会，将会带动中国近 3 亿民众参与到冰雪运动项目中，由此可以推算出在不久以后，会出现 1700 万人到京张地区参加滑雪项目，带来超过 280 亿元的经济收益。据预算，北京举办冬奥会将花费近 39 亿美元，其中包括体育场馆的投资建设、相关体育比赛事宜和社会贡献投资。同时，国家耗资千亿修建京张高铁，将大大改善京张区域交通条件。京张高铁的开通促使冬奥会推动张家口跨入北京的经济圈中。除铁路之外，建设高速公路促进张家口与周边城市的互相联结，包括崇礼区和周边的其他城市，从而完善了京冀交通圈。北京可以充分利用"冬奥会"的契机继续疏解北京非首都功能，发挥冬奥会对区域经济的带动作用，统筹利用北京的政策、产业和市场优势以及张家口的自然资源和生态环境优势，着力打造"京张冬奥体育文化旅游产业带"，推进北京城区及延庆、昌平、门头沟等区与张家口市及崇礼、怀来、涿鹿、赤城等区县深度融合对接，实现区域产业经济协同发展。此外，张家口作为北京、内蒙古、山西等地区的交通要道，不但可以促进冬奥会的交通服务更加便捷，还可以带动京冀地区的经济发展。通过冬奥会所接受的大额投资，可以减少当地的交通资金压力，并影响张家口附近的其他地区城市，促进京冀区域的经济发展和繁荣。

（五）冬奥会有利于共同打造推动京津冀协同发展的京张冬奥经济产业带

一系列合作协议的签订，是落实京津冀协同发展战略的重要举措，不仅为北京冬奥会构建起专业的服务保障体系，而且全面提升京津冀区域内的体育、医疗、教育、康养领域的合作水平和协同发展。张家口市应充分利用举办冬奥会带来的品牌效应、集聚效应和溢出效应，打造一条能量巨大、活力无限的京张冬奥产业带，构建可持续发展的冬奥产业体系。同时，持续发挥奥运经济效应和增强产业发展动能，促进冬奥赛事场馆的可持续利用，实现"跨四季运营，全周期发展"的冬奥产业发展模式。在冬奥前期和中期，两地政府及企业可以在京张冬奥产业带进行大规模投资，集中兴建一批以冰雪赛事场地及配套设施为代表的冰雪产业硬件设施。在"后冬奥期"，应充分发挥市场机制作用，以场馆运营、赛事营销、人才培养为重点，引入国内外顶级体育运营商，组建专业化运营团队，建立健全协调高效、持续运转的场馆运营管理机制。应大力支持北京、张家口两地就冬奥产业展开全面合作，特别是考虑到两地资源禀赋和区位条件的差异，探索围绕冬奥产业的创新链—产业链—金融链融合的有效模式。此外，还应抓住疏解北京非首都功能契机，发挥冬奥会对区域经济的带动作用，统筹利用北京的政策、产业和市场优势，张家口的自然资源和生态环境优势，打造京张冬奥体育文化旅游产业带。着力推进北京城区及延庆、昌平、门头沟等区与张家口市及崇礼、怀来、涿鹿、赤城等区县深度融合对接，实现区域产业经济协同发展，重点发展冰雪产业、体育产业、文化旅游产业、健康产业、新能源产业、现代农业、数字产业，形成绿色、环保、可持续发展的跨区域产业体系。

（六）冬奥会有助于合作构建互联互通的"一小时交通圈"

冬奥会的举办将在很大程度上提升京张之间的交通便利化水平。除京藏高速、京新高速和京张铁路外，未来随着京张高铁、延崇高速、京蔚高速等公路和铁路的逐步建成，北京到西北方向张家口的交通全线进入"一小时交通圈"。这将显著提升京张两地的互联互通水平，将进一步加速京张同城化发展。2020年1月23日，冬奥会重大交通保障项目延崇高速建成通车，打通了北京至张家口崇礼太子城赛区便捷通道，从北京六环到崇礼90分钟可达，缩短一个半小时。延崇高速公路与2019年年初通车的兴延高速公路合并组成京礼高速公路，形成北京西北方向第三高速通道，成为京津冀一体化路网格局的重要组成部分。在京津冀高铁城际铁路"一小时交通圈"的基础上，结合自驾车、自助旅游体系的建设，延伸一小时的高速公路，将实现京津居民三小时覆盖河北省主要县区，形成"京津冀城市群微度假生活圈"，实现三小时改天换地的时空转变。

（七）冬奥会有助于联合构建生态宜居的环北京生态生活圈

冬奥比赛场馆、城市公共设施、生态环境、公共服务等基础设施建设不断加快，张家口和延庆相关区域公共基础设施建设水平显著提高。这在为冬奥会的成功举办奠定了良好的物质基础的同时，也为这些区域今后的生产生活提供了良好的设施条件。冬奥会将带动当地生态环境保护，提升生态环境质量。同时，冬奥会的举行也有助于加速实现跨区域公共基础设施、公共服务均衡、生态环保合作和改善民生；有助于推动北京非首都功能的疏解，资源、环境、市场、产业、基础设施等方面将会形成一种优势互补之态，实现跨区域公共基础设施和公共服务的均衡化，以及生态环保的合作和民生的改善，不但弥补了北京城市人口生态度假休闲功能不足的短板，而且还将起到一种扶贫的作用。随着交通条件的极大改善，逐步形成京张同城化的生态生活圈。

第二节　冬奥会拓展首都都市圈发展格局

一　冬奥促进首都都市圈北向开拓发展

自 2015 年北京成功申办 2022 年冬季奥运会以来已经过去了近六个年头，这六年来不仅北京的发展日益欣欣向荣，将与北京一道联合承办冬季奥运会馆内馆外项目的张家口也在冬奥会的筹备工作中得到了长足的发展，并带动了整个冀北地区的进步革新，促进了首都都市圈的北向发展。2022 年的冬奥会将成为加速首都都市圈北向发展的重要契机，也是实现京津冀一体化的关键节点。河北相关城市与北京、天津两大中心城市之间的差距一直是横亘在都市圈发展与一体化进程间的重大阻碍，而冬奥会以其强大的宣传效应及经济效益带动冀北地区增速发展，有利于区域经济发展平衡，弥补京津冀地区的发展差距，最终实现建立以首都为核心的世界级城市群的战略目标。

（一）冬奥会全面提升首都都市圈融合水平

根据《中国都市圈发展报告（2018）》的定义，首都都市圈以北京与天津为中心，覆盖河北省内六个地级市，包括张家口市、廊坊市、保定市、雄安新区、唐山市与沧州市。北京对都市圈内城市的辐射带动作用显著低于长三角与珠三角都市连绵区，甚至还有继续下滑的风险，同时由于河北地区的相关城市与北京、天津两大中心城市之间在发展质量上存在着较大差距，因此首都都市圈的整体发展水平并不尽如人意。[①]
北京—张家口冬奥会的到来为首都都市圈的发展带来了新的机遇，有利
于提升京津冀地区基础设施建设，加强地区内铁路网、公路网建设，密
切北京、天津两大中心城市与周边河北相关城市之间的往来，为诸如张
家口市等冀北城市的经济发展注入动力，促进首都都市圈北向发展。

（二）冬奥会有力推动首都都市圈脱贫攻坚

作为2022年冬季奥运会的主办方之一，张家口市将承接冬季奥运会
的室外项目，而馆内项目则由北京承办。张家口与承德均属于环京津贫
困带地区。张家口市的16个区县中，贫困县占比接近70%，其中国家级
贫困县10个，省级贫困县1个，该11县均在2005年被亚洲开发银行列
入环京津贫困带，脱贫攻坚是长期困扰张家口市发展的一大难题。

奥运会的经济效益广为人知。1984年起奥运会便开始了商业化的
运营模式，并为不断承办国家，尤其是承办城市带去了显著的经济收
益。奥运会通过促进相关产业的发展，拉动举办地及周边地区的经济，
这也就是所谓的奥运后效益。筹备奥运会时源源不绝的投资具有强大的
溢出效应，在拉动欠发达地区经济水平上效果更为显著。[②] 2022年的冬
奥赛事有望为张家口的经济发展与转型带来一丝曙光，促进张家口市的
经济由第一产业向第三产业转移，带动旅游业的发展并改善经济布局，
完善张家口市的城市功能。

在冬奥经济效应的带动之下，张家口市的扶贫工作取得了显著发
展，居民人均收入逐年增长，于2020年成功实现全部贫困县"摘帽"
的目标。[③] 张家口市的城镇居民与农村居民收入虽然在2019年依旧落
后于全国平均水平，但依然在短短数年间实现了飞跃。2015年，张家口
全市城镇居民人均可支配收入与全国水平之比约为76.4%，该比值在
2019年上升至80.4%，增长率以2015年申奥成功为分水岭显现出由低到

[①]《中国都市圈发展报告（2018）》，http://tucsu.tsinghua.edu.cn/upload_files/atta/1551401345990_2C.pdf。

[②] 张亚雄、赵坤：《北京奥运会投资对中国经济的拉动影响——基于区域间投入产出模型的分析》，《经济研究》2008年第3期。

[③]《"摘帽"不是终点，仍需持续用力》，张家口新闻网，http://www.zjknews.com/news/shiping/202003/05/275821.html，2020-03-05。

高的态势。而农村居民人均可支配收入与全国水平之比则从2015年的73.03%上升至2019年的80.97%，比值首次超过城镇（见图4-7）。

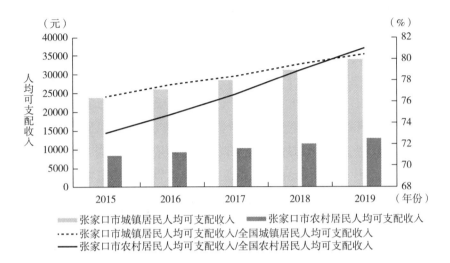

图4-7　张家口市2015—2019年城镇与农村居民收入变化对比

资料来源：《中国国民经济和社会发展统计公报》（2015—2019年）、《张家口市国民经济和社会发展统计公报》（2015—2019年）。

（三）冬奥会促进首都都市圈旅游业蓬勃发展

冬奥会的成功申办强力推动了张家口市旅游业的发展。河北省北部的冰雪旅游业在20世纪90年代已经发展起来并初具规模，但由于规模小、竞争弱，冀北的冰雪旅游业并未得到长足发展。2022年冬季奥运会作为一场世界性的体育盛事，投资雄厚、规模庞大，能够吸引大量游人，为主办城市及周边地区带来广泛而又深刻的持续性影响，而张家口市作为冬奥赛事的举办地之一会成为国内国外游客冰雪旅游的重要目的地。当前，中国冰雪旅游产业仍存在着较大缺口，张家口市依托2022年冬季奥运会的宣传效应，在发展冰雪旅游上前景广阔。据统计，2015年中国已拥有接近300家滑雪场，年收入逾百亿元。2019年，中国滑雪场数量更攀升至770家，滑雪人次同样再创新高，达2090万人次，并且相关人士预测，冬奥会有望带动京津冀及周边地区超过3亿人加入冰雪运动中来。目前，张家口市的旅游产业在2022年冬季奥运会的宣传之下已经取得了令人瞩目的进步。据统计，张家口市2019年共接待游客超过 8605 万人，总收入逾 1037 亿元①，而在 2015 年该市的旅游收入仅为 301.67 亿元②，四年间增长超过两倍（见图 4-8）。就滑雪产业而言，张家口计划借助冬奥会的东风，以崇礼为核心，周边县市为补充，打造远近闻名的冰雪城镇，目前已经初具规模。崇礼区的 12.6 万人口有近 2 万人参与到旅游及有关产业当中，促进服务业占比从 2014 年的 21.81% 提高到 2016 年的 31.0%。③ 此外，得益于旅游业的蓬勃兴起，张家口市已经基本形成了较为完善的旅游支持系统，涵盖了城乡之间的大部分区域，并以新型农家乐、经济型酒店以及星级酒店为主体为游客提供食宿服务。旅游业的蓬勃兴起不仅有利于带动整个河北北部地区的发展，还可以在一定程度上扭转北京、天津两大中心城市对河北地区人才的虹吸效应，加速首都都市圈整体的发展进程。

成功申办冬季奥运会在促进张家口旅游业发展的基础上为张家口市的经济布局带来了深刻影响。2015 年对于张家口市是具有分水岭意义的一年。2010—2014 年，张家口市的经济增速持续下落，在 2014 年下降至 2.8%。但 2015 年以后，该市的经济增速出现大幅度提高。2016—2018 年，张家口市的经济增速分别达到 6.9%、6.6% 和 7.5%，申奥成功所带来的经济效益可见一斑。冬奥会对旅游业、建筑业及服务业等产业的带动作用为冀北地区带来了大量的就业机会：有关资料显示，京津冀文化旅游带可提供共计 60 万的就业岗位④，仅仅滑雪旅游业就可带来超过 20 万个就业机会。近年来，不仅作为冬奥核心区的崇礼一举从贫困县摇身一变成为了中国最大的滑雪旅游度假区，张家口市内的全部贫困县都实现了脱贫"摘帽"。2015 年以前，张家口市的产业结构总体上依靠第二产业，第三产业占比稍稍落后，但 2015 年申奥成功以后，张家口市的第三产业占比渐渐超过第二产业并逐年上升，二者之间的差距连年扩大，目前已然形成了"三二一"的产业结构，第三产业对张家口市经济增长做出的贡献已不容小视（见图 4-9）。张家口

① 《张家口市 2019 年国民经济和社会发展统计公报》。
② 《张家口市 2015 年国民经济和社会发展统计公报》。
③ 望宇、庞善东：《张家口滑雪产业发展研究》，《体育文化导刊》2019 年第 5 期。
④ 《北京冬奥会可创造 60 万个就业机会》，北青网，https：//news.qq.com/a/20150801/003111.htm，2015 - 08 - 01。

市 2018 年国民经济和社会发展统计公报显示,张家口市第一产业、第二产业、第三产业在 2018 年分别实现增加值 226.6 亿元、518.4 亿元与 791.6 亿元,三次产业增加值占全市地区生产总值的比重分别为 14.8%、33.7% 和 51.5%。①

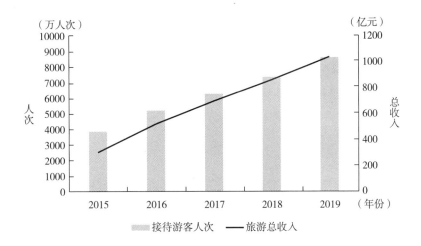

图 4 - 8　张家口市 2015—2019 年旅游业发展情况

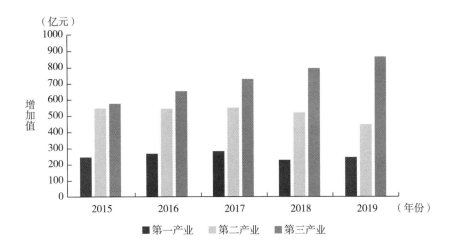

图 4 - 9　张家口市 2015—2019 年三次产业增加值

资料来源:《张家口市国民经济和社会发展统计公报》(2015—2019 年)。

---

① 《张家口市 2018 年国民经济和社会发展统计公报》。

（四）冬奥会极大提升首都都市圈城市功能

筹办冬奥会使张家口市的城市功能得到极大完善。城市功能大体上可分为生态、社会、经济和创新功能四类。2022年冬奥会申办成功以来，以张家口为代表的冀北地区的城市功能不断完善，取得了令人瞩目的进步。

就具体的城市功能而言，自2015年申奥成功以来张家口市在生态、社会、经济、服务以及创新功能上都取得了令人瞩目的进步。生态上，张家口早在2012年便被国家环保部授予"国家园林城市"的美称，空气质量更是在长江以北位列第一。自申奥成功以来，张家口市加速改善生态环境。2014年全市森林覆盖率为36%，而经过五年的努力2019年张家口市林木绿化率便达到了50%。与此同时，张家口的空气质量也得到了极大提高，2019年空气质量排名第16名，成为北方地区唯一进入前20的城市，提前两年完成冬奥改善空气质量的目标。社会上，自申奥成功以来，冀北地区尤其是张家口市的基础设施建设得到了显著提高，崇礼铁路、北京—张家口城际高铁、京北一级公路以及宁远机场的修建都不断完善了地区间的交通网路，密切了张家口市与北京及周边城市的联系，提高了自身的生产服务能力。同时，在京津冀一体化的大背景下，基础设施建设日益完善的张家口将更好地疏解北京的非首都功能，形成区域联动效应，更好地促进首都都市圈北向发展。经济上，张家口市近年来经济稳步增长，2016年以后全市每年生产总值增速维持在7%左右，2018年更实现了7.6%的大幅增长；同时，经济结构得到优化，形成了"三二一"式的产业结构，2019年第三产业增加值占全市地区生产总值的比重超过1/2，达55.6%。创新上，相较于以往，申奥成功以来科技创新明显受到重视，张家口不仅出台了科技创新三年行动计划（2018—2020年），其参与的四个项目也已列入国家科技冬奥计划，三个项目列入省科技冬奥计划，国家级、省级的创新平台也不断涌现，到2019年已发展到121家。

二 冬奥促进首都都市圈一小时圈形成

随着全球城市的发展，都市圈已成为世界经济社会发展的主要空间组织形式。首都圈为都市圈的一种特殊形态，是以承担复合型功能的首都城市为核心，通过首都区与周边新城的分工合作、协调发展而形成的一体化区域被视为各国经济发展的重要增长极和参与国际竞争的重要战略区域。2022年2月4日，第24届冬季奥林匹克运动会将于北京市和张家口市正式拉开序幕。为了更好地满足两地之间冰雪运动交通往来，服务冬奥会运动员转场的硬性需求，五年来，国家相继实施了一批重大交通基础设施项目，北京大兴国际机场已经建成通航，延崇（延庆—崇礼）高速、京张（北京—张家口）高铁、京雄（北京—雄安新区）高铁相继建成通车。目前北京和张家口已经正式形成"一小时交通圈"，北京、张家口、延庆三大赛区之间的航空、高铁、高速立体交通网络体系已经呼之欲出。

（一）"一环六放射二航五港"交通一体化体系

京津冀三地大力推进京津冀区域交通协同发展，截至2020年，首都一小时城市圈已初步建设成京津冀"一环六放射二航五港"的交通一体化体系。

在这个体系中，"一环"是指首都经济圈环京高速走廊，全长约940公里，经由张家口、承德、廊坊、涿州等城市，是首都经济圈外部主通道，统筹区域交通运输特别是分流首都过境货物运输，目前已于2015年全线建成通车。

"六放射"是指以北京为中心向六个方向放射的运输通道，即东北方向的京承、往东的京唐秦、东南方向的京津、往南的京开和新机场、西南方向的京石、西北方向的京张等（正北和正西是山区），是城市群之间及对外辐射的综合运输主通道。

"二航"是指以首都国际机场和北京大兴机场两个航空港为核心，包括天津机场、石家庄机场在内的整个机场群，侧重服务定位协调。目前两个机场之间的连接方式是利用地铁轨道网连通，乘客可以通过北京地铁线路在两个机场之间有序换乘。

"五港"是指在河北省、天津市640公里长的海岸线上，从北到南依次分布着秦皇岛港、京唐港、曹妃甸港、天津港和黄骅港五个港口。这五大港口之间的合作与整合在未来将加强，未来或实现游人乘坐京津城际到达天津，然后乘专车直接前往天津港口，再前往韩国的济州岛等地。

图 4 - 10　北京大兴机场

资料来源：搜狐网，http：//www.sohu.com/a/256604494_699029。

（二）"一条高铁、三条高速、多条干线"冬奥交通网络

2022 年北京冬奥会的顺利举办与首都"一小时生活圈"的持续发展相辅相成，首都生活圈相关区域发展将有利带动冬奥产业的顺利发展，同时冬奥在交通基础设施建设方面的不断推进将进一步提升首都"一小时生活圈"的交通便利性。目前，北京冬奥会张家口赛区 10 项交通基础设施建设任务均已完成。"一条高铁、三条高速、多条干线"的交通网络建设目标已基本实现。

1. "一条高铁"

"一条高铁"是指京张高铁线路。

2019 年 12 月 31 日，北京至张家口高速铁路开通运营，为 2022 年北京冬奥会提供交通运营服务的崇礼铁路也同步建成投运。在建设条件极为苛刻的情况下，京张高铁用不到 4 年的时间就建成通车。京张高铁的开通，为缓解北京交通压力、打通"轨道上的京津冀"经脉、打造京津冀与西北部经济圈树立了新典范。

京张高铁建设坚持站城一体理念，以隧道方式下穿北京城区，并与地铁昌平线南延、地铁 13 号线和规划中的地铁 19 号线进行了衔接，打通了北京市西北部地区的多个交通堵点，有效缓解了这一地区的交通压力。今后，张家口至北京最快运行时间将由过去的 3 小时 7 分钟压缩至

50 分钟左右，张家口将进入北京"一小时交通圈"。同时作为京张高铁的重要组成部分，延庆支线已于 2020 年 12 月通车。至此，北京市区和延庆两地通行时间缩短至半小时，沿线地区交通运输条件将得到进一步改善，提升京津冀交通一体化水平。

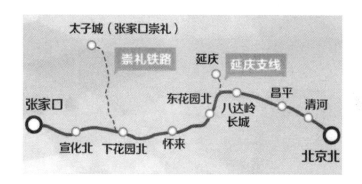

图 4-11　京张高铁线路标示

资料来源：长城网，http://ishare.ifeng.com/cls/7SPOPFlnAsm。

从经济发展角度考虑，京张高铁是 2022 年冬奥会的重要交通保障，因此该高铁的顺利开通会极大促进京张冬奥产业带的建设。京张高铁的开通不仅便捷了京张两地人员、物资的双向流动，同时也将使京张铁路产业带的经济空间结构得到极大优化。以张家口为代表的河北西北部地区旅游、养老、冬季体育资源丰富，又是京津冀西北部的生态涵养区，是北京非首都功能疏解承接的四个战略功能合作区之一。京张高铁通车后，将带动北京科技、金融和人才优势与张家口市优良的环境资源和旅游资源优势深入互补，以高速度、高效益促进京张两地的联动发展。如北京和张家口两地丰富的旅游资源及旅游线路将相互整合，张家口的草原风光、冬季滑雪、葡萄酒庄园、三祖文化等与北京的故宫、颐和园、八达岭等景区共同编排旅游线路。京张高铁的开通，不仅使北京非首都功能疏解效率将大大提升，延庆到张家口地区沿线的绿水青山，也将因第三产业升级，变成金山银山。

同时，随着京张高铁与崇礼铁路的开通，从首都出发的铁路线路向西可与张家口至呼和浩特、张家口至大同两条高速铁路相连，向东与北京枢纽连通，从而形成贯穿北京、河北北部、内蒙古东部、山西北部的轨道集群。这一轨道集群将成为北京西部对外交通的骨架，不仅补上了"轨道上的京津冀"的短板，长远来看，还将在带动京津冀协同发展的同时，将内蒙古和山西也纳入大城市市场圈，将京津冀协同发展的辐射面，扩大到更广大的区域内。

图 4 – 12 京张高铁线路

资料来源：搜狐网，https：//www.sohu.com/a/361412908_188950。

2. "三条高速、多条干线"

"三条高速、多条干线"是指兴延高速、延崇高速和张承高速及其相关干线。三条高速的建成与完善共同促进了北京和张家口之间"一小时交通圈"的形成，将北京市以西地区并入了首都"一小时生活圈"，进一步完善了京津冀交通一体化水平。

表 4 – 4 主要干道里程时间

高速名称	高速总里程（公里）	通行时间（分钟）
兴延高速	42	26—32
延崇高速	114.752	60
张承高速	62	47

（1）兴延高速。兴延高速，是北京市和张家口市联合申办 2022 年冬奥会举办权的重要保障工程，已于 2019 年 1 月完工通车，并于当年服务于延庆世园会。此高速南起西北六环双横立交，北至延庆京藏高速营城子立交收费站以北，途经昌平和延庆两区，路线全长约 42 公里，双向四车道。该高速在山区段设计时速为 80 公里，平原段设计时速可达 100 公里。兴延高速全程将穿过多个隧道，因此明显缩短了市民从市区到延庆的距离。

兴延高速与延崇高速相接，为 2022 年冬奥会提供交通保障，形成北京西北方向的高速通道。兴延高速公路将北京与延庆两地间的距离大大缩短，出行者可以快速往返中心城区和延庆区。兴延高速的建成，使得延庆市民进入北京市区不再单纯依赖京藏高速公路，北京市区居民前往延庆方向等地区也多了一种选择，可大大缓解京藏高速的车流压力。

（2）延崇高速。延崇高速公路是 2022 年冬奥会交通保障体系建设重点工程，主线全长 114.752 公里，其中北京境内 33.2 公里，河北境内 81.552 公里，为双向四车道高速公路标准。该高速全线设置互通式立交 5 座、桥梁 18 座、隧道 7 座，桥隧比 87%。除保障冬奥会两赛区快速转场外，延崇高速也是北京通往河北、内蒙古方向的又一快速通道，全程通行时间大约只要 1 小时。预计到 2022 年年初，延崇高速公路将与规划的兴延高速同时设置双向奥运专用道，一起成为北京 2022 年冬奥会车辆首选道路通道。

延崇高速在设计上充分展现了中国传统文化、地域特色和冬奥元素，比如以滑雪板和古烽火台等造型打造的收费站和服务区，以"冰雪五环"为主题建设的太子城大桥。该路段还在全国率先开展了高速公路场景 80 公里时速 L4 级自动驾驶和基于蜂窝网络技术车路协同测试，以及自动驾驶队列跟驰演示。部分服务区将增设加气站、房车营地、直饮水、儿童游乐设施等，应用智慧卫生间、智慧停车、智能机器人，完善无障碍设施，满足人民群众多样化的服务需求。

延崇高速公路作为京津冀一体化西北高速通道之一，已于 2019 年底完工通车，其对于疏解西北通道京藏 G6、京新 G7 客货运交通压力、提高道路通行能力和行车安全具有重要意义。同时，延崇高速是 2022 年冬奥会期间进出崇礼的公路主通道，也是北京至张家口东北部的旅游

图 4 – 13　延崇高速公路

资料来源：搜狐网，https://www.sohu.com/a/304492755_507416。

便捷通道。它的建设对带动沿线旅游经济发展，实现冬奥会期间参赛运动员 50 分钟快速转场具有重要意义。此外，延崇高速将有效增进延庆区与北京市区之间的人员与物资流动，积极带动延庆区经济发展，促进延庆区更好地融入首都"一小时生活圈"的发展。

（3）张承高速。张承高速公路，是河北省高速公路网布局的组成部分，也是张家口市公路网的高速干线之一。张承高速起点位于宣化县太师湾村附近，新建互通立交与丹拉高速公路连接，向北沿张家口市规划区东侧布线，路线全长 62 公里，设计速度 80 公里/小时。高速全线设互通立交 6 处、分离式立交 3 处、大中桥 53 座、分离式隧道 8 座，隧道总长 15 公里。

张承高速公路已于 2015 年 12 月 30 日建成通车，目前与京藏高速公路一起，将共同作为 2022 年冬奥会备用高速公路通行通道。张承高速公路作为张家口市道路建设历史上的一条重要道路，对于解决张家口市连接东北及沿海高速公路，促进区域经济的协调发展将起到非常重要的作用。张承高速不仅能改善张家口市路网结构及交通条件，拉动高速公路沿线的旅游及经济发展，而且可以发挥出张家口市"东出西联"的作用，加速张家口市经济跨越式发展。作为连接大广高速、京藏高速、二秦高速，是东北和西北地区通江达海、东出西联的重要通道，张承高速公路对于推进京津冀一体化、促进张承地区的扶贫开发、分流北京过境交通压力、服务 2022 年冬奥会具有十分重要的意义。

图 4 - 14 张承高速公路

资料来源：手机搜狐网，https：//www. sohu. com/a/113423772_252241。

（4）其他相关干线高速。除了上述兴延高速、延崇高速、张承高速以外，京藏高速、京新高速、京张高速、110 国道都将作为冬奥会备用高速公路通行通道，在继续提供日常公路服务的同时，发挥起保障冬奥会顺利进行的作用。

图 4 - 15 北京赛区、延庆赛区和张家口赛区交通线路连接情况

资料来源：搜狐网，https：//zjk. focus. cn/zixun/76f32694aef9c47a. html。

　　综上所述，在目前已经基本成熟的"一环六放射二航五港"交通一体化体系基础之上，与冬奥会配套的相关重大交通基础设施项目也已基本建设完成，首都"一小时城市圈"正式完成了全方向的拓展。以北京市区为中心，通过一条高铁三条高速多条干线的冬奥交通网络建设，首都"一小时生活圈"已经顺利向西拓展至张家口地区。这不仅将北京、延庆和张家口三大赛区通过立体交通网络体系联结在一起，有效保障了冬奥会期间对于交通运输的要求，同时也将进一步提升首都"一小时生活圈"的交通便利性，积极带动张家口和延庆地区的冬奥产业发展，促进上述地区与首都地区之间的人员与物资流动，更好地推动首都"一小时生活圈"中多方的协同发展。

　　（三）冬奥会加快推动首都都市圈一小时经济圈形成

　　而更直接的效应体现在京津冀西北部地区"轨道经脉"的打通。今后，张家口至北京最快运行时间将由过去的3小时7分钟压缩至50分钟左右，张家口将进入北京"一小时交通圈"。而由于京张高铁是2022年冬奥会的重要交通保障，因此会极大促进京张冬奥产业带的建设。

　　京张高铁开通，不仅便捷了京张两地人员、物资的双向流动，同时也将使京张铁路产业带的经济空间结构得到极大优化。

　　以张家口为代表的河北西北部地区旅游、养老、冬季体育资源丰富，又是京津冀西北部的生态涵养区，是北京非首都功能疏解承接的四个战略功能合作区之一。但过去受交通问题制约，这一地区与北京的功能互补性不强，区域共建缺乏支点。京张高铁开通后，不仅北京非首都功能疏解效率将大大提升，延庆到张家口地区沿线的绿水青山，也将因第三产业升级，变成金山银山。随着京张高铁、崇礼铁路开通，向西可与张家口至呼和浩特、张家口至大同两条高速铁路相连，向东与北京枢纽连通，从而形成贯穿北京、河北北部、内蒙古东部、山西北部的轨道集群。这一轨道集群将成为北京西部对外交通的骨架，不仅补上了"轨道上的京津冀"的短板，长远来看，还将在带动京津冀协同发展的同时，将内蒙古和山西也纳入大城市市场圈，将京津冀协同发展的辐射面，扩大到更广大的区域内。

第三节　冬奥会催生北京城乡一体化新气象

一　北京城乡一体化发展助力冬奥

（一）城乡一体化发展有力拓展冬奥活动承载空间

城乡一体化发展大大提升办冬奥活动的能力，拓展冬奥活动的空间载体。北京中心城人口和功能疏解取得积极进展，新城小城镇建设成效显著，农村城镇化水平稳步提高，"中心城—新城—小城镇—新型农村社区"的城乡一体化发展空间格局基本形成。北京市启动了11个新城建设，新城综合承载能力显著提升，已经成为北京新增人口和产业的重要承载地，成为中心城区人口和功能疏解的重要承接地；重点小城镇建设成效显著。近年来，政府加大对重点小城镇建设的资金扶持力度，通过分类引导，初步形成了园区带动型、旅游带动型、农业带动型等一批特色小城镇；新型农村社区试点建设稳步推进。北京市按照"农村就地城镇化"思路，加快推进新型农村社区建设，让农民就地享受城市生活。新农村建设"5＋3"工程全面完成，农村居民生产生活条件得到显著改善。"五项基础设施"建设两年完成，建设污水处理设施、农村公厕，为行政村配备了垃圾储运设施和设备。通过实施"三起来工程"，村庄普遍安装了太阳能路灯、节能灯，建设大中型沼气站与生物质气化站、雨洪利用工程、粪污治理工程等；农村居住环境日益改善。积极推动村庄环境整治和绿化美化工程，郊区村庄全部达到"干净、整洁、路畅、村绿、建制"的标准。

（二）城乡产业融合发展有力推动奥运经济发展

北京大力统筹城乡产业布局，以促进农民增收致富为主线，积极发展都市型现代农业，加快发展适合农村的非农产业，农村经济蓬勃发展，形成了城乡产业融合互动的发展态势，初步形成了由籽种农业、循环农业、休闲农业、科技农业构成的都市型现代农业产业体系，农业与第二、第三产业加快融合。农业产业化水平不断提升，农业会展业蓬勃发展。非农产业成为农村经济新动力，农民收入水平显著提高。通过转移就业、提供公益性岗位，农民收入水平显著提高。城乡居民收入的不断提升大大提高群众参与观看奥运活动的积极性，有力地推动奥运经济蓬勃发展。

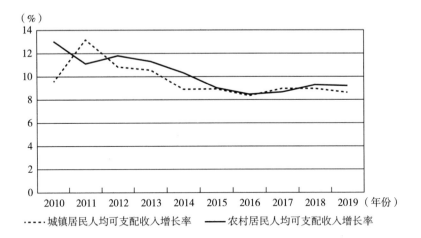

图4-16　北京市2010—2019年城乡居民可支配收入增长率

资料来源:《北京统计年鉴》。

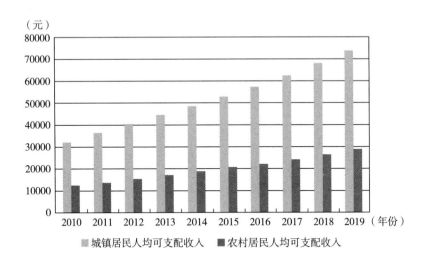

图4-17　北京市2010—2019年城乡居民可支配收入

资料来源:《北京统计年鉴》。

二　北京美丽乡村建设增彩冬奥

中共中央、国务院日前印发《乡村振兴战略规划（2018—2022

年)》，将乡村分为四类，分别是集聚提升类村庄、城郊融合类村庄、特色保护类村庄、搬迁撤并类村庄。冬奥来临，可以把重点放在北京的特色保护类村庄，并且结合冬奥特色，增彩冬奥。

（一）延庆冬奥村

在北京延庆美丽的小海坨山脚下，绿色、人文、科技兼备的延庆冬奥村于 2020 年年底建成，毗邻国家雪车雪橇中心和山地新闻中心。延庆冬奥村是冬奥场馆之一，半开放式建筑庭院依山而建，既展现北京四合院的文化特色，又不破山型、不夺山景。冬奥会后，延庆冬奥村将改造为山地旅游度假酒店群，成为兼具冬奥特色和中国传统村落文化特色的度假地。建设者在延庆冬奥村建设中，践行绿色办奥理念，竭力保护生态平衡，让冬奥村与自然和谐共生。

延庆冬奥村以"组团"形式散落在山林间，共有 6 个居住组团和 1 个"公共组团"，总建筑面积约 11.8 万平方米，赛时可为运动员及随队官员提供约 1430 个床位。"公共组团"主要为综合服务功能，将为运动员提供比赛装备保养、餐饮、休闲等综合服务。

延庆冬奥村是按照中国北方山村文化特色设计的一个运动员村，突出中国文化特色、生态特色，也突出了"以运动员为中心"的设计理念，赛后将作为休闲度假酒店向社会开放。①

（二）北京怀柔区渤海镇长城北沟村

北沟村隶属于北京市怀柔区渤海镇，地处半山区，村域面积以山场居多，近 9000 亩的山地资源为板栗种植提供了先天优势，户均板栗种植面积近 70 亩，板栗种植业成为北沟村人均收入支柱产业。北沟村是一个拥有乡村文化的度假村。北沟村在北京市怀柔区渤海镇。北沟村抓环境治理，完善基础设施条件，现在 13 户国际友人在村长期居住，是"长城国际文化村"。也号称是北京最美山村。②

2020 年的全国两会，全国政协委员、北京国际城市发展研究院院长连玉明，带来一份《关于牵手冬奥会、打响长城牌，加快规划建设

---

① 《冬奥村：与自然和谐共生》，《人民日报》（海外版）2021 年 1 月 26 日。
② 《探访长城脚下的"国际村"》，北京市园林绿化局，http://yllhj.beijing.gov.cn/ztxx/lhysh/cy/201810/t20181025_108152.shtml，2018-10-25。

长城脚下的美丽乡村的提案》。我们应该重新审视北京长城文化的冬奥遗产价值，让长城文化带把"京张协同办冬奥"这一重大标志性活动的整个过程"串起来"。加快规划建设"长城脚下的美丽乡村"，让"长城脚下的美丽乡村"伴随北京 2022 年冬奥会、冬残奥会的举办"火起来"。①

（三）北京八达岭岔道村

岔道村隶属于延庆县八达岭镇，位于八达岭长城脚下，已有 450 年历史，古城内花岗岩石板路面，城隍庙、关帝庙、古驿站、临街店铺、客栈、四合院等文物古迹处处可见。走进古香古色的岔道，可以领略到明清时期的风土人情。全村 290 户，有 70% 的人都从事旅游服务。2018 年 3 月，入选北京首批市级传统村落名录。②

同样，可以将长城文化元素和冬奥会结合在一起，让"长城脚下的美丽乡村"伴随北京 2022 年冬奥会、冬残奥会的举办"火起来"。

三 冬奥给北京乡村旅游带来机遇

（一）冬奥带动乡村就业

北京 2022 年冬奥会三大赛区之一的延庆赛区位于延庆区张山营镇内，近几年，当地抓住冬奥来到家门口的机会发展冰雪产业、乡村民宿、休闲农业，带动农民就业、提升职业技能，壮大农村集体经济。

冬奥赛区落户张山营镇不久，当地就组建了海陀农民滑雪队，现有队员 26 名，预备队员 110 名。队员参与了滑雪、浇冰、常用英语、雪板维修和保养等 10 余种培训。

目前，张山营镇近 20 名农民滑雪队员获得了瑞士一级滑雪教练证书和北京市社会体育指导员二级证书，还有队员获得了高山滑雪二级、三级裁判证书，已累计培训上冰上雪人员 1 万余人次，其中，农民占35%。有的队员进入冬奥延庆赛区工作，其他队员也在延庆各大雪场冰场就业。

与此同时，山下的民宿也越发红火，很多农民当上了民宿管家，甚

---

① 《牵手冬奥会、打响长城牌，加快规划建设长城脚下的美丽乡村》，《中国企业报》2021 年 5 月 28 日。
② 《岔道村百度百科》，https：//baike. baidu. com/item/% E5% B2% 94% E9% 81% 93% E6%9D%91/8230867？ fr = aladdin。

至合伙人。

（二）冬奥带动乡村民宿

北京市将探索具有时代特征、首都特色、京郊特点的乡村民宿发展模式，推出民宿的"首善标准"，打造民宿的"北京样本"，塑造民宿的"首都形象"。

在经济下行压力加大的背景下，旅游消费需求却持续旺盛，体现了极大的发展空间，以精致化设施、精细化服务、精神化体验、精美化环境为特征的精品民宿日益受到市场热捧。北京民俗城市规模已经达到全国第二位。

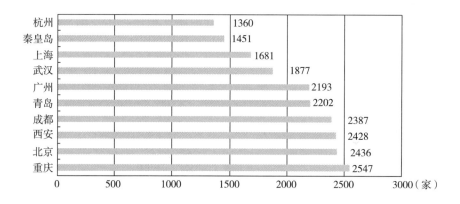

图 4-18　中国大陆民宿规模城市排行

资料来源：《中国大陆民宿业发展数据报告（2019）》。

结合冬奥特点，发展民宿行业，延庆冬奥村身体力行。

延庆区发布民宿产业发展白皮书，根据白皮书，到北京 2022 年冬奥会召开前，延庆将打造一批具有延庆地方特色的乡村民宿，形成"奇迹长城""缤纷世园""激情冰雪""生态画廊"四大民宿集聚区，打造 100 个民宿村、1000 个精品民宿小院、3000 间精品客栈客房、20000 张中高端住宿床位。

在第三届北方民宿大会开幕式上，延庆民宿产业发展白皮书发布，总结了延庆民宿发展的现状和优势、民宿产业发展举措及成效，制订民宿产业三年发展计划。

根据计划，到北京 2022 年冬奥会召开前，延庆将打造一批具有延庆地方特色的乡村民宿，完成"一区多集群、一镇多品牌、一村一特色"的发展布局。①

（三）冬奥带动冰雪经济

冰雪游、山地游、乡村游是"十四五"时期重点提升的版块。在南太行焦作、新乡等地，已经迎来冰雪游的最佳观赏期。

冰雪经济发展到新阶段，要结合"十四五"规划建议的要求，把地理优势与资源优势结合起来发展冰雪经济。可将全域旅游与乡村振兴相结合，冰雪经济不要仅限于依赖地理特质，还应多考虑文化特质。要深入挖掘本地特色的冰雪文化，做足冰雪文章，并在条件成熟的地区重点推出以冰雪为主题的省级和国家级的旅游度假区，满足消费升级的需求。

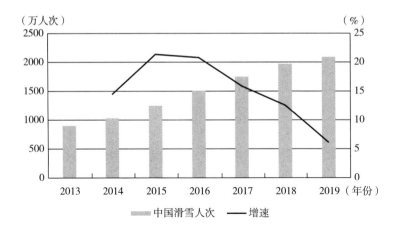

图 4-19　2013—2019 年中国滑雪人次统计及增长情况

资料来源：根据前瞻产业研究院数据整理。

以筹办北京冬奥会、冬残奥会为契机，中国冬季体育项目竞技实力全面提升，大众冰雪运动发展乘势而上。人们参与冰雪运动的热情高涨，冰雪产业迸发活力，"带动三亿人参与冰雪运动"前景广阔。

---

① 《冬奥前延庆打造百个民宿村》，《北京日报》2019 年 9 月 6 日。

为推动冰雪运动普及，国家实施"南展西扩东进"，冰雪项目从北方走向各地、从冬季走向四季。2015—2019 年，全国标准滑冰场馆数量从 157 家增加到 388 家，滑雪场总数从 568 座增加到 770 座，基础设施不断健全让冰雪项目逐渐"升温"。

　　京张高铁开通一周年总计发送旅客超过 680 万人次。身穿滑雪服、自带雪板的"雪友"成为其中独特风景。2020 年 11 月中旬到 12 月上旬，滑雪场游客人数比上年同期增长 20%—30%，推动体育产业成为国民经济的支柱性产业，冰雪产业将发挥独特的作用。

第五章　北京冬奥会与城市更新升级

第一节　冬奥引领城市更新

对于每一个申办奥运的城市来说，筹备的过程能吸引来大量投资、带动新的产业集群，以及改变城市面貌。北京作为此次 2022 年冬季奥运会的举办城市，将充分借助冬奥完成转轨升级。冬奥会不仅是一场冰雪体育盛会，同时也是促进城市更新的关键战略和机遇。由于能够给举办城市带来长远发展红利，更是许多政策制定者关注的焦点。北京市石景山区作为冬奥组委机关驻地和重要赛区，将借助奥组委筹办引领城市更新、促进城市发展，让城市居住环境更美好。

一　城市功能定位强化

以举办冬奥会为契机，打造冰雪产业集群，有助于强化城市功能定位。2020 年 5 月 15 日，国际奥委会、国际残奥委会和北京冬奥组委同步向社会正式发布了《北京 2022 年冬奥会和冬残奥会可持续性计划》。该计划是指导北京冬奥会可持续性工作的纲领性文件，将贯穿于北京冬奥会赛事筹办全过程。规划以可持续发展为主线，主要内容包括愿景、目标、重点领域和主要行动四个方面。其中，"主要行动"作为冬奥会可持续发展行动纲领，强调要树立城市更新范例，高标准、高质量诠释冬奥会如何成为城市和区域发展的催化剂。具体来说，城市更新又主要涵盖以下三点：①大力推动首钢园区转型发展；②延庆区打造冰雪体育休闲产业组团；③张家口市建设国际化开放城市。

第一，大力推动首钢园区转型发展。十多年前，首钢集团用五年的时间把钢铁产业从北京整体搬迁至河北省唐山市曹妃甸。如今，这方曾经淬火锻冶的钢铁热土，把打造新时代首都城市复兴新地标与冬奥会筹办、老工业区有机更新、绿色高端发展紧密结合，着力转型发展。当前，以冬奥会筹办为契机，首钢老工业区向着"文化复兴、产业复兴、生态复兴、活力复兴"的目标加快转变，已经成为城市更新的标杆和工业遗产保护利用的示范。

放眼望去，园区内秀池、群明湖波光潋滟，湖岸两旁的绿植郁郁葱葱；湖边栈道朴素宁静，坐落着别具一格的座椅和装饰物；园区外围的高炉和晾水塔巍然耸立，特别是每当周末的夜晚灯光亮起来时，三高炉通体被照得通红，伴随蓝色光柱穿插其中，给人一种威严庄重之感，折射出这个钢铁巨擘的辉煌历史。远处的首钢滑雪大跳台灵动飘逸，好似一条"飞天"的飘带。夜幕下，跳台赛道晶莹剔透，建筑侧影色彩斑斓。再向南远眺，主体为全钢结构、呈倒"U"形的新首钢大桥雄伟壮观，横跨蜿蜒流淌的永定河。大桥坐落于长安街西延线，贯通东西线路，为冬奥会提供交通保障具有重大意义。

园区设计在最大程度上保留了原有的建筑风貌，又增添了一份现代都市的气息。园区以工业风貌再现为设计理念，在尊重原有工业遗存风貌基础上，改造成了颇具现代感的办公区，以新旧材料和空间对比延续老首钢的工业之美。办公区内各个楼宇排列错落有致，玻璃幕墙在阳光下交相辉映，给人一种大气简约的体验感。而且，办公楼的命名沿用了建筑的原有用途的名称，例如料仓、筒仓、转运站等。办公区内基础设施齐全、环境温馨舒适，为组委会办公人员提供了良好的工作环境，尽最大力度保障冬奥会的顺利举办。

第二，延庆区打造冰雪体育休闲产业组团。延庆赛区在冬奥会期间主要承担高山滑雪、雪车、雪橇以及钢架雪车项目。冬奥会过后，基于奥运遗产的可持续利用规划理念，强化延庆区功能定位，大力发展冰雪体育休闲功能，建设冬奥体育产业集聚区。延庆区将紧抓冬奥会这一发展机遇，带动区域发展，着力构建"一轴两翼多节点"的冰雪产业格局。培育核心产业、吸引相关产业、健全配套产业，加强综合服务配套措施，提升度假区服务水平，着力打造世界级高山滑雪精品度假区。同时，强化延庆区的冰雪文化传播功能，引进国内外冰雪体育组织及专业媒体机构，培育世界级体育文化交往功能。

图 5 - 1　延庆景观

资料来源：北京冬奥组委官方网站，https：//www.beijing2022.cn/a/20181009/011487.htm#p = 1。

第三，张家口市建设国际化开放城市。张家口赛区是冬奥会主要的雪上比赛赛区。冬奥会结束之后，张家口赛区"三场一村"（国家跳台滑雪中心、国家越野滑雪中心、国家冬季两项中心、张家口冬奥村），将作为奥运遗产永久保留，成为奥林匹克公园。张家口市将依托冬奥资源，将赛事核心区打造成世界级旅游目的地。根据"三场一村"的不同地域结构特点，赛后将分别改造成适用冬夏两季并且具有多种功能的休闲娱乐中心，共同实现张家口城市功能定位和产业的转轨升级。

图 5 - 2　张家口赛区云顶滑雪公园

资料来源：北京冬奥组委官方网站，https：//www.beijing2022.cn/a/20181009/011487.htm#p = 1。

二 城市发展政策创新

奥运会不仅是运动员的盛会，更是让举办地得到发展、百姓生活质量提升的机会。北京借助此次举办冬奥会的契机，更新了城市发展政策，以可持续发展和改善生态环境为主线，主要在以下几个方面实施了政策创新：

（一）冬奥会促进城市产业转型

首先，石景山区作为冬奥组委机关驻地和重要赛区，紧抓北京服务业扩大开放试点、京西产业转型升级示范区、国家级金融产业示范区获批机遇，大力发展高精尖产业，特别是文创产业发展迅速。并且，政府大力促进产业转型，加快重点空间建设和重大项目落地，增强银行保险、工业互联网、虚拟现实、数字创意等产业发展优势，大幅提升经济实力、发展活力、综合竞争力。①

石景山区素有"一半山水一半城"的美誉，始终坚持融合山水谋发展的理念，以服务保障冬奥筹办为重点，推动建设国家级产业转型示范区。在石景山区西山八大处南麓，有一片银行保险产业园区依山傍水而建，北靠八大处群山峻岭，南面永定河蜿蜒流淌。产业园内环境优美、街道整洁，公园绿地等配套设施完善，生活工作等商务服务设施一应俱全，不仅为园区内工作人员提供了良好的工作环境，更是为周围的居民提供了一个令人身心愉悦的公共场所。每每天气晴朗时，随处可见从周边住宅区过来慢跑、健身以及休闲放松的人们。经济发展与生态文明两手抓，是石景山区实现北京首都"四个中心"城市功能定位的重要举措。

其次，冬奥会促进城市冰雪产业的发展。"三亿人参与冰雪运动"是北京携手张家口申办 2022 年冬奥会时，中国向国际社会做出的郑重承诺。北京此次举办冬奥会将直接带动京津冀地区冰雪运动产业的发展，必将进一步推动北京文化、体育产业"更上一层楼"，推进北京"文化中心"和"国际交往中心"建设。

---

① 常卫：《以首都发展为统领，高水平建设好首都城市西大门》，《北京人大》2021 年第 1 期。

图 5 - 3　北京银行保险产业园

资料来源：北京·银行保险产业园官网，http://www.bjbxcyy.com/parkIntroduction.aspx?cateid = 44&parid = 1。

（二）冬奥会促进区域和城市发展

在 2020 年国际冬季运动（北京）博览会奥运城市发展论坛中的主题演讲中，韩子荣副主席提出：要传承北京"奥运遗产"，促进北京城市发展。如何传承与利用奥运遗产，是每个举办城市的管理者要面临的问题。如何借助冬奥会举办契机，提高城市精细化管理水平，是制定城市发展政策时必须考虑的问题之一。目前，已落实的城市发展政策包括：促进首钢工业园区转型发展，打造新时代首都城市文化"新地标"；延庆区将依托 2022 年北京冬奥会和冬残奥会场馆发展大众冰雪运动，发展运动休闲特色旅游、山地体育等，建设成为世界知名的"滑雪度假胜地"和"四季旅游胜地"。发挥 2022 年北京冬奥会和冬残奥会对京津冀协同发展的拉动作用，扎实推进京张地区在公共交通、生态环境、体育产业、公共服务方面的务实合作，不断增加张家口地区的公共服务能力。2022 年北京冬奥会和冬残奥会后，建设"京张体育文化旅游带"，继续发挥京张高铁、京礼高速辐射作用，带动其沿线地区体育产业、旅游业、文化产业的发展，造福其沿线地区居民。①

（三）冬奥会促进城市可持续发展

党和国家提出将"可持续发展"作为北京 2022 年冬季奥运会三大理念之一。环境是人类赖以生存的基础，更与冬奥会的发展紧密相关。冬奥会将人的发展作为可持续发展的落脚点，通过人们在冬季运动中所

---

①　韩子荣、谢军：《北京"奥运遗产"可持续发展：新视角与新机遇》，《首都体育学院学报》2020 年第 5 期。

获得的特殊体验，立志于扩展人的生活空间、改善人的生活方式、提高人的生活品质、培养人的生活态度。① 2022 年北京冬奥会对城市发展和京津冀协同发展具有重大推动作用。近两年，北京地区生产总值中第三产业的比重逐年上升，文化、体育和娱乐业的规模大幅度增长。冬奥会将成为北京西北方向推动京津冀协同发展的重大机遇。以冬奥会为契机，推动交通一体化、生态环境保护和协同创新发展，真正实现绿水青山就是金山银山。

（四）冬奥会促进城市精神文明建设

以冬奥组委驻地北京市石景山区为例，将继续推进各领域文明引导行动，筹办冬奥会的同时将协同完成创建全国文明城区的目标。关于这一点，当地居民可以切切实实感受到。走在路上，无论是公交车站的广告牌，还是建筑围墙，抑或是道路旁草丛中低矮的宣传牌，随处可见呼吁文明的标语。例如，"激情无限冬奥会，文明有约石景山"，以及"文明有我，冬奥同行"等，充分体现石景山区凝心聚力，服务保障冬奥会的决心和毅力，以及"擦亮城市西大门，文明祥和迎冬奥"的精神。北京将借助冬奥会举办契机，带动城市精神文明发展。

图 5-4 城市精神文明建设

资料来源：笔者拍摄。

三 城市空间结构优化

举办冬奥会有助于提升城市公共空间品质。针对北京市老城区存在

---

① 冯雅男、孙葆丽：《冬季奥运会可持续发展研究及对北京 2022 年冬奥会的启示》，《沈阳体育学院学报》2017 年第 5 期。

公共空间数量不足、功能单一、品质不高等问题，北京市发改委牵头制定了北京市《关于城市空间改造提升示范工程试点工作方案》，进一步巩固疏解整治工作成果，提升城市公共空间品质，切实改善群众身边环境和公共服务，高水平、精细化打造一批示范性公共空间。

改造项目是为了落实《北京市总体规划（2016—2035年）》和城市空间改造提升示范工程的要求；是石景山落实疏解整治促提升三年行动计划、创建全国文明城区、创建国家森林城市的需要；是高水平服务保障北京冬奥会召开、大力发展群众冰雪体育运动的要求；也是改善人们的生活环境，提高人民的生活品质，提升人民幸福感的需要。① 冬奥引领城市空间结构优化具体表现在以下几个方面：

（一）提升景观绿化，生态环境改善

精心做好重点区域环境综合整治和景观提升。通过规划建绿、见缝插绿、拆墙见绿、立体增绿等方式实施多元增绿，实现生态宜居示范区的功能定位。保留街巷特色文化、建筑风格。同时，注重功能优化，推进留白增绿。随着冬奥会不断临近，赛区周边生态环境和居住环境也在不断改善，例如公园和绿地占地面积大幅增加，绿化覆盖率逐渐上升，空气质量显著提升等。城区景观不断优化，道路整洁度明显提升，"会呼吸"的城市特征逐渐凸显。

（二）补充公共设施，生活设施完善

统筹利用存量与增量空间资源，进一步拓展各类公共活动和交往空间。近两年来，石景山区人们生活的配套措施逐步完善。公共卫生间、地铁、商场等公共场所的数量逐渐增多。向京西延伸的地铁S1线，以及地铁六号线延长线开通以后，再加上预计2021年年底完工的苹果园立体综合交通枢纽站，将全面打通赛区周围的交通脉络，形成地铁、公交、道路全联通的交通运输体系，人们出行的便利程度大大提升，能够更好地保障举办北京冬奥会的交通需求。而且，在阜石路高架桥北侧及苹果园交通枢纽东侧，2021年年底即将建设落成集吃住行游购娱全要素于一体的高端体验式购物中心——京西大悦城。待项目完成后，将会

---

① 《冰雪头条：提升城市公共空间品质，北京"八角新乐园"变身冬奥主题体育运动休闲公共空间》，https://www.163.com/dy/article/FL566ASU0529SL28.html。

为居住在附近的人们以及冬奥会的运动员和观众提供一个集出行、购物为一体的繁华商圈，对于打造京西活力时尚生活新地标具有重要的意义。

（三）拆除无效楼宇，老旧楼房翻新

制订实施城市更新专项行动计划，运用市场手段和创新政策，推动老旧厂房、老旧小区、平房区、低效率楼宇等存量空间资源提质增效，促进石景山城区整体复兴。为了提升城市空间利用率，塑造良好的举办城市形象，石景山区加快完成棚户区和环境整治任务，并加大对老旧小区的更新改造力度，打造老旧小区综合整治和有机更新"石景山样本"。[1] 以笔者所住的小区为例，2020 年以来，政府开始对小区进行综合整治和翻新。在楼房外观方面，已经重新粉刷所有楼房的外墙；在道路修缮方面，对小区内部道路整体进行加宽，确保人、车通行顺畅；在绿化改造方面，小区的绿植栽种和绿化面积显著提高。居民满意度得到大幅提升。

（四）优化市政交通，提升便利程度

优化市政交通设施，提高公共空间的可达性和利用率，实现与周边环境的良好衔接和有机融合。首先，政府对城区内许多道路进行了加宽，有效分隔了机动车道、自行车道以及人行道。其次，为了贯彻绿色办奥的理念，在城区内投放了更多的共享单车，整齐有序地排放在地铁以及办公区等公共场所附近，解决了人们出行"最后一公里"的问题。并且，为了鼓励人们乘坐公共交通出行，为节能减排贡献一份自己的力量，北京公交系统不断地进行智能化、数字化升级。最后，城市东西南北四个方向的地铁延长线纷纷开通，站点覆盖北京四面八方，极大地提升了市民出行的便利度。由以上措施观之，届时北京冬奥会举办时，北京将以其完善且发达的交通网络保障市民和观众的出行。

（五）彰显文化内涵，丰富精神生活

充分挖掘城市的文化内涵，打造具有人文气息的城市空间。近几年来，石景山区充分利用市区空间，建立了一批文化活动中心以及小型数

---

① 常卫：《以首都发展为统领，高水平建设好首都城市西大门》，《北京人大》2021 年第 1 期。

字图书馆，力求丰富人民群众的精神生活。除此之外，围绕文化中心建设，主打八大处传统文化、模式口历史文化、永定河生态文化、首钢工业文化、八宝山红色文化，以及冬奥文化六张文化名片，打造特色鲜明的城市文化和彰显文化底蕴，从而实现国际交往中心的文化交流功能。

四 城市文化重塑

2008 年北京奥运会给奥林匹克运动留下一份充满中国元素的丰厚遗产，举办一届精彩、非凡、卓越的冬奥会，是中国对国际奥林匹克大家庭的庄严承诺。这份来自北京的精彩、非凡与卓越，是奥林匹克精神与中华文明的交相辉映，蕴含中国冰雪文化的积淀和传承。因此，在筹办 2022 年冬奥会的过程中，除了在冰雪设施、运动水平、赛事管理等方面加强建设，也要充分发掘冰雪运动在北京的历史文化和现代精神，让城市文化得到更新与重塑，为国际冬季奥林匹克运动留下独一无二的北京遗产。

冰雪文化是一种大众文化，冬奥会是普及冰雪文化的最好时机。习近平总书记在北京考察期间指出："我们申办北京冬奥会，一个重要目的就是推动我国冰雪运动快速进步，推动全民健身广泛开展。""要努力带动更多人参与冰雪运动，北京冬奥会是一个重要推动，对冰雪运动产业也是一个重要导向。"中国人民大学中国调查与数据中心 2018 年 6 月的调查显示，我国仅有约 1/5 的人参与过包括冰雪观光在内的冰雪运动，3.7% 的孩子在学校接受过冰雪运动教育课程，5.1% 的观众经常通过电视或互联网观看冰雪项目比赛，59% 的民众知道我国为下届冬奥会举办国。这些数据表明我国对冰雪运动、冬奥会的知晓率、认知度都处于较低水平。

（一）冬奥为城市文化更新带来新契机

作为北京冬奥会雪上项目的主要承办地，河北省张家口市将冬奥文化渗透到冬季旅游产品供给中，引领冬季旅游新热潮。为迎接北京冬奥会，河北省围绕"到 2022 年河北省参与冰雪运动群众达到 3000 万人"的目标，于 2020 年 12 月举办了河北省第二届冰雪运动会，全面展示河北省迎冬奥、发展冰雪运动的成就。河北以省级冰雪运动会为引领，以冰雪联赛为推动，以市县冰雪运动会和校园冰雪活动为基础，构建了省、市、县、学校四级"金字塔"竞赛体系，为北京冬奥会预热。张家口市崇礼区各大旅行社纷纷推出融入冬奥元素的冰雪旅游线路，让游客可以到崇礼冰雪博物馆、崇礼万龙滑雪场等地感受冬奥文化、体验冰雪魅力。2020 年 12 月 26 日，以"冬奥在北京，体验在吉林"为主题的第五届吉林国际冰雪产业博览会暨第二十四届长春冰雪节开幕，博览会特设冬奥主题馆，将冬奥文化与吉林冰雪旅游有机结合，点燃游客热情。

"文化是一个国家、一个民族的灵魂"，"文化兴国运兴、文化强民族强"，"没有文化的繁荣兴盛，就没有中华民族伟大复兴"。2022 年冬奥会不仅可以弘扬国际奥林匹克精神，而且也是对东方大国冰雪文化的一次洗礼。[①] 在申办冬奥会时习近平主席指出：冬奥会在我国举办将会促进有着五千年悠久历史的中华文明同世界各国文明交流互鉴。在冬奥会的筹备下以及政策红利的推动下，我国正式打破冰雪文化区域性发展、挖掘我国冰雪运动文化内核的攻坚期。以京津冀为引领、以东北三省提升发展为基础，发挥新疆、内蒙古等西北、华北地区的后发优势，带动南方地区协同发展，形成引领带动、三区协同、多点扩充的发展格局。

将奥运城市形象和国家形象传播重点向文化层面倾斜，既可以促进北京对自身文化特色的再认识，增加北京和张家口城市市民的文化自信，又可以更全面、生动、立体、有效地对外传播国家和城市形象。宏观上，冬季奥运会的筹办对城市物质文化、精神文化、制度文化产生不同程度的影响，进而影响办赛城市的文化建设。微观上，冬季奥运会的筹办提高北京市居民参与冰雪运动的积极性，提高北京市居民生活质量与健康意识，提升北京市居民文化素养及文明程度，促进不同地区区域文化的交流。筹办好冬季奥运会在宏观和微观层面都促进了城市文化建设，提升城市文化气象。[②]

（二）冬奥会的举办对张家口城市文化产生了重要影响

具有"塞外山城"之称的张家口有着千年的历史，其位于京津冀

①　宋嘉林等：《中、加两国大众冰雪运动发展的比较研究》，《冰雪运动》2010 年第 5 期。

②　张华：《"十九大"时代背景下北京冬奥会筹办价值分析》，《体育世界》2020 年第 3 期。

蒙的交界处，拥有三祖文化、泥河湾文化、辽代文化、燕赵文化等，文化特色与地域风格非常独特。张家口丰富的民俗及民间艺术形式，为张家口地域文化品牌的开发提供了宝贵的资源。张家口历史文化具有以下特征：发展时间较早，文化沉淀深厚；历史文化知名度高，内涵较为独特；地域特色鲜明，民族文化融合较多；张家口为军事重镇，地理位置优越。张家口由于环境宜人，近年已逐步加大文化旅游产业的发展。而本次冬奥会将成为张家口重要的历史机遇，北京和张家口同为冬奥会举办城市，使得两地的交通便捷，也使两地的政治、经济、文化交流更为频繁，有利于京津冀一体化的发展。张北中都草原、万龙滑雪场、蔚县暖泉古镇等景点每年吸引着大量的游客。张家口城市文化在漫长的历史进程中，形成了以燕赵文化为核心，并以山西民俗为重要内容，富含蒙古游牧文化特点的地域文化传统，形成影响巨大的传统精神和价值观，并随时代的发展不断被赋予新的内涵。张家口地处坝上，是北方空气最为优质的地区城市之一，并以环保绿色品牌打造地域形象，能够吸引大量游客。冬奥会是国际性重大事件，对张家口城市建设有着长期影响，能够使张家口的文化基础设施更加完善，在冬奥会之后也会让更多的人了解这个地方，也将有可能在国际上享有冰雪文化旅游胜地的美誉。张家口地处京冀晋蒙四省市交界处，地理位置相当重要，但交通发展一直不好。申奥成功后，随着京张高铁开通，打造北京到张家口1小时文旅生活圈，这对张家口未来的文化和旅游事业发展有着重要的影响。

图 5 - 5 张家口城市的奥运元素

资料来源：网易新闻网，https：//www.163.com/dy/article/F80A50400514WPIT.html。

（三）提升城市软实力

奥运会是一张具有极大能量的名片，由于冬奥会的宣传和带动作用，所以也就是首届冬奥会起，其举办81冰雪运动第41卷城市夏慕尼逐渐成为欧洲滑雪运动爱好者聚集的滑雪圣地。张家口与北京市联合获得2022年冬奥会的举办权，这一重大事件将开启张家口通往世界舞台的大门，为张家口市、河北省乃至整个京津冀地区借冬奥之势发展冬季旅游项目，拉动旅游及相关的制造、服务等产业整体转型升级提供一次重要的机遇。冬奥会的举办将会产生极大的带动效应，这种效应将会推动张家口经济发展的飞跃。2008年北京奥运会的时候，北京作为主办城市也打出了"北京欢迎你"的口号，迎接四面八方的来客，向全世界展示自己。承办冬奥会正是中国文化扩张的大好时机，无论是对于在全球舞台上想要展示大国形象的中国，还是在国内力求更好发展的张家口都是一次不可错过的机遇。冬奥会的申办成功和成功举办可以使中国在国际社会上的影响力得到有效的提升，对我们的民族自尊心、荣誉感也是相当大的鼓舞。同时在人民群众中，特别是对青少年群体来说，可以做到更为有效地普及"更快、更高、更强"的奥林匹克精神，激发人民群众参与体育运动，特别是冰雪运动的热情，增进人民群众的体育素养，培养健康的生活、运动方式。近几十年全球政治格局发生很大的变化，特别是信息时代的到来，使世界宛如一个地球村。信息通信和交通上的便捷使各个大洲、各个国家和地区的交流日益频繁，如今在以经济发展为各国发展主题的大背景下，各国的发展都脱离单打独斗的旧模式，都是"你中有我、我中有你"的新发展模式。文化上的交流是国家、地区之间开展交流的桥梁，其中体育运动文化在这方面的作用显得更加突出。冬奥会作为全球规模最大、影响力最大的冬季项目体育盛会，在国家、地区之间的政治、文化交流方面起到不可替代的作用。可以借助冬奥会的名片效应来提升中国文化软实力，向全世界展示我们的开放、包容、和谐、共赢的理念，彰显我们的大国形象。

五 冬奥场馆等大型建筑服务城市更新

奥运会举办和城市发展的相互关系，关乎奥运会和城市的未来。一方面，各界越来越青睐能够给主办城市带来多重益处的奥运会，奥运会成功与否的标志，也正从赛事活动顺利、精彩，向主办城市发展受益的方向延伸。另一方面，举办奥运会是否有助于催化主办城市解决发展中的关键问题，促进城市发展升级，也正在成为城市申办奥运会的决定性因素。

曾经的伦敦东区面临着产业衰退、失业率高、环境污染等难题，举办伦敦2012年奥运会给伦敦东区的城市更新创造了绝佳的机会。将奥运会举办与伦敦东区城市更新深度融合，主办方因此更有魄力，也能更系统地从体育、文化、环境和产业等方面推动伦敦东区城市更新规划落实，助力伦敦东区实现快速发展。如今，北京冬奥组委落户首钢园，给北京西部地区城市复兴创造新机遇、注入新动力，被各界寄予厚望。

首钢集团与奥运会有着深厚的情缘。为服务国家发展和北京2008年奥运会筹办，首钢率先实施钢铁业整体搬迁，并在工厂遗址上成立"新首钢高端产业综合服务区"（以下简称首钢园区）。如今，北京冬奥组委办公区、国家队冰上项目训练基地、北京冬奥会单板大跳台项目竞赛场地等相继落户首钢园区，首钢集团也成为北京2022年冬奥会官方城市更新服务合作伙伴，新首钢地区将因冬奥会重焕生机。

首钢园区作为北京最具代表性的传统工业区，曾经有着光辉的历史。它的存在对北京一代人有着不可磨灭的影响，它的更新也带动了北京这座城市的更新与发展。伴随冬奥会的到来，冬奥元素给首钢园区所带来的新的规划、新的政策、新的资金、新的要求，对首钢园区自身的定位产生了根本性的影响。首钢园区从一个刚刚完成搬迁的废弃工业园区，转变成城市最新的活力点。冬奥会的到来带动了长安街南北两侧老旧建筑、小街小巷的更新。冬奥大跳台项目，把传统工业区的工业传统文化与冬奥会的冰雪文化完美融合的代表性建筑——滑雪大跳台将传统文化与现代文化完美结合，背靠由工业冷却塔改造而成的新建建筑，以石景山、永定河为自然背景，同时把首钢传统工业构件作为景观小品，点缀在首钢园区内的体育公园里，打造独具特色的工业风格体育公园。[1]

---

[1] 赵天宇：《大型节事影响下的传统工业区更新与发展——以首钢旧工业区为例》，硕士学位论文，2020年。

冬奥组委入驻也给首钢园区带来了大量冰雪运动方面资源，如国际交流项目、大型国际冰雪体育类赛事等，为首钢园区发展冰雪文化体育产业，打造国家体育产业示范区提供了良好的基础。新首钢园区圆满完成了平昌冬奥总结会、2019年中芬冬季运动年开幕式、北京市政府外国驻华使节招待会、第七届中国舞蹈节、奔驰轿车上市发布会等重要活动。冬奥会带来的影响力与知名度初见成效，科技创新服务为传统工业区转型提供了新的发展。星巴克、洲际酒店等都选择在首钢园区内建设店面，顺利承办2018年中国花样滑冰俱乐部联赛总决赛、国家冰壶集训队预选赛及北京市首届冬运会等多项赛事。

　　北京冬奥组委入驻，与冬奥会和冰雪运动有关的项目逐渐建成，发展体育产业、特别是冰雪产业，成为首钢产业转型的方向和定位之一。首钢园区的规划不仅考虑到了2022年冬奥会的相关需求，更是对冬奥会之后可持续的经济发展、公共服务和市政建设都做了计划，把未来的发展方向都考虑在内。首钢在未来构建"体育产业示范区"的设想中，还计划发挥自身的空间资源优势、配套服务优势和交通优势，布局更多体育产业活动，特别是与冰雪相关的产业活动：如引进冰雪装备和冰雪服饰品牌，开展冰雪主题文化活动，甚至与外界合作，举办各种类型的体育赛事。

　　关于首钢冬奥会场馆和周边场地自身赛后利用，有以下几点可供参考。①充分利用首钢博物馆和冬奥会大型现代场馆设施的社会影响力，突出地标式建筑文化特征，让首钢园区成为北京最具代表性的景点之一。②结合冰雪运动乐园建设，寻求政府政策支持，充分利用场馆设施，组织群众性体育运动，建设首钢园区冬季运动文化氛围，吸引更多的人参与冬季冰雪运动。在承办体育项目的基础上推出群众性体育活动——如"首钢滑雪季"等，突出群众性体育活动的公益性目的，围绕大众健康、环境保护、关爱弱势群体和少年儿童、文化教育等多主题开展，注重运动的社会公益性效果，比如老年健身、残疾人运动等。通过这样的群众性运动提升社会影响力，吸引更多的市民参与到首钢冰雪运动中。让赛后的首钢园区可以结合商业、娱乐于一体，成为广大群众户外健身、休闲娱乐的好去处。③继续利用场馆及其周边商业服务设施，为国际会议、国内外滑雪赛事提供场所和服务。在投资建设冬奥会场馆的基础上完善文体产业布局，同时引入大型体育赛事和文化演出活动，如马拉松、北京世界单板滑雪赛等国际知名赛事活动，不断提高首钢园区经济、体育、文化等综合活动的影响力。④通过商业策划，推出具有首钢工业遗产和现代冬奥赛事特征的群众性运动品牌。首钢本身已经有一定的知名度和建设基础，可以通过建立首钢运动品牌现代商贸工业 2020 年第 20 期 207 特色创意产品。比如"钢的运动"青少年滑雪比赛，由此推出"钢的运动"品牌系列，带动首钢园区的各类运动类商业产品的售卖，乃至带动整个石景山地区的现代商业经济模式的转变和发展。⑤提高体育场馆利用率，降低空闲时间。开发针对特殊群体的体育项目的训练和比赛，如为中小学生比赛提供重要场所，增加工作日期间的曝光度。针对青少年和老年群体，在固定时间内免费或低收费向青少年开放滑雪训练场馆和老年人健身滑雪训练场馆，有效地利用现有场馆设施，尽量降低场馆空闲时间。同时通过更高的场馆使用率，提升首钢园区的人气和知名度，客观上也能够促进商业和娱乐设施的有效经营。

第二节 冬奥提升基础设施水平

大型运动会的举办与体育场馆的建设对于城市基础设施的提升有重要意义。为有效评估奥运会的影响以及有序进行奥运会后续的可持续开发工作，国际奥委会在 1995 年成立体育与环境委员会以支持各地奥委会的可持续发展工作，并向执行委员会与奥运举办地建言献策，同时，国际奥委会定时举办会议以鼓励为可持续发展做出积极贡献的组织。此外，国际奥委会在 2005 年特设立奥运影响评估项目以更好提升奥运会对于经济、社会、环境的积极影响，其中规定每届奥运会主办方必须联系一家独立研究机构对奥运会在本地区开展调查研究。影响评估项目涉及国际奥委会制定的 126 个指标，跟踪时间长达 12 年，对奥运会的可持续影响做了详尽评估。[①] 在历届奥运会的发展过程中，奥运会的举办

---

① 徐宇华、林显鹏：《冬季奥运会可持续发展管理研究：国际经验及对我国筹备 2022 年冬奥会的启示》，《北京体育大学学报》2016 年第 1 期。

对奥运会举办地基础设施的提升起着越来越重要的作用，例如，加拿大惠斯勒滑雪小镇最初基础设施落后，因申办冬奥，逐步提升了自身的基础设施，修缮了公路、缆车和索道，促进了滑雪小镇的兴起。[①] 京津冀联合推广冬奥会冰雪旅游，三地文旅部门共同推进了京津冀公共服务基础设施的建设，推出多条特色旅游、冰雪旅游、骑行旅游路线，完善了京津冀交通体系，推动了基础设施一体化管理，使京津冀地区的物流、仓储等基础设施水平得到大幅提升。[②] 吕婵指出张家口占据京津冀一体化的重要地理位置，是联通晋蒙的重要节点，冬奥会将带动区域内、城镇间基础设施的进一步完善，有利于疏解北京非首都功能，服务国家发展战略。[③]

一　交通

交通是奥运会组成的重要部分，是保障观众流动的基础，一般来说，体育场馆的建设对城市交通水平的提高具有较大的促进作用。伦敦奥运会的举办带动了伦敦东区交通的发展，进一步优化了伦敦东区内部与通向外部的交通，使伦敦东区从改造前的脏乱差到成为技术与商业中心。[④] 苏云龙认为，在筹办北京奥运会的过程中，北京市交通基础设施有了较大水平的提升，首都机场、高铁站与地铁站的建设与完善使城际交通、市内交通与场馆交通便利畅通，完善了北京综合交通体系，为进一步推动北京现代化有着重要意义。[⑤] 陈家起认为北京奥运会的举办促进了北京交通设施的提升，增开的多条地铁线路与城郊铁路使北京的交通便利性进一步提升，鸟巢的建成与运营使得北京北部地区地铁网络得到进一步完善；广州亚运会促使广州市内开通多条地铁，完善了广州的

① 李晓强：《北京冬奥会背景下 A 滑雪小镇运营管理提升研究》，硕士学位论文，北京建筑大学，2020 年。

② 吴玲敏等：《北京冬奥会推动京津冀冰雪旅游发展效应及协同推进策略研究》，《北京体育大学学报》2019 年第 1 期。

③ 吕婵、阚军常：《冬奥会效益助推京津冀地区城市竞争力提升研究》，《体育文化导刊》2020 年第 7 期。

④ 李晓强：《北京冬奥会背景下 A 滑雪小镇运营管理提升研究》，硕士学位论文，北京建筑大学，2020 年。

⑤ 苏云龙、陈蓬勃：《浅议北京 2008 年奥运会基础设施规划建设》，《给水排水》2009 年第 5 期。

交通体系。[1] 北京冬奥会申报报告中写到2022年冬奥组委将建设绿色低碳交通系统，利用智能化、自动化等现代技术手段建设新型交通体系，大力推行低碳交通，冬奥组委表示赛事期间赛区内交通服务将基本实现清洁能源供应。[2]

在张家口与北京联合申办冬奥会后，京张高铁、崇礼铁路、延崇高速、京北公路、张崇轻轨等铁路公路建设逐步完善，张家口宁远机场的建设为城市空运提供了便捷，冬奥的举办促进张家口及周边城市交通网络逐步完善，奥运城市形象的确立使张家口更具交通基础设施发展优势，促进交通体系的优化与升级。[3] 刘亚宁认为，北京冬奥将促进张家口交通状况进一步改善，在公路、铁路与空运体系方面都有较强的促进作用，公路方面，冬奥会的举办提高了京津冀地区公路网络的连接程度；铁路方面，京张高铁的建设大大缩短了交通时间；空运方面，飞机场等基础设施的建设使空运网络更加完善。[4]

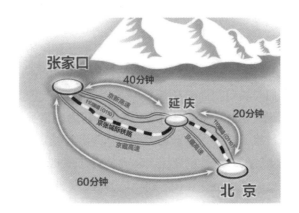

图5－6 北京2022年冬奥会交通规划

资料来源：北京2022年冬奥会交通规划图，https://view.inews.qq.com/a/SPO201407070684000Q。

---

① 陈家起：《社会燃烧理论框架下大型体育赛事风险形成机理研究》，《南京体育学院学报》2012年第4期。

② 《2022年北京冬季奥运会史上首次实现100%清洁能源供电》，https://kuaibao.qq.com/s/20190625A0MNP200？refer＝spider。

③ 于世彬：《北京2022年冬奥会的经济价值研究》，《体育科技文献通报》2019年第3期。

④ 刘亚宁：《冬奥会对张家口的影响》，《智库时代》2018年第28期。

大型体育赛事的举办对于城市交通基础设施水平的提升具有重要作用，交通的便利将有利于城市整体水平的提高，增加人民的幸福感，冬奥的举办使赛事举办地交通体系得到进一步完善，由冬奥会带动的整体社会效益得到明显的发挥，绿色低碳的交通体系建设为我国交通事业绿色发展提供了先进经验，对我国实现生态文明有着重要意义。

　　二　供电

　　供电是奥运赛事运行的基础，是大型体育赛事的重要组成部分之一，赛事期间将消耗大量的电能，如果没有良好的供电系统，不仅奥运赛事难以平稳运行，还将对自然环境产生较大的影响，因此绿色供电成为历届奥运会举办的主题。我国在申办奥运会时曾向国际奥委会承诺，将采取相应措施改善空气质量，因此在供电方面采取低碳方式。为迎接北京奥运会做准备，北京在 2006—2008 年进行电网改造，一年半的时间内北京电网新增、扩建了 95 座变电站，变电站的数量增加了 26%，建设了电网奥运配套设备、电网平安工程、电网应急工程、电网消隐工程，电网改造后北京的供电能力提升了 33%。《2013—2017 年清洁空气行动计划》颁布以来，截至 2017 年年底，北京市政府整顿、关停四大燃煤电厂，真正实现无煤化供电，成为我国首个清洁能源发电的城市；张家口市也出台了关于供电的相关政策，减少燃煤总量与电力行业本地排污，建设张北柔性直流电网等低碳能源示范项目，推进清洁供电能力，促进了城市清洁供电水平。① 除此之外，奥运场馆的供电也转向清洁供应，自 2019 年 7 月起，鸟巢与水立方等第一批冬奥赛事场馆与配套服务设施实现绿色电能供应，赛区奥运场馆在 2022 年赛事举办时将采取 100% 可再生能源供电，开创了奥运会绿色电能供应的历史，大大减少了能源消耗与环境污染。

　　北京冬奥会场馆绿色电能的供应，是绿色低碳理念的具体践行，也是兑现申办承诺的重要标志，对于北京的绿色电能供应具有重要意义，为我国清洁能源发展提供了重要经验，为实现我国生态文明建设具有积极的推动作用。

----

　　①　于世彬：《北京 2022 年冬奥会的经济价值研究》，《体育科技文献通报》2019 年第 3 期。

三 垃圾处理

奥运会的筹备与举办都将产生大量的生活垃圾，不论是体育场馆与奥运村内产生的生活垃圾还是饭店与餐厅产生的厨余垃圾都需要及时处理。2006年韩国世界杯的庆祝之夜球迷丢弃的垃圾可以堆积成小山。[①] 与之相反的是，2010年温哥华奥运组委会要求实现奥运的绿色发展，制定了"零排放"战略并要求冬奥会的相关组织与人员参与其中，其中包括采取了捐赠二手废弃物、废弃物改良、赛事剩余食物清洁处理等一系列措施提高了温哥华城市垃圾处理水平，温哥华奥委会成功从垃圾填埋场中转移了奥运赛事产生的77%的固体垃圾，其中63%被回收再利用。为达到碳"零排放"的目标，温哥华实施"智能出行"计划，并同时要求所有场馆集体降低资源消耗量，采用新型给水设备实现废弃热能回收、水电及柴油发电机的清洁使用等。除此之外，温哥华奥运委员会首创"消碳合作伙伴"赞助，温哥华奥委会与绿色能源机构合作，通过全球范围内开展低碳项目，共计抵消了温哥华在冬奥会的建设以及开展过程中产生的26.8万吨碳排放。2014年索契在举办冬奥会时在环保建材、垃圾处理、废弃物排放与回收中引入了国际标准，在场馆设施建设中引入了新型技术，并且在冬奥会开办过程中，奥组委工作人员与冬奥会运动员和志愿者全程严格遵守低碳排放要求，大大减少了索契冬奥会赛事筹备及举办期间的碳排放量。[②]

2015年《奥林匹克2020议程》修订时，提出的多条改革措施都提到了奥运赛事的可持续发展。2008年北京奥运会的定位之一为"绿色奥运"，申办2008年奥运会时北京承诺"到2008年城市垃圾将全部进行安全处理，垃圾资源化率将达到30%，分类收集率将达到50%。奥运会垃圾全部分类收集、集中处理，回用率达50%"。所以在场馆建设、资源使用、垃圾处理等方面均采取了清洁措施，为了更高效地处理垃圾，北京在奥运期间引入了光谱分选系统新技术用于处理已经分类垃圾，提高了垃圾处理效率和处理精度，新型垃圾车的应用使城市路面清

---

① 郑振国：《大型体育赛事的生态环境保护和北京奥运会的科学实践》，博士学位论文，北京体育大学，2009年。

② 徐宇华、林显鹏：《冬季奥运会可持续发展管理研究：国际经验及对我国筹备2022年冬奥会的启示》，《北京体育大学学报》2016年第1期。

洁的水平进一步提高，我国自主研发的餐余垃圾车避免了餐厨垃圾的二次污染。[①] 据官方统计数据，因奥运筹备过程中对废弃物处理的相应设施建设，北京市的市区废弃物处理率从 2001 年的 85% 提升至 2007 年的 96.5%。[②] 同时，北京的垃圾资源化能力也得到大幅度提升，北京在奥运会筹备期间多个废弃物处理场采用了新型技术将垃圾资源化，比如北神树垃圾填埋场利用产生的沼气进行发电，阿苏卫电厂则发明了新技术将垃圾产生的气体先进行收集再进行发电，奥林匹克森林公园内独特的"黄水"处理系统可以直接将游客的排泄物转化为公园绿化使用的肥料。此外，2008 年限塑令的颁布使北京市内的白色污染也大量减少。[③] 8 月 8 日开幕式时，奥运会场馆以及公园等地的生活垃圾进行分类、无害化、资源化处理，垃圾资源化率超过八成，大大提高了垃圾处理水平。[④] 北京在固体垃圾管理方面也取得了重大进步，北京市在奥运会期间采用了"减量化、再利用、再循环"的 3R 循环经济原则与系统化方法来处理城市垃圾和工业垃圾，并在北京市内建设新型加工与处理设施来专门处理有害垃圾，北京市生活垃圾的减量化、利用率与清洁化都得到了提升。北京为准备奥运会采取的垃圾处理措施为之后北京的城市建设提供了宝贵的经验，对北京市城市环境水平的提高有着重要意义。

日本在筹备 2020 年东京奥运会期间，奥运奖牌与建筑都遵循了绿色发展的理念，冬奥组委通过"大家的奖牌"项目向日本民众收集废旧电子设备，通过提炼电子废弃物中的金属元素制作奥运奖牌，截至 2019 年 7 月，冬奥组委通过收集废弃电子设备百分之百确保了奖牌制作所需的金属量，大大减少了电子污染；2020 年冬残奥会的建筑和配套桌椅是由木材建成，这些木材由日本的地方自治体提供，奥运会结束后这些木材再次返还给当地以用于公共设施建设，促进了资源的利用

① 吴那：《奥运垃圾处理进行时》，《南风窗》2008 年第 6 期。

② 绿色和平组织中国办事处和欧洲可再生能源委员会（EERC）（2007 年），《能源改革：可持续性中国能源展望》，绿色和平组织中国办事处，北京/香港。欧洲可再生能源委员会（EERC），布鲁塞尔。

③ 郑振国：《大型体育赛事的生态环境保护和北京奥运会的科学实践》，博士学位论文，北京体育大学，2019 年。

④ 《奥运会开幕式生活垃圾八成回收》，http://news.sohu.com/20080810/n258732950.shtml。

率，也减少了大量的浪费。

奥运会的举办有利于带动奥运会举办地基础设施建设，提升城市的现代化治理水平，促进城市的发展，由此带来的社会发展不容忽视。京津冀协同发展是我国重要的发展战略，北京冬奥会的举办将为京津冀共同发展带来新契机，如何充分发挥冬奥的带动作用进而提升城市的基础设施水平，完善城市的供电系统以及垃圾处理水平，从而提升京津冀地区的综合发展是一个值得深入探讨的问题。

大型体育赛事的举办将会动用大量自然资源，比如奥运场馆以及奥运村的建设将会消耗当地的巨大资源，如果处理不好体育赛事与自然环境的关系，不仅会浪费资源、破坏自然环境，而且会对城市发展产生较大影响；反之，如果奥运举办地能够利用好机会，将会较大程度提升城市的交通运输水平、城市供电能力与城市垃圾处理水平，促进城市现代化发展。因此，2022 年北京冬奥会的举办应充分利用新型科技，整合资源，利用奥运发展自己的基础设施建设，2022 年北京冬奥会我国参与城市应牢牢把握此次机会，通过奥运提升自己的城市建设水平与管理水平，推动城市进一步现代化发展，推动现代化建设与可持续发展。北京作为既举办过夏奥会又举办过冬奥会的城市，应充分发挥区位优势与独有资源，充分利用两次奥运举办的事前准备基础与事后奥运遗产全方位地提升北京及周边地区的城市管理水平与城市发展水平，加快城市更新，打造宜居城市。

第六章　北京冬奥会的经济带动效应

第一节　奥运经济与冬奥经济

奥运会已经成为主办国家以及主办城市向世界展示自身实力和国际形象的一个绝佳平台，其中的经济效益也不可小觑。

一　奥运经济的构成

奥运经济是指主办国组委会的直接效益，即电视转播权销售，指定赞助商的赞助和门票收入，以及对主办国其他行业产生直接或间接的巨大的诱发效益的总称。[①] 由此可见，奥运经济是指奥运会主办国在举办奥运会的过程中发生一系列经济活动，并从中获取一定经济效益的总称。

（一）奥运经济的周期

国际上通常将奥运经济周期界定为十年左右，把研究奥运经济的时间范围即奥运周期分为奥运申办成功到奥运会后。因此，我们可将奥运经济周期分为三个阶段，分别为奥运会前期、奥运会中期和奥运会后期。

（二）直接经济

直接经济是指在奥运会筹办、举行期间的经济活动总称。依照国际奥委会相关规定，奥林匹克运动的营销收入主要有四个来源，分别是奥

---

① 　王东升：《奥运经济及其形成背景分析》，《商场现代化》2006 年第 25 期。

林匹克赞助商、奥林匹克电视转播、奥运会票务、奥林匹克特许经营。[①] 从表6-1所提供的2004—2016年夏奥会直接收入来看，随着全世界对奥运会的关注度越来越高，电视转播权在直接经济收入中所占比重越来越大；其次是赞助商收入，并呈现出逐年增长的趋势；除2012年伦敦奥运会外，奥运会票务收入在直接经济收入中的占比并不是很高。

表6-1	2004—2016年夏奥会直接收入		单位：亿美元
夏奥会	赞助商	电视转播	票务	特许经营
2004 雅典	6.63	14.94	2.28	0.62
2008 北京	8.66	17.39	1.85	1.63
2012 伦敦	9.5	25.69	9.88	1.19
2016 里约	10.03	28.68	3.21	0.31

资料来源：孙葆丽等：《夏奥会、冬奥会与经济互动之比较》，《上海体育学院学报》2019年第6期。

（三）间接经济

奥运会的间接经济是指通过主办奥运会对该地经济发展的作用，以及由此带来的连锁经济效益。在奥运会筹办期间，主办地必然要兴建大量体育、交通、通信、服务、环保等设施，由此产生了对于劳动力的大量需求，筹办奥运会而产生的大量就业岗位能够在很大程度上缓解就业压力。另外，通过促进旅游餐饮、交通运输、信息技术、娱乐行业、建筑技术的发展，有利于调整产业结构，以此达到间接经济目的。

二　奥运经济的影响

（一）直接经济影响

1. 拉动经济增长

奥运会对经济增长的影响主要由投资、政府支出、净出口以及消费者短期消费倾向这四个变量通过乘数效应来实现。以2008年北京奥运会为例，北京奥组委预算支出为16亿—18亿美元，非组委会预算支出

[①] IOC，"Olympic Marketing Fact File 2019 Edition"，https://stillmed.olympic.org/media/Document%20Library/OlympicOrg/Documents/IOC-Marketing-and-Broadcasting-General-Files/Olympic-Marketing-Fact-File-2019.pdf.

为142亿—144亿美元。基本建设投入的140亿美元，则主要来自中央财政、北京市财政、国内外企业以及金融机构。① 通过社会各界的资金投入，对奥运比赛场馆、相关设施、基础设施及奥运会运营进行支持，通过表6-2我们可以看出，北京奥运会在其筹办期间对中国经济产生了巨大拉动的作用。

表6-2　　　　　　2003—2008年奥运投入对GDP增长的
拉动量②　　　　　　　　　单位：亿元

项目	2003年	2004年	2005年	2006年	2007年	2008年
年度支出	72.35	167.17	315.89	343.46	356.27	185.03
GDP增量	211.704	365.133	706.046	1352.095	1021.081	503.837

2. 增加就业机会

根据往届奥运会报道可知，奥运经济在降低主办国失业率方面确实起到了积极作用。以2008年北京奥运会为例，在奥运会筹办期间，社会对以"绿色人才"、高科技人才、基建与管理人才为代表的高水平人才需求量大大增加。根据表6-3可以看出，北京奥运会对城镇失业率影响较大，失业率逐年下降，尤其是在2005年与2006年失业率皆下降了2%以上，对中国就业问题的解决发挥着积极的作用。

表6-3　　　　　　2003—2008年奥运会对失业率影响情况

项目	2003年	2004年	2005年	2006年	2007年	2008年
GDP总量（亿元）	3663.1	4282.3	6886.3	7861	9353.3	10488
失业率降低（%）	0.925	1.498	2.466	2.527	1.832	0.8

（二）间接经济影响

1. 调整产业结构

筹办奥运会对于交通、建筑、教育等行业都有带动影响。2008年

---

① 叶心明等：《2008年北京奥运会的经济影响研究》，《沈阳体育学院学报》2006年第1期。

② 陈沁斯：《浅析奥运经济——基于北京奥运会的实证分析》，《区域与城市经济》2019年第16期。

北京夏奥会对于基础建设、房地产行业，带动了建筑、建材产业等发展，2022年北京冬奥会举办不仅有利于冰雪运动市场发展，更能促进产业结构调整。

两场奥运会开办，不仅可以刺激全世界大量游客来到中国，为旅游产业添砖加瓦；还刺激了中国民众对奥运会的关注热情，也为各类体育组织、体育教育、体育设施等市场化提供了有利条件。另外，这样的社会效应也使得传统媒体、流行媒体大量报道，也在不知不觉中改变了消费者的消费态度和行为。只要各企业针对性地为消费者提供产品，消费者展现出的强大消费能力必然能够有效地激活冰雪市场，并持续吸引各类投资，从而在产业链内部形成良性循环。

由此可见，无论是体育产业、旅游产业，还是传媒产业等，都可以充分利用冬奥会，加快产业融合，为消费者提供更加精准的产品和服务，从而获得良好的经济效益。

2. 提升城市经济潜力

筹办奥运会对主办城市的发展具有促进作用，同时也为提升城市知名度、打造品牌、吸引投资提供了良好的机遇。有学者指出，2008年北京奥运会大力刺激了北京现代化发展。相较于2001年，北京市现代化实现程度提高了17.5个百分点，其中在经济、社会、城市建设三方面的实现程度分别为77.5%、91.2%、72.8%，分别高出2001年相应数据10.5个、9.6个和34.7个百分点。不仅如此，历史上，韩国平昌、美国普莱西德湖等地，由于开办了冬奥会，成为世界著名的冰雪旅游胜地。

三 奥运经济与冬奥经济的共同点及特点

从经济影响上来看，二者均有拉动经济增长、增加就业机会的作用。任何一次奥运赛事在其筹备期间与举办期间都离不开来自社会经济的支持，而社会经济也同样需要奥运会这类大型社会文化活动来刺激和带动自身发展。另外，历届奥运会都为举办地创造了大量不同领域、不同层次的工作岗位，大规模地带动了当地就业。从宏观经济效益来讲，二者的作用相似，但微观细节略有不同。

奥运经济的特点之一是全面互动、综合影响。由于奥运会的体量大、项目多，夏奥会对城市经济水平要求较高，且举办国家期望利用奥运会大力改善城市环境、拉动区域经济发展，因此会倾注大量资金进行筹备。而国际奥委会对夏奥会的支持力度也大于冬奥会，直接反映在其投入于夏奥会的资金多于冬奥会。二是由于夏奥会的举办城市往往是世界知名的大都会，因此其对举办城市自身及其周边地区的经济效益以及相关产业整体联动的积极影响往往更大。

冬奥经济的特点之一是以点带面、经济辐射范围有限。整体来讲，冬奥会规模较小，使对区域经济发展的带动作用有限且集中。一方面，主办城市主要是利用冬奥会与城市经济进行双向驱动，将冰雪产业作为切入点，进而带动周边相关产业整体发展，并辅助当地支柱性产业的发展，从而发挥冬奥会集中互动、以点带面的作用。另一方面，由于冬奥会在比赛项目与场馆要求方面有不同于夏奥会的特殊性，因此组委会需要充分考虑赛后场馆的使用问题及相关产业的后续发展。一旦处理不当，在赛事结束后出现的场馆长期闲置、相关旅游经济受阻等问题，将对当地经济引起极大的不良影响。①

第二节　北京冬奥会现阶段对经济发展的影响

自北京冬奥会申办成功，奥运经济便开始对社会经济发挥其正面作用。在宏观的层面，冬奥会持续促进经济发展，不断增强区域间的经济联系，在京津冀地区这一作用尤为明显；在中观层面，冬奥会的影响力与宣传力为文化产业带来巨大发展机遇，冰雪相关产业借近年"冰雪热度"迅速成长；在微观层面，冬奥会的筹备与举行不仅为企业带来产品需求，同时也不断推动企业创新，为企业品牌宣传提供难得一遇的大平台。

一　促进宏观经济发展，增强区域经济联系

（一）冬奥推动经济增长

2014—2019 年，北京市地区生产总值变化情况与国内生产总值变化情况相同，增长率也与国内生产总值变化率基本持平，在报告调查期间北京市地区生产总值持续位列全国省级行政区地区生产总值排名第十二位。

---

① 于世彬：《北京 2022 年冬奥会的经济价值研究》，《产业探讨》2019 年第 3 期。

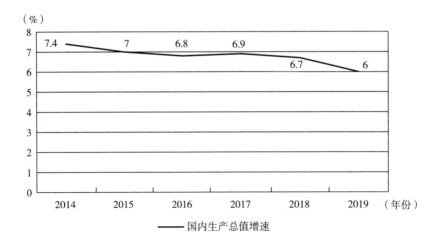

图6-1 国内生产总值增速

资料来源：国家统计局。

图6-2 北京地区生产总值及增速

资料来源：国家统计局。

张家口市地区生产总值增长率在2014年与2015年低于国内生产总值增长率，分别为5.2%、5.9%。在进入奥运投入期后，张家口市地区生产总值增长速度迅速加快，在后续的四年中除2017年略微低于国内生产总值增速外，其余年份均快于国内生产总值增速。尤其是在

2018 年，该年受奥运项目投资拉动影响，张家口市地区生产总值增速高出国内生产总值增速 0.9%，达到 7.6%，位居河北省前列。

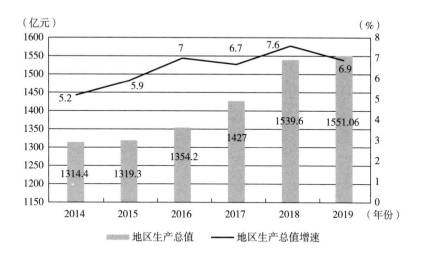

图 6-3　张家口地区生产总值及增速

资料来源：张家口市统计局。

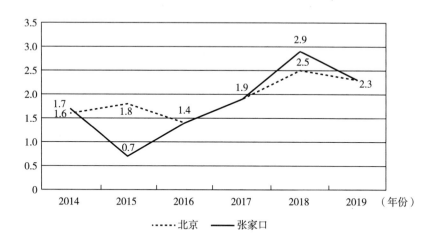

图 6-4　北京市与张家口市 2014—2019 年 CPI 变化情况

资料来源：北京市统计局、张家口市统计局。

除 2015 年外，2014—2019 年，北京与张家口两地各年 CPI 相近，且整体变化趋势相同，皆在 2016 年前出现下降后再上升的情况，同时于 2019 年又出现再次下降的趋势，两地均实现各年 CPI 涨幅控制目标。

图 6 - 5　北京市 2014—2019 年人均可支配收入及实际增长率变化情况

资料来源：北京市统计局。

图 6 - 6　张家口市 2014—2019 年人均可支配收入及实际增长率变化情况

资料来源：张家口市统计局。

2014—2019 年，北京市人均可支配收入稳定增长于 2019 年达到 67756 元，增速由 2014 年的 7.3% 下降至 2019 年的 6.3% 且逐渐趋于稳定。张家口市人均可支配收入同样稳定增长于 2019 年达到 24159 元，增速由 2014 年的 11.1% 增至 2015 年的 11.7% 后，在之后三年间均处于 11.5% 上下，但 2019 年人均可支配收入增速再次下降至 10.7%。

对比北京与张家口两地情况，北京人均可支配收入远高于张家口水平，虽然张家口人均可支配收入增速远高于北京人均可支配收入增速，但由于基数差异较大，两地人均可支配收入差距仍在逐渐拉大。

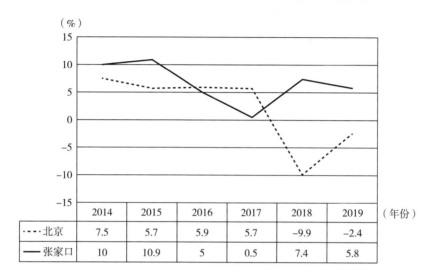

（%）	2014	2015	2016	2017	2018	2019
······北京	7.5	5.7	5.9	5.7	-9.9	-2.4
——张家口	10	10.9	5	0.5	7.4	5.8

图6-7　北京市与张家口市2014—2019年固定资产投资增长率情况

资料来源：北京市统计局、张家口市统计局。

北京固定资产投资增长率自2014年的7.5%降至2015年的5.7%后，2015—2017年，稳定在5.8%上下，但在2018年由于基础设施投资的下降（2018年北京市基础设施投资下降-10.7%），固定资产投资增长率大幅降至-9.9%，具体到产业是由于第二产业与第三产业投资的下降，其中工业投资下降幅度最大（44.1%）。2019年，受冬奥会拉动等因素影响，文化、体育和娱乐业投资增长77%，卫生和社会工作投资增长49%，北京市固定资产投资下降速度减小，但固定资产投资仍为负增长。

张家口市固定资产投资增速在2014年和2015年处于较高水平，分别为10%、10.9%，但在2016年由于第二产业投资下降15.7%，张家口市固定资产投资增长率降至5%，2017年该市第一产业投资下降17.3%，第二产业投资再次大幅下降31.1%，直接将固定资产投资增速拉低至0.5%，2018年该市第二产业投资增速迅速重新转正达到2%，将固定资产增速拉回至7.4%。

169

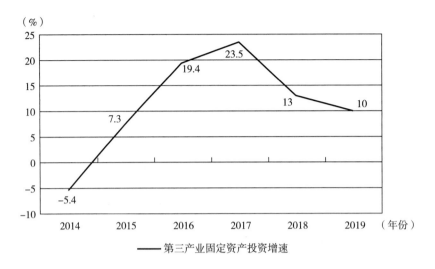

图 6 - 8　张家口市 2014—2019 年第三产业固定资产投资增长率变化情况

资料来源：张家口市统计局。

　　自申奥成功后，张家口第三产业投资迅速增加，第三产业投资增速在 2015 年由上年的 - 5.4%，迅速上升至 7.3%，而后又在 2016 年、2017 年分别大幅上升至 19.4%、23.5%，且在之后两年均处于 10% 以上的增长水平。

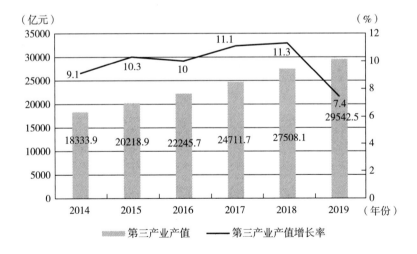

图 6 - 9　北京市 2014—2019 年第三产业产值及增长率变化情况

资料来源：北京市统计局。

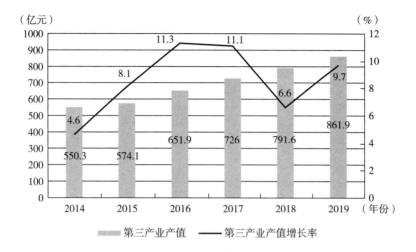

图6-10　张家口市2014—2019年第三产业产值及增长率变化情况

资料来源：张家口市统计局。

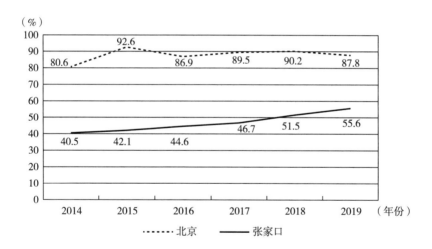

图6-11　北京市与张家口市第三产业贡献率

资料来源：北京市统计局、张家口市统计局。

2014—2019年，北京与张家口第三产业持续处于增长状态。

通过第三产业贡献率我们可以看到，在北京第三产业对于整体经济发挥着决定性的作用，同时北京在庞大的第三产业基础上仍然保持着较快增速。

在申奥成功后，张家口市第三产业迅速发展，在 2015 年该市第三产业产值增速由上年的 4.6% 增长至 8.1%，2016 年该数据再次大幅上升至 11.3%，且在随后三年虽有所下降但仍然远高于申奥成功前增长水平。与此同时，相较第三产业贡献率在北京处于稳定水平，张家口第三产业贡献率近年持续攀升，自 2018 年后，张家口的第三产业贡献着 50% 以上的地区生产总值，由此可判断，张家口由冬奥会推动的产业结构调整已初见成效。

（二）冬奥提升基础设施建设水平

受申奥成功等因素影响，北京市基础设施投资增速在 2015 年之后迅速增长，在 2017 年达到最快增速（24.4%），且远高于申奥成功前增速，但在 2018 年，由于政府与社会资本合作项目整顿、房地产开发投资减少、北京落实减量发展战略等因素影响，北京基础设施投资增长迅速减少，导致投资增长率大幅下跌至 –10.7%。

图 6 – 12　北京市基础设施投资增长率

资料来源：北京市统计局。

2014—2018 年，北京公共交通系统中，公共电汽车与轨道交通运营里程呈现反向变化的情况，公共电汽车运营里程持续降低，且于 2018 年达到最低值 19245 公里，而轨道交通运营里程则持续增加。2019 年，受北京公交集团新能源、清洁能源公交车的大批交付使用的影响，公共电汽车运营里程激增至27632公里，且到2019年北京市公交车中新能源车比例将达到80%。

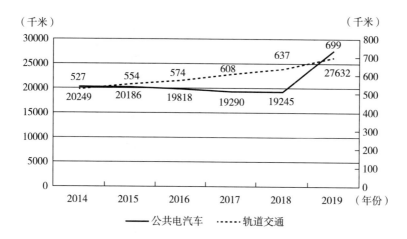

图6-13 北京市公共交通运营里程

资料来源：北京市统计局。

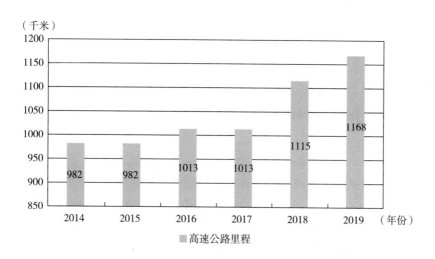

图6-14 北京市高速公路里程

资料来源：北京市统计局。

（公里）

图 6 - 15　张家口市高速公路里程

资料来源：张家口市统计局。

2014—2017 年，北京与张家口两地高速公路里程均只存在小幅度的变动，但随着开工于 2016 年的延崇高速、京礼高速的建设以及作为冬奥备用高速公路的张承高速与京藏高速的养护提升，2017 年后两地高速公路里程均出现大幅度增加，且里程增加数均在 100 公里以上，逐渐形成张家口周边卫星城市快速交通网络，将崇礼等周边卫星城市串联，形成一小时交通圈，张家口市也成为河北、山西、内蒙古西部、北京、天津等地的重要连接点。[1]

（三）冬奥创造相关就业岗位

冬奥会的举办必然会带动主办地第三产业的发展，进而提升第三产业就业率。2014—2019 年，北京市就业人数持续增长，同时第一、第二产业从业人数不断减少，第三产业从业人员不断增加，第三产业从业人员占比由 2014 年的 77.32% 上升至 2019 年的 83.12%。

---

[1]　张玉超、焦亮亮：《2022 年冬奥会对京冀区域经济发展的影响分析》，《体育文化导刊》2017 年第 1 期。

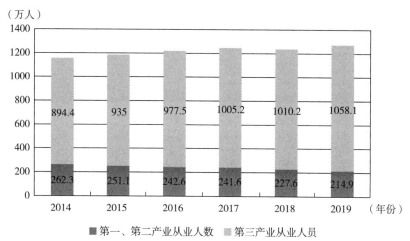

图 6 – 16　北京市三次产业从业人员占比情况

资料来源：北京市统计局。

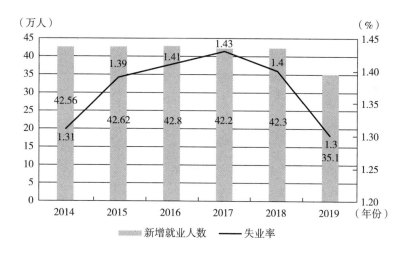

图 6 – 17　北京市年失业率及新增就业人数情况

资料来源：北京市统计局。

为满足冬奥会场馆建设维护、赛会宣传、赛事管理等工作的需求，北京与张家口需要向院校、社会招聘大量相关工作人员。

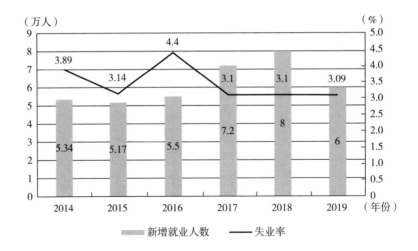

图6－18　张家口市年失业率及新增就业人数情况

资料来源：北京市统计局。

　　冬奥会对就业的带动作用在北京地区尚不明显。2014—2018年，北京新增就业人数始终稳定在42.5万人上下，但在就业形势较差的大环境下，北京市新增就业人数虽然下降至35.1万人，但失业率也下降至1.3%，低于往年数据。在2016年兴延高速、延崇高速开工后，张家口市新增就业人数在2017年、2018年分别增加至7.2万人、8万人，而张家口市失业率水平也在2017年后稳定在3.1%的水平，低于申奥成功前失业率水平。

　　（四）冬奥促进区域内经济协同发展

　　2022年冬奥会涉及范围不仅不限于北京、张家口两地，同时也极大程度上辐射周边地区，三地在经济、环保、医疗、教育、旅游等领域广泛开展合作，推动着整个京津冀地区协同发展，全面加速了京津冀地区在经济、交通、环境等各方面的一体化进程。①

　　2019年北京市协同发展重点领域任务加快落实，当年向津冀地区转移技术合同成交额282.8亿元，增长24.4%，且北京冬奥会、冬残奥会工作持续顺利推进。2019年，津石高速全面开工，京津城际、京沪、京滨、津兴四条高铁通道联通，京津双城格局加快形成。

――――――――――

　　①　于世彬：《北京2022年冬奥会的经济价值研究》，《体育科技文献通报》2019年第3期。

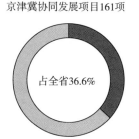

京津冀协同发展项目161项

占全省36.6%

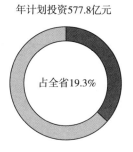

年计划投资577.8亿元

占全省19.3%

图 6 - 19　2018 年河北省京津冀协同发展重点项目计划投资情况

资料来源：京津冀协同发展数据库。

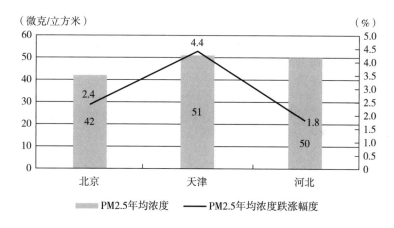

图 6 - 20　2019 年京津冀地区 PM2. 5 浓度情况

资料来源：京津冀协同发展数据库。

除此之外，为兑现中国在申奥陈述报告中加大环保资金、设施投入，采取一系列措施改善空气质量，保证空气质量符合相关要求的承诺，京津冀持续推动构建一体化生态格局，并于 2019 年联合印发《2019—2020 年京津冀生态环境执法联合重点工作通知》，当年京津冀地区 PM2. 5 平均浓度为 50 微克/立方米，同比下降 9. 1%，较 2014 年下降 46%。[1]

---

① 于世彬：《北京 2022 年冬奥会的经济价值研究》，《体育科技文献通报》2019 年第 3 期。

（万公顷）

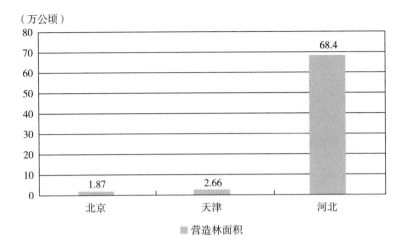

图 6 - 21　2019 年京津冀地区营造林面积情况

资料来源：京津冀协同发展数据库。

（五）冬奥增加对外经济活动频率

2014—2019 年，北京市进出口总额呈现出先降后升的趋势，且在 2016 年达到最小值 18652.2 亿元。其间，张家口市进出口总额未呈现出规律性趋势，在 2018 年达到最大值 44.9 亿元，最小值则出现在 2017 年的 31.9 亿元。

（亿元）

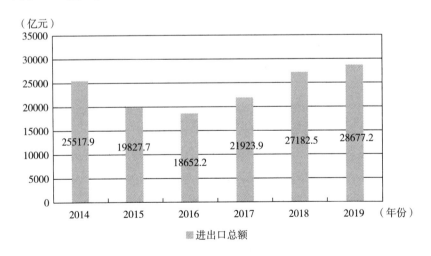

图 6 - 22　北京市 2014—2019 年进出口总额

资料来源：北京市统计局。

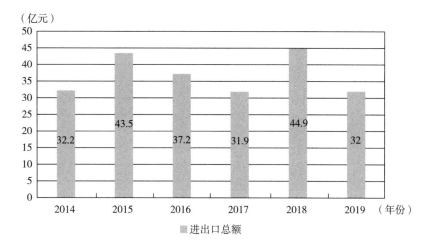

图 6 – 23 张家口市 2014—2019 年进出口总额

资料来源：张家口市统计局。

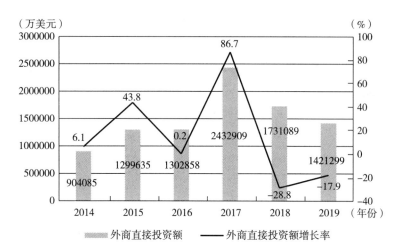

图 6 – 24 北京市 2014—2019 年外商直接投资额及增长率

资料来源：北京市统计局。

借冬奥的机遇，张家口市政府大力对外招商，尤其是在申奥成功之后的 2016 年，当年张家口市外商直接投资额达到 41264 万美元，相较2015 年增长 30.4%。随后三年，张家口市外商直接投资额在 2017 年稍有下降，但整体仍呈现出上升趋势，且远高于申奥成功前水平。投入张家口的外资主要流入崇礼滑雪旅游及配套的房地产等行业。

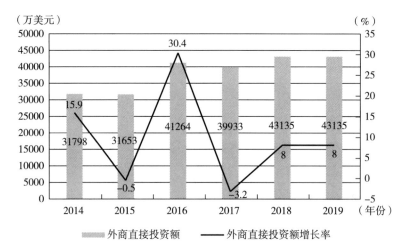

图 6 – 25　张家口市 2014—2019 年外商直接投资额及增长率

资料来源：张家口市统计局。

二　文化产业遇发展良机，冰雪产业获成长助力

（一）冬奥成为文旅产业发展良机

受 2022 年冬奥会影响，中国冰雪旅游产业市场规模持续增长。2014—2015 年冰雪季至 2018—2019 年冰雪季，中国冰雪旅游市场规模（按收入计）从 1700.1 亿元增长至 3859.5 亿元。

图 6 – 26　中国冰雪旅游行业市场规模

资料来源：头豹研究院。

中国冰雪旅游行业产业链上游环节参与者是冰雪装备企业和冰雪场地资源供应商。冰雪装备企业又可分为冰雪场地装备企业、个人冰雪装备企业。冰雪场地装备企业为冰场、雪场提供制冰、整冰、造雪压雪设备和动力设备等，当前中国造雪机、压雪车主要依赖进口，魔毯、架空索道等装备已基本实现国产化。个人冰雪装备企业为冰雪运动参与者提供冰雪装备，当前滑雪服、滑雪板的主要原材料依赖于进口，头盔、冰刀鞋已基本实现国产化。冰雪场地资源供应商可分为雪场资源供应商、冰场资源供应商，前者为用户提供滑雪场地，后者为用户提供滑冰场地。中国冰雪旅游行业产业链中游参与者是冰雪旅游产品供应商、住宿服务供应商、交通服务供应商、医疗服务供应商、保险服务供应商等。冰雪旅游产品供应商依托各地冰雪资源与自然环境，开发冰雪主题乐园、冰雪度假区等项目。住宿服务供应商为用户提供住宿服务。由于冰雪旅游资源大多分布于北方，因此大多用户需交通服务供应商提供相应服务进行旅游活动，数据显示，2019 年 11 月至 2020 年 1 月，冰雪跟团游消费支出前九名客源地均为南方城市。医疗服务供应商为冰雪活动参与者提供医疗服务。保险服务供应商与冰场、雪场合作，为用户提供意外险等保险产品。冰雪运动风险较高，但现阶段中国购买意外保险的冰雪用户约占 50%。

中国冰雪旅游产业链下游是销售渠道，包括分销渠道、营销渠道和直销渠道等。分销渠道包括 OTA 平台、线下旅行社，营销渠道包括社交媒体、UGC 平台、门户网站等其他营销渠道。

2014—2019 年，北京市接待游客人次在申奥成功前后持续呈现小幅度增长的趋势，且增速同样未出现较大幅度变化，因此笔者分析认为旅游业作为北京一直以来的重要产业，并未因冬奥会的成功申办而受到较大影响。对比北京国内外旅游收入我们可以看到，北京国际旅游收入呈现出先增后减的趋势，并在 2018 年达到最大收入 55.2 亿美元，各年国际旅游收入增长率起伏不定，最快增长速度为 2016 年的 10%，最慢增长速度则为 2019 年的 -6%。反观北京国内旅游收入情况，虽然近年国内旅游收入增长率逐渐走低，但增长率依然为正，国内旅游收入持续增加。

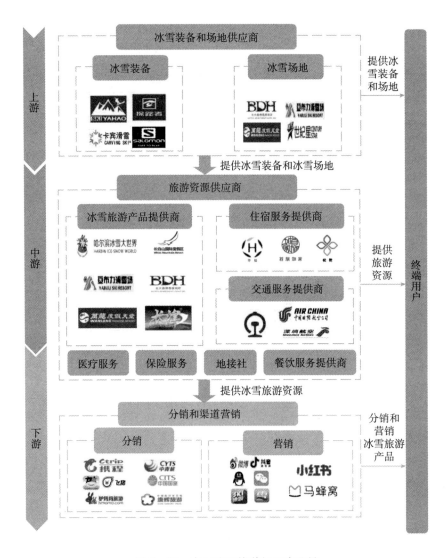

图 6 - 27　中国冰雪旅游行业产业链

　　2014—2019 年张家口市接待游客人次呈现出持续增加的趋势，各年接待游客人次均处于较快增长速度，尤其是在申奥成功后的第一年——2016 年，张家口市接待游客增速达到近年峰值 35% 。与接待游客人次相对应，张家口市旅游收入同样呈现持续且较快增长的趋势，该市旅游收入增长率同样对应在 2016 年达到最大值 45.7% 。

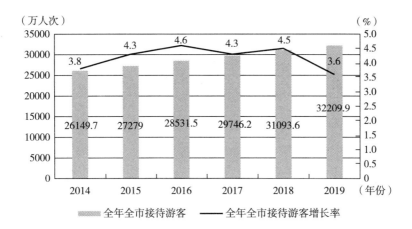

图 6-28 北京市各年游客接待人次及增长率

资料来源：北京市统计局。

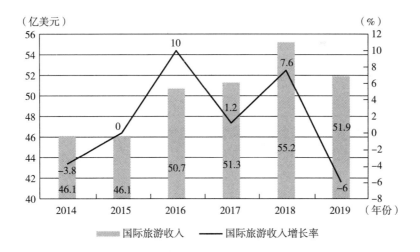

图 6-29 北京市国际旅游收入及增长率

资料来源：北京市统计局。

由此可见，伴随申奥成功，以冰雪旅游为特色的张家口市旅游业快速发展，2019 年张家口市位列中国冰雪旅游十强市第三位，而旅游业的发展对该市房产、餐饮、住宿、交通等行业发展产生极大的推动作用，同时也加速了该市产业结构调整。

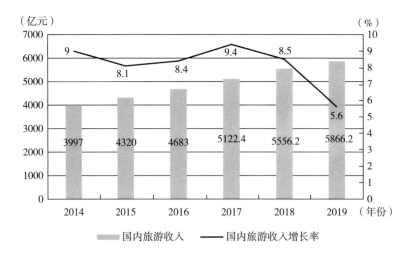

图6－30　北京市国内旅游收入及增长率

资料来源：北京市统计局。

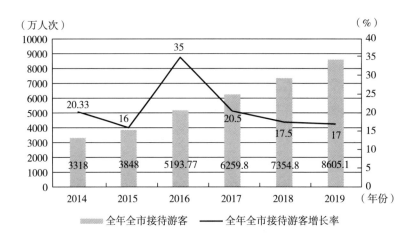

图6－31　张家口市各年游客接待人次及增长率

资料来源：张家口市统计局。

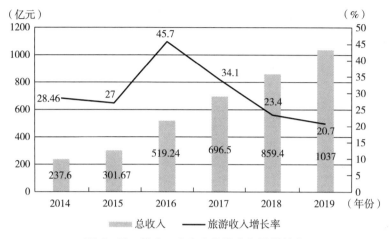

图 6 - 32　张家口市各年旅游收入及增长率

资料来源：张家口市统计局。

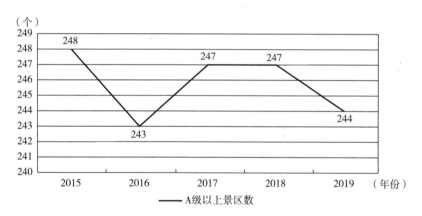

图 6 - 33　北京市 A 级以上和重点旅游景区数

资料来源：北京市文化和旅游局。

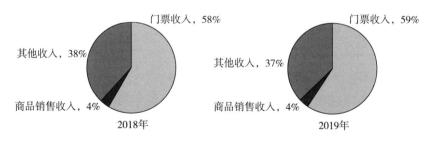

图 6 - 34　2018 年与 2019 年北京市 A 级以上和重点旅游景区收入情况

资料来源：北京市文化和旅游局。

2015—2019 年，北京市 A 级以上景区数目未出现大幅度变化情况，且景区收入主要由门票收入和以餐饮、住宿、娱乐为代表的其他收入构成。

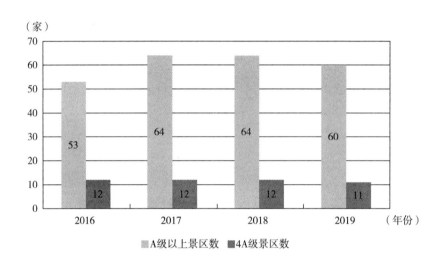

图 6 – 35　张家口市 A 级以上旅游景区数

资料来源：张家口市统计局。

自申奥成功后，张家口市借筹办 2022 年冬奥会的机遇，充分开发自身冰雪旅游产业资源，利用所拥有的生态环境优势，既投资开发全新的冰雪旅游景区，又重视对现有景区的二次开发，使 A 级以上景区数迅速得到增加，张家口市 A 级以上景区最多时达到 64 家。在 2019 年 9 月河北省召开的全省 A 级旅游景区质量提升会议上，张家口市 13 家景区被取消 A 级景区等级，其中包括 4A 级景区沽源塞外庄园，但截至 2019 年年末张家口市依然拥有 60 家 A 级以上景区，可见该市近年景区开发速度。

作为国家政治文化中心，又拥有丰富的旅游资源，北京市孕育着极为庞大的酒店市场。2015—2019 年，由于出租率的下降，酒店收入逐渐下降，不少低星级酒店开始退出市场，四星级以上酒店数量同样出现下降，但相比低星级酒店下降幅度较小。

图 6 – 36　北京市星级酒店数目情况

资料来源：北京市统计局。

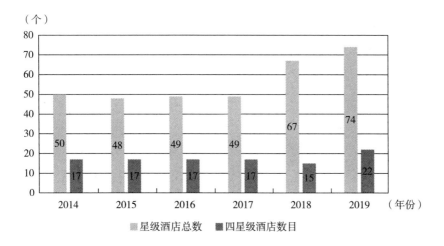

图 6 – 37　张家口市星级酒店数目情况

资料来源：张家口市统计局。

2014—2017 年，张家口市星级酒店数量始终稳定在 49 家上下，但随着冬奥会的成功申办，张家口知名度得到提升，冰雪旅游产业也在 2016 年后得到加速发展，使张家口酒店市场得到空前扩张，而在流入张家口市的国内外资本中，有相当大一部分是用于旅游业开发，酒店业作为旅游业关键组成部分自然也得到迅速发展，因此在 2018 年张家口市星级酒店数目迅速增加至 67 家，并继续呈现出增长趋势。

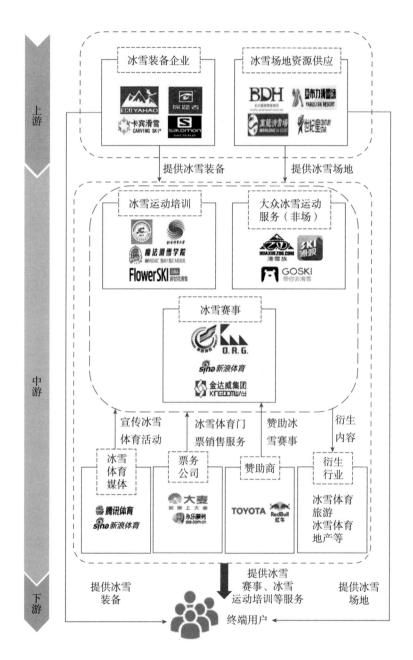

图 6-38　冰雪体育行业产业链

（二）冬奥促进冰雪体育产业成长

中国冰雪体育产业链分为三个环节：产业链上游环节主体为冰雪装备企业和冰雪场地资源供应商；产业链中游环节参与者是冰雪运动培训提供商、大众冰雪运动服务（非场地）提供商、冰雪赛事运营商，以及冰雪体育媒体、票务公司、赞助商、衍生行业（如冰雪体育旅游）参与者等，下游为终端用户。

中国冰雪体育行业产业链上游环节参与者同样是冰雪装备企业和冰雪场地资源供应商。

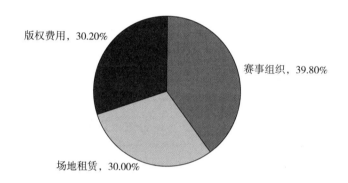

图 6 – 39　中国冰雪赛事成本细分占比分析

资料来源：头豹研究院。

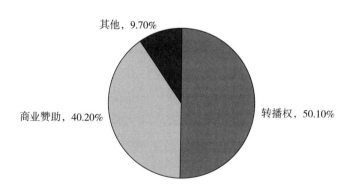

图 6 – 40　中国冰雪赛事收入细分占比分析

资料来源：头豹研究院。

中国冰雪体育行业产业链中游主体是冰雪赛事运营商、提供大众冰雪运动服务的企业、冰雪运动培训企业和机构，以及冰雪体育媒体、票务公司、赞助商、衍生行业参与者。冰雪赛事运营商是举办冰雪赛事活动、运营冰雪赛事的企业。根据 2018 年数据显示，当前中国冰雪赛事的主要成本是赛事组织费用、赛事版权费用以及场地租赁费用等，其占比分别约为 39.8%、30.2%、30.0%。冰雪赛事变现渠道主要包括赛事转播权、商业赞助及其他收入，其中转播权收入占比最高约为 50%，商业赞助收入次于转播权收入，占比约为 40%。提供大众冰雪运动服务的企业为用户提供冰雪场地信息、冰雪器材租赁等服务。冰雪运动培训企业和机构为用户提供教学课程与指导，其成本主要支出为教练费用，占比约为 50%。冰雪体育媒体负责为用户提供冰雪体育运动相关信息。其中，作为央视旗下的体育赛事频道，CCTV-5 体育频道覆盖人群现已超过 6 亿。票务公司为冰雪赛事运营商提供门票销售服务，其销售提成多在 5%—15%。赞助商为冰雪赛事提供资金支持，由于冰雪赛事举办成本较高，因此冰雪赛事赞助商主要为资金雄厚，或与冰雪产业紧密相关的企业。衍生行业是冰雪体育发展过程中发展形成的行业，如冰雪体育旅游、冰雪体育用品、冰雪体育地产等。

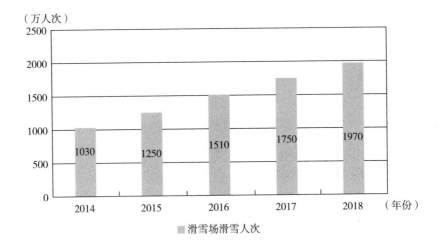

图 6-41　2014—2018 年中国滑雪场滑雪人次

注：近年来，中国参与冰雪运动的人次稳定增加，截至 2018 年 7 月，中国参加冰雪运动的人群累计约 2.7 亿人，接近 2022 年北京冬奥会"三亿人上冰雪"的目标，但目前中国冰雪体育产业发展仍处于初级阶段，参与冰雪运动的人群中一次性体验者比例较高，约为 70%。

资料来源：卡宾滑雪、中雪众院、腾讯体育等。

（年份）

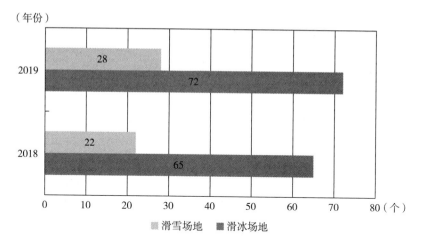

图6-42　北京市冰雪运动场地数量

资料来源：北京市体育局。

　　自冬奥会申办成功以来，北京在除为冬奥会建设竞赛场馆外，也逐年增加商用滑雪滑冰场的建设，仅冬奥会申办成功后的一年内，北京商业滑冰场便新增8个，涨幅为50%。根据北京市体育局数据显示，截至2019年北京滑冰场已增加至72个，滑雪场增加至28个，相较申奥成功前大幅增加。张家口市因其所拥有的冰雪资源与自然优势，冰雪产业在申奥成功前便有所发展，截至2017年年底，张家口市共有冰雪场馆90个。而张家口所在的河北省同样受冬奥会成功申办与张家口市辐射影响，在冰雪场馆、质量、规模及滑雪人数方面均取得快速发展。《河北省冰雪活动蓝皮书（2016—2017）》表明，2016—2017年雪季，河北省内滑雪场接待的滑雪者主要来自省内及京、津、豫、晋、鲁等周边省市，其中超过70%的滑雪者来自河北省。

　　申奥成功后随着各项各家利好政策的出台，中国冰雪赛事行业市场规模持续增长，2014—2018年中国冰雪赛事行业规模（按收入计）从152.3亿元增长至567.0亿元。随着行业市场规模的扩大，各类高水平赛事落户中国，中国冰雪赛事承办数量也迅速增加，仅竞技类冰雪赛事就由2014—2015年赛季的48场增长至2018—2019年赛季的75场，大众娱乐类冰雪赛事也已超过120项。冰雪赛事又具有参与性、观赏性、传播性等特点，因此赛事举办数量的增加能够有效扩大冰雪运动影响范围，培养冰雪群众基础，营造良好的冰雪氛围。

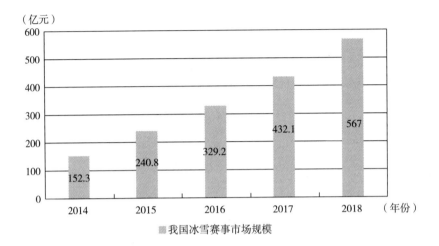

（亿元）

图6-43 中国冰雪赛事市场规模

资料来源：头豹研究院。

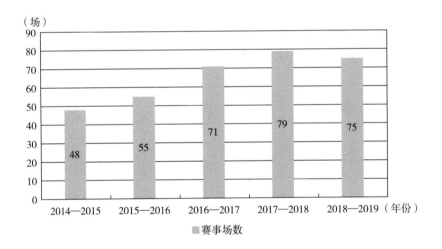

（场）

图6-44 中国竞技类冰雪赛事数量

资料来源：冬季运动管理中心。

表6-4 北京近年国际冰雪赛事活动

赛事名称	地点	主办单位	赛事简介	赛事规模
2016年沸雪北京世界单板滑雪赛	国家体育场	北京市体育局	与音乐结合的6星级比赛	世界排名前24的专业选手

续表

赛事名称	地点	主办单位	赛事简介	赛事规模
2016 年中国杯世界花样滑冰大奖赛	首都体育馆	国际滑冰联盟	最高级赛事，女子单人、双人、男子单人和冰舞	运动员 60 人
2017 年北京世界女子冰壶竞标赛	首都体育馆	世界冰壶联合会	女子冰壶赛季的最高级赛事	世界各国的 12 支队伍
2018 年"奥运城市杯"国际青少年冰球邀请赛	北京奥众冰上运动俱乐部	北京奥运城市发展促进中心与北京冰球协会	国内竞赛水平最高的国际青少年冰球赛事	中国、美国、俄罗斯、德国、捷克等 9 个国家，42 场比赛
2019 年冰壶世界杯总决赛	首钢冰球馆	世界冰壶联合会	顶级冰壶系列赛事	东道主，三站分站赛的冠军
2019 年国际雪联中国北京越野滑雪积分大奖赛	鸟巢庆典广场、首钢工业遗址公园、八达岭国际会展中心	国际雪联	国际高水平赛事	21 个国家的 200 名运动员参赛
2019 年国际雪联中国北京滑轮世界杯	国家体育场	国际雪联	国际雪联 A 类赛事	男女运动员共 131 人
2019 年沸雪北京国际雪联单板及自由式滑雪大跳台世界杯	首钢滑雪大跳台	国际雪联	滑雪大跳台赛事的世界最高水平	约 30 个国家的 160 名世界顶级单板和自由式项目的男女运动员参赛

　　自申奥成功以来，北京举办高水平冰雪赛事的频次逐渐增加，举办赛事的经验越发丰富，赛事的成功举办在促进地区冰雪产业发展的同时，也打造出了北京冰雪文旅的国际品牌。

　　相较北京，张家口市冰雪国际品牌赛事举办的时间更为长久，且拥有自己的品牌赛事，即从 2001 年到 2018 年在张家口崇礼县连续举办 18 届的崇礼国际滑雪节。2015—2018 年，张家口又先后承办了国际雪联滑雪积分赛、国际雪联自由式滑雪、一级 ISPO 雪上体验以及单板滑雪 "U" 形场地世界杯赛等大型赛事。而在 2019 年，张家口更是掀起了举办冰雪赛事的一波高潮。从 2019 年 11 月底开始，张家口承办举办国际国内赛事共 39 项，其中国际赛事 18 项，包括国际雪联自由式滑雪

"U"形场地世界杯、单板滑雪"U"形场地世界杯、自由式滑雪雪上技巧世界杯3项，国际雪联高山滑雪远东杯2项，国际雪联积分赛13项；举办国家级赛事8项，举办省、市级赛事13项。

三 为各行业企业提供良机，强力带动参与企业发展

（一）直接推动各行业企业生产规模扩大与产品创新

北京市住宿餐饮业营业额在2016—2019年保持稳定上涨。张家口市住宿餐饮建设投资则在2014—2017年呈现出先下降再上升的趋势，在2016年投资额达到最小值207236万元。

图6-45 北京市限额以上住宿餐饮业经营情况

资料来源：北京市统计局。

图6-46 张家口市住宿餐饮业建设项目投资

资料来源：河北省统计局。

图 6 – 47 张家口市文化、体育和娱乐业建设项目投资

资料来源：河北省统计局。

2014—2017 年，张家口市文化、体育和娱乐业建设项目投资则呈现出先上升再下降的趋势，投资额在 2015 年达到最大值 496841 万元。

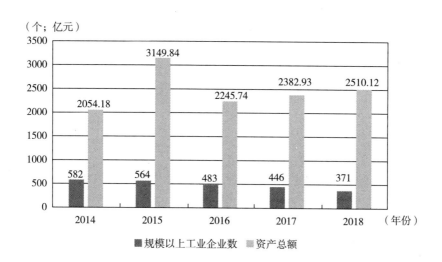

图 6 – 48 张家口市规模以上工业企业数目

资料来源：河北省统计局。

（二）有效提升赞助商企业品牌知名度与市场影响力

2022年北京冬奥组委已签约38家赞助企业，北京冬奥会赞助计划的赞助层级共分四级，依次设定为：官方合作伙伴、官方赞助商、官方独家供应商、官方供应商。其中官方合作伙伴共11家，分别为：中国银行、中国国航、伊利集团、安踏公司、中国联通、首钢集团、中国石油、中国石化、国家电网、中国人保、中国三峡；官方赞助商共11家，分别为：青岛啤酒、燕京啤酒、金龙鱼、顺鑫农业、文投控股、北奥集团、恒源祥、奇安信、猿辅导、百胜中国、盼盼食品；官方独家供应商共9家，分别为：英孚教育、科大讯飞、中国邮政、华扬联众、士力架、空港宏远、三棵树、东道、良业；官方供应商共7家，分别为：普华永道、随锐集团、金山办公、一石科技、歌华有线、河北广电、丰原生物。

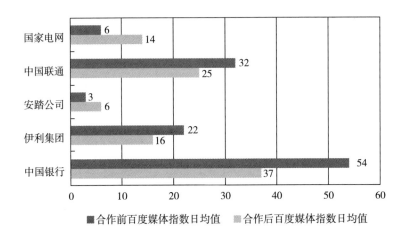

图6-49　北京冬奥会部分官方合作伙伴合作前后百度媒体指数
资料来源：百度指数，https://index.baidu.com/v2/main/index.html#/trend。

为研究冬奥赞助对企业知名度与市场影响力的影响，笔者将采用百度媒体指数，百度媒体指数是以各大互联网媒体报道的新闻中，与关键词相关的，被百度新闻频道收录的数量，采用新闻标题包含关键词的统计标准，笔者认为百度媒体指数越大，对应企业知名度越大。

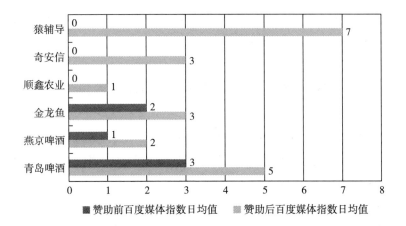

图6－50　北京冬奥会部分官方赞助商赞助前后百度媒体指数

资料来源：百度指数，https：//index. baidu. com/v2/main/index. html#/trend。

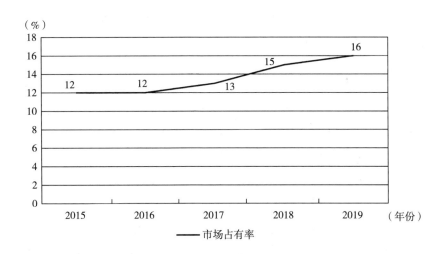

图6－51　安踏市场占有率情况

资料来源：中商情报网，https：//www. askci. com/news/list/tag－% E5% AE% 89% E8% B8% 8F/。

官方合作伙伴中，是否与冬奥组委合作对企业知名度的影响未呈现出规律性变化，而在官方赞助商中则可以明显发现在与冬奥组委合作后，企业知名度普遍得到提高。同时笔者以安踏为例对赞助商市场影响力进行分析，可以发现安踏在2015年与2016年，市场占有率维持在稳

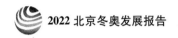

定水平，但在 2017 年与冬奥组委合作后，该企业市场占有率迅速得到提升，即市场影响力得到提升。

第三节　冬奥经济带动经济发展

奥运会对经济的正向影响被称为提振效应，提振效应体现于因奥运会的举办而产生的 GDP 增长，体育、旅游、文化、建筑、通信、餐饮等产业的发展，就业率的提升等。

一　加速推动冰雪产业发展

冰雪产业是对冰雪资源开发、利用、整合而形成的特殊资源型行业，包括冰雪装备、冰雪旅游、冰雪体育等板块。[①] 2015 年中国申办冬奥成功，中国的冰雪产业也由此迈入快速发展期，无论是冰雪场地数量还是参与冰雪活动的人次都呈逐年增长趋势。从国内整体市场规模来看，中国的冰雪产业目前仍处在发展的初级阶段，《2019 年中国滑雪产业白皮书》[②] 显示，2019 年的滑雪人次为 2090 万，约占中国总人口的 1.5%，与冰雪产业较为发达的北欧、美国、日本相比，中国冰雪产业仍有巨大的发展潜力未能得到释放。2022 年冬奥会的举办恰为释放中国冰雪产业巨大的市场价值提供了极佳的契机，因此我们需要抓住这难得的历史机遇推动冰雪产业实现腾飞。

（一）大力营造冰雪文化氛围，激发国内冰雪市场需求

冰雪文化氛围指的是了解、参与冰雪产业市场活动的社会氛围。虽然近几年来国内冰雪运动的热度持续升温，滑雪场数量、滑雪人次逐年增长，但是滑雪、滑板等冰雪运动的普及程度仍远远低于游泳、羽毛球、篮球等传统体育项目，即中国还未能形成浓厚的冰雪文化氛围。冰雪文化氛围的缺失导致国内冰雪市场需求未能被完全激发，因此中国冰雪产业要想借冬奥之机实现腾飞，首先要做的就是大力营造冰雪文化氛围，打好冰雪产业发展的意识基础，努力实现国家体育总局提出的"三亿人上冰雪"的发展目标。

---

① 《2019 年中国冰雪行业白皮书》。
② 《2019 年中国滑雪产业白皮书》。

营造浓厚的冰雪文化氛围，言简意赅地说就是要让冰雪运动、冰雪旅游火起来，要出圈，要从小众走向大众。

一方面，各地区可以通过开展冰雪嘉年华、冰雪冬令营、冰雪旅游节等冰雪推广活动让大众亲身参与到冰雪运动中，培育冰雪运动技能，感知冰雪运动的乐趣与魅力，借此将从未参与过冰雪运动的小白转化为冰雪初学者，将有过冰雪体验的人群转化为长期冰雪爱好者，从而扩大冰雪参与人群。自本届冬奥筹办以来，黑龙江、四川、河北、江苏等全国各地都竞相开展了大大小小的群众性冰雪活动，在普及推广冰雪运动方面取得了巨大成效。

另一方面，可以借助大众传媒的力量，制作传播冰雪题材综艺节目和影视剧等，让大众在文化娱乐消费中感知到冰雪运动的激情与魅力。《冰糖炖雪梨》就是一部以短道速滑为主题的青春偶像剧，剧中展现了冰雪运动员敢于拼搏、坚韧不拔、勤奋刻苦的奋斗精神，将冰雪运动项目的热血与激情呈现得淋漓尽致。根据国家广播电视总局的电视剧立项情况披露来看，近两年还会有多部冰雪题材的冬奥献礼剧上线，届时将对营造出浓厚的冰雪文化氛围大有裨益。

（二）优化冰雪产业供给侧，改善中国冰雪产业结构

当前中国冰雪产业存在结构失衡的问题，包括地区发展失衡和产业链上下游发展失衡。营造冰雪文化氛围是从需求侧出发，为冰雪产业发展打下群众基础，相应地冰雪产业供给侧也应当适时作出优化以满足日渐增长的市场需求，而供给侧与需求侧相匹配是冰雪产业健康发展的重要前提。

1. 地区发展失衡：便利交通＋建设室内滑雪场

由于自然环境气候方面的原因，国内大部分冰雪运动、冰雪旅游场地集中在北方地区。以滑雪场为例，《2019 年中国滑雪产业白皮书》数据显示，2019 年国内滑雪场总数达到 770 家，其中滑雪场数量排名前十的省份均为北方省份，分别是黑龙江、山东、新疆、河北、山西、吉林、河南、内蒙古、辽宁和陕西，这些省份所拥有的滑雪场数量占中国滑雪场总量的 75% 左右。但与此同时，南方居民对冰雪运动、冰雪旅游有着强烈的市场需求，《2018 年中国冰雪产业白皮书》统计数据显示，南方人群跨省和出国进行冰雪旅游的比重分别为 42.75% 和 16%，

而北方人群跨省和出国进行冰雪旅游的比重则分别为 28.51% 和 7.13%，均低于南方人群，可见南方冰雪产业市场中存在供给与需求错位的现象。

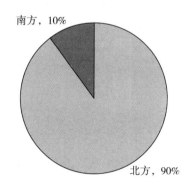

图 6 - 52　2019 年南北方滑雪场数量对比

资料来源：《2019 年中国滑雪产业白皮书》。

对于冰雪产业地区发展不平衡的问题，可以从以下两个方面着手解决：第一，自然条件方面的限制无法改变，造雪机、制冰器等工具的工作均对环境温度和湿度有着较高的要求，高纬度北方地区具备天然的冰雪资源禀赋，因此可以从间接角度出发，在火车、高铁、飞机等交通线路中开设连接南北的冰雪专线，从而降低南方民众赴北方参与冰雪活动的时间和金钱成本，以达到改善南方冰雪产业供给与需求错位困境的效果。

第二，虽然自然环境条件方面的限制无法改变，但是这种限制仅限于室外滑雪场地的建设，室内滑雪场的建设则不受自然条件的限制。因此南方地区可以考虑增加室内滑雪场的数量，此外室内滑雪可以四季营业，将更有利于将冰雪运动推广到人们的日常生活当中。广州融创雪世界是全球第二大室内滑雪场，从 2019 年 6 月 15 日开业至 2019 年年底，已累计接待 55 万人次的滑雪者，并有望成为全球接待最大的室内滑雪场，可见建设室内滑雪场是满足南方民众冰雪活动需求的重要方式。

2. 产业链上下游发展

在中国冰雪产业链的上游供给方面，虽然中国冰雪产业的发展起步于 20 世纪 50 年代，但是真正迅速发展起来还是在近几年内，与欧美日等冰雪产业发达的国家相比还算是冰雪市场的小白，因此缺少在冰雪装备、冰雪器材制造领域知名的自主品牌与核心技术，国有产品缺乏足够的市场竞争力，利润率及技术含量较高的滑雪鞋、滑雪板、滑雪手杖等产品基本都被国外品牌占领了市场。在压雪车、室内滑雪器材、架空索道等冰雪器材制造方面中国还处于较低技术水平，因此大多相关设备只能依赖进口，国产冰雪器材制造业无法满足冰雪产业运营方对场地建设的基本需求。冰雪产业链上游制造业的发展严重滞后于冰雪产业的整体需求，大量设备器材依赖进口也拉高了参与冰雪活动的价格门槛，《2019 年中国滑雪产业白皮书》显示，国内人均滑雪消费金额为 2398元，高昂的价格成本也是阻碍冰雪产业发展的重要因素之一。

在冰雪产业链上游制造业发展滞后于冰雪产业整体需求的问题上，政府高度关注，2019 年工信部、教育部、科技部等 9 部门联合出台了《冰雪装备器材产业发展行动计划（2019—2022 年）》（以下简称"行动计划"），对进行冰雪产业上游供给侧结构性改革做出了重要指示。各地区政府相关部门应当结合本地实际情况，制定配套的政策措施，营造有利于冰雪装备器材产业发展的市场环境，保障"行动计划"的有效落实。各市场运营主体更应当抓住政策红利与产业发展机遇，加大冰雪装备器材研发力度，提升产品质量与技术水平，争取借冬奥之机实现弯道超车，形成一批老百姓信赖、竞争力强的优质冰雪装备器材生产企业，在收割市场红利的同时也降低冰雪运动价格门槛，让冰雪运动进入寻常百姓家。

（三）培育冰雪产业相关人才，解决冰雪产业人才稀缺困境

人才缺乏是现阶段阻碍中国冰雪产业发展的主要因素之一。冰雪产业人才涵盖范围极广，既包括参与冰雪项目竞技比赛的教练、运动员，也包括冰雪产品设计开发人员、冰雪教育从业者、冰雪旅游度假区的经营管理者等，而目前中国冰雪产业内各领域各层次的人才都十分缺乏。

校园是进行人才培养的重要场所。自冬奥申办成功以来教育部等相关部门便大力推行"冰雪运动进校园"活动，鼓励高校设置冰雪运动、冰雪产业管理相关专业，在有条件的地区校园内开设冰雪运动相关课程，普及推广冰雪运动技能，培养冰雪产业人才，如今已取得显著成

效。2015 年中国申办冬奥成功后，北京体育大学就开设了冰雪产业管理方向班，从大二开始吸收来自经济学、管理学、体育营销学等各专业的学生，培养冰雪产业复合型管理人才。截至目前，该方向班已经开办了四届，冰雪班有多名同学进入冬奥组委、冰球协会、冬运中心等机构从事各项工作。今后应当继续占据校园阵地，扩大冰雪运动进校园活动的覆盖范围，让冰雪运动成为中国校园内的常态化运动。

校园之外的冰雪人才培养也同样值得重视。社会团体组织是孵化和选拔冰雪人才的重要渠道，各地政府相关部门应当鼓励这些团体组织的发展并为其提供相应的便利措施，同时发动民间力量开办各种兼具兴趣培养和人才挖掘功能的冰雪体育教育机构。此外，人才培养效果与教练的专业性息息相关，在如今冰雪专业教练供不应求的情况下，应当发动社会各方力量投入充足资源培育专业教练人才。例如，鼓励冰雪场地运营方投资于冰雪教练的培养工作，官方协会组织按照冰雪场地所拥有教练的数量和质量授予其不同评级，教练的数量越多、质量越高，所获得的评级也就越好。

此外，比赛是检验人才培养成果的最佳路径，也是培养冰雪体育明星的重要方式，一些运动项目本身的发展也要靠比赛来驱动。目前中国冰雪比赛数量较少，未能给到冰雪人才足够的锻炼与实践舞台，以冰球为例，冰雪产业较为发达的美国年均有 30 万场冰球比赛，加拿大年均45 万场，而中国目前只有不足 7000 场，目前开展得最好的北京青少年冰球联赛每支队伍也只有 6 场到 8 场常规赛可打。[①] 对此，政府相关部门需要增加官方冰雪赛事的数量，同时鼓励各地方、各市场运营主体开办民间冰雪项目比赛，从而形成全领域、多层次的冰雪比赛格局。

（四）抓住机遇大力营销，提升中国冰雪产业国际影响力

冬奥组委网站提供的资料显示，北京冬奥会的场馆都是根据每个国际单项体育联合会的最高标准来规划建设的。建成后，它们将是各自项目在全世界范围最好的场馆。奥组委在评估了北京冬奥会的场馆计划之后表示这些场馆都将成为标志性的建筑，在建设完成之后，它们会是所

---

① 《冰雪教育初起步　多措并举填补人才缺口》，北京冬奥组委官网，https：//www.beijing2022.cn/a/20200910/015007.htm，2020 - 09 - 10。

有喜欢冬季运动的人向往的地标。

这些高水平冰雪运动场馆的建设为推动中国冰雪产业国际化发展打下了良好基础。中国应当借冬奥举办之机大力展开营销活动，积极承办其他国际性冰雪体育赛事，向全世界展示中国在冰雪运动、冰雪旅游方面的实力与魅力，将中国打造成为冬季运动的地标性国家，吸引世界各地的冰雪爱好者奔赴中国，参与冰雪旅游观光及运动活动，从而带动冰雪产业、旅游、餐饮、交通运输等产业的全面发展。

二　提升冬奥的社会效益

（一）冬奥经济的有形效益与无形效益

奥运会给举办城市及举办国经济带来的效益可以分为有形和无形两种，有形效益体现于 GDP 增长、产业发展拉动、就业率提高等形式，无形效益则体现在国家形象提升、市场环境优化等方面，从某种程度上来说，无形效益对国家整体经济发展的影响更为深远。

（二）增强国际传播能力，讲好中国冬奥故事

2022 年冬奥举办再次为中国提供了极佳的展示舞台，在国际经济形势下行的环境中坚持保质保量筹办冬奥会，向世界展现一届精彩、卓越、非凡的奥运会是人类命运共同体理念的具体体现。我们应当抓住此次机遇讲好冬奥故事，向世界呈现中国在疫情防控、冬奥筹办中的中国方案、中国智慧、中国成就，让 2022 冬奥成为扩大中国对外开放、加深中国与世界联系的"加速器"，提升中国国家形象与国际地位，从而为对外开放、对外贸易营造良好的外部环境。

卓越冬奥

第七章　北京冬奥会的绿色发展实践

第一节　北京冬奥会的"绿色"理念

一　可持续目标

可持续性是当代奥运会和残奥会项目的重要组成部分，是国际奥委会《奥林匹克2020议程》中的一项核心理念。北京冬奥会和冬残奥会可持续性愿景为"可持续·向未来"。总体目标为"创造奥运会和地区可持续发展的新典范"。具体目标为：环境正影响、区域新发展、生活更美好。

（一）奥运会可持续性

奥运会可持续性是通过筹办和举办奥运会，推动主办城市和国家改善城市基础设施、住房与环境质量，创造新的就业机会及便利设施，引导人们健康文明生活方式和社会行为，为主办国家和城市留下具有长久效益的奥运遗产的一种方法，也是实现环境、社会与经济平衡的一种发展方式。国际奥委会将可持续性列为《奥林匹克2020议程》三个基础性主题之一，要求将可持续性融入奥运会举办的所有方面。

（二）奥林匹克宪章对可持续性的规定

《奥林匹克宪章》是国际奥委会采纳的奥林匹克主义的基本原则、规则和细则的汇总。《奥林匹克宪章》规定，国际奥委会鼓励并支持认真关注环境问题，促进体育运动的可持续发展，并且确保按照上述原则举办奥运会；促进奥运会为主办城市和主办国家留下有益的遗产。

（三）奥林匹克 2020 议程及其新规范对可持续性的要求

《奥林匹克 2020 议程》（以下简称《议程》）由国际奥委会于 2014 年 12 月通过。《议程》围绕可持续发展、提高公信力和吸引青少年三大主题提出了 40 条改革建议，核心内容是降低奥运会申办和运行成本、可持续发展、提高公信力和注重人文关怀等。其中，第四条建议要求"将可持续性融入奥运会的各方面"，第五条建议要求"将可持续性融入奥林匹克运动的日常运行"。在《奥林匹克 2020 议程：奥运会新规范》中，国际奥委会进一步从技术、能源、场馆、形象景观、媒体服务、赛事服务、交通、残奥会等方面提出了可持续性的具体要求和建议。北京冬奥会和冬残奥会是第一个全面践行《议程》的奥运会。

（四）主办城市合同及其运行要求对可持续性的要求

《奥林匹克运动会主办城市合同》于 2015 年 7 月 31 日签署。在其运行要求中指出：可持续性是确保奥运会与残奥会为主办城市与主办国家带来持久裨益的基础，其裨益包括经济增长、交通系统改善、体育场馆、基础设施提升、环境改善、人民身体更加强健、志愿者精神得到弘扬及其他积极发展。可持续性是一个广泛的主题，是主办城市申办理念及遗产计划的中枢。要实现奥运会项目承诺，所有负责举办赛事的机构均须将可持续性坚定而坚决地绑定到其组织精神与组织架构中。而可持续性自奥组委成立之初就横跨所有职能部门予以落实，并贯穿始终。

可持续性与奥林匹克遗产领域的关键成功因素包括：

按照国际标准化组织 ISO 20121 标准，制定完善的可持续性战略与可持续性管理体制；协调奥组委与公共机关的大众参与，以了解与管理预期；与相关公共机关与交付合作伙伴紧密协调，制订执行计划与管理安排；以及由奥组委带头，各领域都应有可持续性目标、遗产愿景，作出申办承诺。

在奥运会筹办和举办过程中，要求落实以下工作事项：一是可持续性战略。与主办城市政府部门协调，制订和发布整个赛事项目范围的可持续性战略。二是可持续性计划。与主办城市政府及其合作伙伴，制订具体的可持续性实施计划，明确各方具体职责方面的所有重大问题，包括资源需求、问题与风险，以及明确的行动计划。三是可持续性管理。与主办城市协调，做好有关可持续性问题的管理安排，重点为：界定整个计划内的可持续性政策、战略与计划并监督落实；对于所有违反政策、策略与计划的问题予以解决；制订妥善的审计和保障计划，以监控各项工作与可持续性政策、战略、计划的符合性；对有关问题的沟通与应对进行协调。四是可持续性管理制度。针对在举办可持续性奥运会方面具有重大作用的关键组织活动，建立可持续性管理制度，并确保最迟在赛前三年经独立第三方确认该制度符合 ISO 20121 标准的要求。需考虑的事项包括但不限于采购、碳管理和垃圾管理等事项。五是可持续发展报告。与主办城市政府部门协调，编制并公布符合全球报告倡议指南（G4）的可持续性战略和计划的进展报告。

（五）北京冬奥会和冬残奥会可持续性愿景和目标

北京冬奥会和冬残奥会可持续性愿景为"可持续·向未来"。总体目标为"创造奥运会和地区可持续发展的新典范"。具体目标为：环境正影响、区域新发展、生活更美好。

（六）北京冬奥会和冬残奥会可持续性工作内容

北京冬奥会和冬残奥会可持续性工作内容主要来源于申办承诺清单、主办城市合同运行要求以及北京冬奥会和冬残奥会里程碑任务。工作内容包括以下几个方面：落实可持续性承诺，发布可持续性政策，制定可持续性战略，实施可持续性计划，建立相关工作机制；建立可持续性管理体系；实施可持续采购；开展场馆可持续性管理；推进低碳管理工作；加强宣传推广及讲好可持续性故事。

（七）北京冬奥会和冬残奥会可持续性承诺

经对申办期间提交给国际奥委会的报告和相关文件进行梳理，形成包括可持续性理念和战略、参与可持续性决策、可持续性规划指南标准、场馆规划设计和建设运行、宣传与文化活动、可持续采购、城乡环境建设、生态保护与补偿、碳中和、治理大气污染保障空气质量、水资源与水环境保护和气象保障 12 个方面 45 条可持续性承诺事项。为兑现承诺，北京冬奥组委将可持续性承诺工作分解为 155 项具体任务，逐一落实到北京冬奥组委、北京市政府、河北省及张家口市政府的 47 个相关部门。其中，北京冬奥组委承担 62 项、北京市政府承担 44 项、河北省及张家口市政府承担 49 项。

（八）北京冬奥会和冬残奥会可持续性管理体系

北京冬奥会和冬残奥会可持续性管理体系是推进可持续性工作的有效手段。北京冬奥组委将 ISO 20121 大型活动可持续性管理体系、ISO 14001 环境管理体系和 ISO 26000 社会责任指南三个国际标准融合，在委内建立了可持续性管理体系，所有筹办过程都严格落实生态环境管理、气候变化、可持续采购、固体废物管理和人员管理等方面的可持续性要求。2019 年 11 月 6 日，北京冬奥组委获得可持续性管理体系认证证书。

（九）北京冬奥会和冬残奥会可持续采购

2002 年，联合国可持续发展首脑峰会提出可持续公共采购（Sustainable Public Procurement，SPP）概念。其内涵为：公共采购行为在实现"物有所值"基本经济功能的同时，充分发挥推进可持续发展的政策功能作用。具体而言，第一，可持续公共采购要求注重环境保护，促进节能环保产品的投资、开发和生产。第二，可持续公共采购保护劳动者的权利、尊重人格、禁止劳动歧视、实施劳动伤残补偿权等。第三，可持续公共采购应当适当扶持中小企业、照顾落后地区的发展、保护弱势群体。可持续采购包括制定可持续采购方针；制定包含可持续发展绩效准则的招标规范；参与与供方和（或）潜在供方沟通；评价投标材料，并在整个采购周期评价可持续发展绩效。

北京冬奥会和冬残奥会通过制定并实施《北京 2022 年冬奥会和冬残奥会可持续采购指南》，在北京冬奥组委和场馆业主的工程、货物和服务采购过程中落实可持续性要求。

（十）北京冬奥会和冬残奥会场馆可持续性要求

冰上和雪上场馆建设和运行是冬奥会和冬残奥会可持续性的重要内容。为更好地落实北京冬奥会和冬残奥会承诺中提出的生态环境保护、水资源保护、大气环境保护、固体废物以及绿色建筑、低碳能源等要求，2017 年，北京冬奥组委正式印发了《北京冬奥会和冬残奥会场馆可持续性管理办法》，提出了北京冬奥会和冬残奥会场馆可持续性工作的主要内容，北京冬奥组委、场馆业主、北京市和河北省有关部门的职责分工。2018 年、2019 年、2020 年，北京冬奥组委秘书行政部与北京市 2022 年冬奥会工程建设指挥部办公室、河北省第 24 届冬奥会工作领导小组办公室先后联合印发了规划设计阶段、建设阶段、运行和赛后利用阶段的《北京 2022 年冬奥会和冬残奥会场馆与基础设施可持续性指南》，分别提出了具体的可持续性要求，要求在场馆规划设计、建设及运行和赛后利用阶段落实。

（十一）北京冬奥会和冬残奥会低碳管理

为减少北京冬奥会和冬残奥会筹办和举办期间的碳排放，为气候变化做出贡献，2019 年 6 月 2 日北京冬奥组委秘书行政部与北京市人民政府办公厅、河北省人民政府办公厅联合印发了《北京 2022 年冬奥会和冬残奥会低碳管理工作方案》，并于 2019 年 6 月 23 日正式发布。方案提出了低碳管理工作的指导思想、主要目标等总体要求，制定了碳减排措施 18 项、碳中和措施 4 项、保障措施 4 项。

二　绿色办奥贯穿始终

（一）冬奥场馆因绿色成为冰雪新地标

为减少对生态环境的不利影响，北京冬奥会在场馆规划、建设、运行和赛后利用全过程中，落实生态保护优先原则，最大限度利用现有场馆和设施，按照绿色建筑标准建设或改造场馆和设施，高标准保护赛区生态环境，促进人与自然和谐。

最大化利用现有场馆和设施是冬奥筹办工作中的一大亮点。在 44 个冬奥场馆和设施中，现有场馆和设施 25 个（如鸟巢、水立方等）、临时场馆和设施 6 个（如颁奖广场等）、利用城市既定建设项目 6 个（如短道速滑训练馆、五棵松冰球训练馆等），以上共计 37 个，占总量的 84%，其他结合本次冬奥筹办需要而建设的场馆和设施只有 7 个，占总数的 16%。

让奥运会适应城市，而不是让城市适应奥运会。北京冬奥会给变革中的奥林匹克提供了绿色的"中国方案"。

国家游泳中心水立方通过建设可移动、可转换场地结构，把游泳池改建为冰壶比赛赛道。而鸟巢、五棵松、首都体育馆、国家体育馆等场馆也都升格为"双奥场馆"。

图 7 - 1　2019 年 12 月 8 日，"水立方"变身"冰立方"
迎首场冰壶比赛

资料来源：新华社记者鞠焕宗摄，澎湃新闻，https：//www.sohu.com/a/41730613_
2606/6？_ trans_ =000014_ bdss2_ dkgjgj。

（二）青山绿水成了冬奥延庆和张家口赛区的最大地标

延庆赛区是建设难度最大的一个赛区，在无水、无路、无电、无通信的山区，从 2017 年开工建设，仅用三年时间，就建起了国内第一条雪车雪橇赛道和第一座符合奥运标准的高山滑雪赛场。虽然面临海拔高、施工条件差等难题，但绿色低碳可持续，是冬奥场馆建设的铁律。

在延庆赛区动土前，首先做的是动植物资源的本底调查和保护工作。为了让动物自由迁徙，延庆赛区在施工初期控制施工时长、时段和施工强度，并利用桥梁、涵洞等形式形成动物通道。在施工过程中，科研人员在赛区周边设置人工鸟巢。

在张家口赛区，云顶滑雪公园是单板滑雪和自由式滑雪项目的竞赛场馆，依托现有滑雪场而建。施工时充分考虑土石方挖填平衡，赛道和场馆区域挖方约 37 万立方米、填方约 35 万立方米，多出的石方转而用于临建道路铺设、护坡、挡墙、排水等的建设。

按照"海绵赛区"的理念，延庆和张家口赛区的地表水、雨水、人工造雪的融雪水等，经过"入渗、滞留、蓄积、净化、利用、疏排"的整体化设计之后，实现水资源可持续利用和生态环境保护的双赢。赛区雪道和道路边坡、冬奥村和停车场等裸露地面，采用土石和乔灌草植被进行生态修复，如一块巨大的"吸水"海绵，尽量保证雨水入渗。赛区的生活用水在经过处理之后，也用于冲厕、灌溉等。在冬奥筹办中的先进可持续性理念和技术，经过科技成果转化应用所形成的智慧赛区新标准，都可服务于未来智慧城市的建设。

北京冬奥会可持续性管理体系则给奥运可持续性制定了更全面的标准，创造了多个"第一"：是中国第一个获得第三方认证的大型活动可持续性管理体系；是奥林匹克历史上第一个把"大型活动可持续性管理体系、环境管理体系、社会责任指南"三个国际标准整合为一体的可持续性管理体系；是第一个覆盖奥运筹办全领域、全范围的可持续性管理体系，将为后来的奥运会等大型活动做出典范，形成"北京标准"。冬奥会全部场馆正严格按照国家绿色建筑标准进行建设。北京市和河北省研究制定出的《绿色雪上运动场馆评价标准》，填补了国内外空白。

第二节　北京冬奥会的"绿色"实践

一　资源管理

（一）垃圾分类

自北京携手张家口获得 2022 年冬奥会举办权后，北京 2022 年冬奥会和冬残奥会（以下简称北京冬奥会）的筹备工作如火如荼地开展中。2020 年 5 月 15 日，国际奥委会、国际残奥委会和北京冬奥组委同步正式发布了《北京 2022 年冬奥会和冬残奥会可持续性计划》（以下简称《可持续性计划》）。该计划是指导北京冬奥会可持续性工作的纲领性文件，将贯穿于北京冬奥会赛事筹办全过程。

资源管理是可持续计划中的关键环节，其中垃圾分类与城市居民的关系最为密切。城市生活垃圾的管理常常作为衡量城市治理的指标[1]，

---

[1]　Nzeadibe, T. C., Anyadike, R. N. C., "Social Participation in City Governance and Urban Livelihoods: Constraints to the Informal Recycling Economy in Aba, Nigeria", *City, Culture and Society*, Vol. 4, 2012, pp. 313–325.

甚至是城市良好治理的标志。

1. 垃圾分类进入法治时代

随着中国经济发展、城市化和居民生活水平的提高，城市垃圾生产的数量和复杂程度也相应增加，各大城市面临着"垃圾围城"的困局。北京冬奥会的主办省市——北京市与河北省的城市生活垃圾产生量也在逐年增长（见图7-1）。中国政府高度重视垃圾分类问题，陆续出台一系列法规。2016年12月，习近平总书记在中央财经工作领导小组第十四次会议上提出"要普遍推行生活垃圾分类制度"。2017年3月30日，国务院办公厅转发《生活垃圾分类制度实施方案》，勾勒出了生活垃圾分类的总体路线图。2019年住建部等9个部门印发《关于在全国地级及以上城市全面开展生活垃圾分类工作的通知》，提出到2020年，46个重点城市基本建成生活垃圾分类处理系统；到2025年，全国地级及以上城市基本建成生活垃圾分类处理系统。

北京市与河北省纷纷响应中央号召，2019年11月27日，北京市人大常委会通过了修订后的《北京市生活垃圾管理条例》，自2020年5月1日起正式实施。2020年7月30日，河北省十三届人大常委会第十八次会议表决通过《河北省城乡生活垃圾分类管理条例》，于2021年1月1日起施行，这是全国首部以"垃圾分类"命名的省级地方性法规。"垃圾分类"进入法治时代，标志着垃圾分类不再停留在积极"倡导"层面上，而是作为垃圾产生者的全体居民和企事业单位的"法定责任"，成为强制性规定。

2. 让垃圾分类成为生活新常态

北京市和河北省采用"四分法"对生活垃圾进行分类，将其分为有害垃圾、易腐垃圾、可回收物和其他垃圾，这也是目前最简单、便于居民分类的方式。

北京市生活社区采用"居民友好"的模式，动员党员、楼门层长、志愿者等，组成社区垃圾分类队伍，积极参与桶前值守、挨家挨户上门宣传、指导分类。同时多个街道和社区自主推出了个性化的奖励举措。例如，北京市朝阳区六里屯街道开设垃圾分类"红黑榜"，得分较高的单位列入"红榜"，予以表彰奖励，得分较低的单位列入"黑榜"，进行约谈和检查。

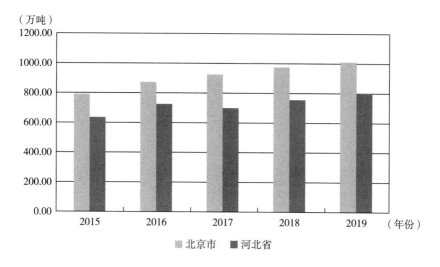

图7-2　北京市与河北省历年垃圾清扫量

资料来源：《中国城市建设统计年鉴》（2016—2020）。

除了传统模式，北京市与河北省不断利用科技创新垃圾分类。比如，河北省唐山市投入使用的智能垃圾分类柜。居民可通过手机 App、微信扫码等方式使用该设备，分类投放纸张、织物、金属、塑料、玻璃、电池等生活垃圾。智能垃圾分类柜对居民投放的垃圾自动进行称重，居民通过扫描二维码或人脸识别，就可以得到环保积分用于兑换日用商品（见图7-2）。北京市怀柔区怀北镇投入运行生活垃圾分类全流程精细化管理系统。该系统具有投放溯源、设施定位、智能称重、积分累积、数据采集、满溢报警等功能模块，利用系统平台，实现辖区十类场所每日垃圾量、垃圾处理设施数据共享。同时，将垃圾投放、收集信息与车辆信息进行可视化平台监控，为城市管理部门提供精确高效监管方式，有效解决生活垃圾分类推进工作中的各类问题。

在学校、医院等事业单位及商业办公楼宇、旅游景区、酒店等各类经营场所，垃圾分类也在有条不紊地进行。为在源头上减少厨余垃圾，北京市与河北省各大中小学和高校大力宣传光盘行动，如北京航空航天大学启动21天光盘打卡行动，邀请全校师生"反浪费、晒光盘"。打卡成功者将获得手绘明信片和菜品兑换券。相当数量的旅游景点存在游览面积大、管护人员少的问题，及时清理垃圾和开展垃圾分类有一定难度。因此，北京市31家森林公园开启"无痕游"模式，到公园游览的市民可免费领取可降解垃圾袋，只要把游园过程中产生的垃圾带下山，并达到一定重量，就可以获赠公园门票一张。

在农村地区，河北省因地制宜推行"村收集、乡镇转运、县集中处理"的城乡一体化垃圾治理模式，提高农村生活垃圾治理水平和综合效益。2019年，河北省农村生活垃圾处理体系覆盖45467个村庄、覆盖率达到93.6%，2020年年底基本实现了农村生活垃圾处理体系全覆盖。

图7-3 智能垃圾分类柜

资料来源：新华网，http：//m. xinhuanet. com/he/2020 - 06/08/c_ 1126085637_ 2. htm。

3. 垃圾分类见绿色成效

目前，北京市与河北省垃圾分类绿色成效较为显著。以北京市为例，《北京市生活垃圾管理条例》（以下简称《条例》）实施9个月以来，北京垃圾分类成果显著，厨余垃圾分出量从《条例》实施前的309吨/日增长至2021年1月的381吨/日，居民分类参与率逐步提升，厨余垃圾分出率已稳定在20%左右，居民自主分类投放达标率为74.27%。

生活垃圾日均清运量2.01万吨，与2020年日均清运量相比下降8.59%。全市建成分类驿站1324座，达标改造固定桶站6.39万个，涂装垃圾运输车3535辆，改造提升密闭式清洁站811座，生活垃圾分类投放、收集、运输设施不断完善，保障能力持续增强。

（二）资源回收与处理

北京冬奥会及所有的合作伙伴坚持可持续性的发展理念，重视资源管理，确保在筹办、赛时、赛后各个阶段都能实现资源有效利用，将北京冬奥会打造成奥林匹克运动与区域及城市可持续发展互促共赢的文明盛会。

北京冬奥组委在调动中国各地资源投入此次盛会筹办时，始终遵循ISO 20121（大型活动可持续性管理体系）、ISO 14001（环境管理体系）等相关原则，提高资源管理效率，重视资源回收与处理。

1. 建筑场地回收利用

北京冬奥会承载着中国人民对运动的热爱，对奥林匹克运动会精神的坚持，在2008年奥运会和中国未来体育事业中起到承上启下的重要作用。引人关注的是，北京2022年冬奥会赛区的众多场馆都是2008年奥运会的遗产，而这些场所也将作为冬奥会精神的承载物保留下来，方便人民开展冰雪运动。

表7-1　　　　　　　　　　　　建筑场地再利用

运动场所	2008年奥运会	2022年冬奥会
国家游泳中心	游泳、跳水、花样游泳、水球等比赛	冰壶和轮椅冰壶比赛
国家体育馆	竞技体操、蹦床、手球和轮椅篮球场馆	男子冰球、冰橇冰球项目的比赛
五棵松体育中心	篮球比赛	女子冰球项目的比赛
首都体育馆	排球比赛	花样滑冰和短道速滑比赛

北京2022冬奥会注重资源管理和产品再利用，尤其是比赛场所建设需要耗费大量资源，从表7-1可知，北京2008年夏季奥运会的部分场所经过技术更新和场地改造，符合北京冬奥会的比赛要求。北京冬奥会的北京赛区只有国家速滑馆是新建竞赛场馆，其余均是在2008年夏季奥运会场地基础上建设而成，通过建筑场地的再利用，继承奥运遗产，彰显出绿色奥运特色。

每个竞赛场所背后都有自己独特的故事，它们的共同点在于都是承接之前的比赛场地，同时为之后开展全民运动创造了更好的运动场地。国家游泳中心，通过创新技术，使用原有的透水砖、可转化钢架建设冰面、流态固化土回填等手段，"水立方"变为"冰立方"，实现"冰水双驱"绚丽场景，在此承办北京冬奥会的冰壶等运动项目。国家体育馆，在建设之初就坚持绿色奥运的发展理念，基坑使用了钢渣配重，不仅消耗了8万吨的废弃钢渣，而且解决了地下水外渗造成的建筑物抗浮问题。在北京冬奥会改造场所时，采用装配式工艺，利用废弃集装箱搭建更衣室、咨询前台、饮料售卖等基础设施，提高了建筑循环使用率。五棵松体育中心，采用可回收再循环的材料，建设的挡土墙实现"三水合一"（雨水、中水、自来水）有效管理。在原有的篮球场底下铺设制冷管道，实现篮球场地和冰球场地的转换。首都体育馆，坚持"修旧如旧"的理念，让53岁的首体保持传统特色的同时再焕新光彩。这些比赛场地的建设翻新不仅是为了期限17天的冬奥会，更重要的是为了长期使用竞赛场地，因此，此次建设重点是对已有产品进行回收利用，建设可循环使用的运动场地，发挥竞赛场赛后作用，满足民众运动的需求，从而培养民众的体育精神，提高民众对冰雪运动的兴趣。

北京冬奥会坚持可持续发展的理念，提高资源的使用效率，重视产品的回收利用，避免资源浪费。共使用25个竞赛和非竞赛场所，其中11个场所为2008年奥运会遗产，极大地提高了场地使用率，实现奥林匹克的精神传承。

2. 水资源回收利用

北京冬奥会坚持"绿色、共享、开放、廉洁"的奥运理念，为确保比赛场地符合奥运标准，冬季奥运会不可避免地要利用水资源制造冰雪比赛场地，还需对污水进行处理。北京冬奥会总计12个竞赛场所。除了部分天然雪场外，大部分竞赛场馆需要大量水资源进行人工造雪，因此，此次奥运会对水资源循环利用尤为关键。

表7-2 三大赛区的比赛场所

赛区	竞赛场所	非竞赛场所
北京赛区	国家游泳中心（冰立方）；国家体育馆（冰堡）；国家速滑馆（冰丝带）；五棵松体育馆（冰凌花）；首都体育馆；首钢滑雪大跳台中心；首体短道速滑馆（冰坛）；首都滑冰馆；首体综合馆	国家体育场（鸟巢）；国家会议中心；中国颁奖广场；北京冬奥会

赛区	竞赛场所	非竞赛场所
延庆赛区	国家高山滑雪中心；国家雪车雪橇中心	延庆山地媒体中心；延庆颁奖广场；延庆冬奥村
张家口赛区	国家跳台滑雪中心；国家越野滑雪中心 A；国家越野滑雪中心 B；云顶滑雪公园	张家口冬奥村；张家口山地媒体中心；张家口颁奖广场

　　北京赛区的竞赛场馆全部采用环保型制冷剂制冰，延庆赛区高山滑雪项目采用人工造雪，张家口赛区依托现有滑雪场进行扩建。三大赛区中，北京赛区采用先进技术，如制冷剂或二氧化碳制冰等，对水资源需求量相对较低；延庆赛区是开发程度最低、建设难度最大的冰雪赛区，而且该赛区主要承办高山滑雪等运动项目，需要大量水资源进行人工造雪，从而确保比赛场地达到最佳状态，因此提高水资源的利用率是延庆赛区建设的重点；张家口赛区将举办滑雪、冬季两个大项，比赛项目对地势要求较高，竞赛场馆对技术要求较高，虽然张家口赛区有一定的制冰造雪经验，但是制造出符合奥运会要求的冰雪，仍需要大量水资源做支撑。

　　延庆赛区为解决造雪难题，建设了造雪引水系统，该系统可以储存天然雨水雪水，并对水资源进行调用，水资源部分可用于制冰造雪，剩余部分可用于赛区绿化。张家口赛区为确保雪质符合比赛规定，建立 3 个蓄水池确保造雪水源的充足，蓄水池不仅储蓄融雪降雨，而且可以保留地表溪流，提高水资源的储量。延庆赛区和张家口赛区不仅建立储水装置，制定水资源保障规划，确保制冰造雪的水资源充足，而且实施高效的水资源管理措施，例如建立污水处理站，实现废弃污水再利用，避免水资源浪费，提高水资源循环效率。

二　绿色建筑

1. 绿色雪上运动场馆评价标准

　　为减少对生态环境的不利影响，北京冬奥会在场馆规划、建设、运行和赛后利用全过程中，落实生态保护优先原则，最大限度利用现有场馆和设施，按照绿色建筑标准建设或改造场馆和设施，高标准保护赛区生态环境，促进人与自然和谐。北京冬奥会场馆创造出一套符合奥运标

准、立足中国方案的可持续性工作模式：场馆可持续性"管理办法 +
技术规范"、"技术指南 + 组织开展绿色建筑标准评价 + 监督落实建设
和运营"。

目前对于雪上露天场地国际上没有要求，为推动雪上运动场馆高质
量建设，国际奥委会相关专家反复探讨后，联合北京市、河北省、天津
市 3 地出台了《绿色雪上运动场馆评价标准》，这在国内乃至国际上都
是一个创新，也将为其他地区、其他国家的环境标准提供一个参考和
借鉴。

提出绿色雪上运动场馆绿色评价等级，人工造雪用水不得采用地下
水。评价指标体系由生态环境、资源节约、健康与人文 3 类指标组成，
包括控制项和评分项。针对管理和创新，评价指标体系还统一设置加
分项。

标准要求，场馆选址、规划与建设应符合所在地城乡规划要求，且
不得突破生态保护红线；应合理控制规模、避免过度开发；应避开自然
保护区、饮用水水源保护区、森林公园、风景名胜区、地质公园、湿地
公园等区域。竞赛场馆的规划设计除应满足赛事要求外，还应兼顾赛后
使用功能。场馆建设和运营要有利于优化当地产业结构，促进当地体育
文化、旅游休闲等产业发展。要传承历史文脉，保留原有肌理，对文物
古迹及古树名木实施有效保护。

2. 绿色场馆的亮点

在"最大限度利用现有场馆和设施"方面，北京赛区充分利用
2008 年奥运会遗产：国家体育场、国家体育馆、国家游泳中心、五棵
松体育馆、首都体育馆；张家口赛区充分利用云顶滑雪场现有雪道等；
北京冬奥组委总部办公场所充分利用北京市首钢园区的现有设施。国家
游泳中心水立方通过建设可移动、可转换场地结构，把游泳池改建为冰
壶比赛赛道。而鸟巢、五棵松、首都体育馆、国家体育馆等场馆也都升
格为"双奥场馆"。

在"建造绿色场馆"方面，所有新建场馆均采用高标准的绿色设
计和施工工艺，在节能、低碳能源、废弃物与废水处理等方面成为示
范。所有场馆都要通过绿色建筑评价标准。新建室内场馆（包括冰上
场馆和北京赛区、延庆赛区和张家口赛区的 3 个冬奥村）执行国家绿

色建筑三星级标准，新建雪上场馆通过《绿色雪上运动场馆评价标准》，既有改造场馆达到绿色建筑二星级标准，在场馆可持续发展方面发挥引领和示范作用。

3. 国家速滑馆"冰丝带"

北京冬奥会期间，国家速滑馆将承担速度滑冰比赛，它是北京主赛区标志性场馆、唯一新建的冰上竞赛场馆，于 2017 年开始施工建设，2020 年年底已完工。其主场馆建筑面积约 8 万平方米，高度 33 米，能容纳约 12000 名观众。国家速滑馆冰面比赛区规划 3 条 400 米速滑比赛道、1 条速滑比赛练习道、1 块 60 米乘以 30 米多功能冰场、1 块 61 米乘以 31 米多功能冰场及 1 块活动冰场。外形上，国家速滑馆由 22 条晶莹美丽的"丝带"状曲面玻璃幕墙环绕，因此，又被称为"冰丝带"。完工后的"冰丝带"与雄浑的钢结构"鸟巢"、灵动的膜结构"水立方"相得益彰，共同组成北京这座世界首个"双奥之城"的标志性建筑群。

图 7 - 4　国家速滑馆"冰丝带"效果

资料来源：搜狐网，https：//www.sohu.com/a/343365186_ 99938763。

冰丝带是全世界最大的采用二氧化碳跨临界直接蒸发制冷的冰面，也是全球首个采用二氧化碳跨临界直接蒸发制冷的冬奥速滑场馆。冰丝带拥有亚洲最大的全冰面设计，冰面面积达 1.2 万平方米。它采用分模块控制单元，可以将冰面划分为若干区域，根据不同项目分区域、分标准进行制冰，实现场馆"同时运行、不同使用"。场馆制冰系统集成设计和冰板结构设计两个关键设计方案已取得专利。之所以这样设计，是充分考虑赛后利用，适应多种群众性健身需求。赛后，场馆可同时开展冰球、速度滑冰、花样滑冰、冰壶等所有冰上运动。这一技术是目前世界上最环保的制冰技术，碳排放趋近于零，同时也是最先进的制冰技术，它可使整个冰面温差控制在0.5℃以内。不仅比传统方式效能提升近30%，而且制冷非常均匀。

除高效、环保地制冰外，该场馆还能通过智能化能源管理系统，把制冷产生的废热，用于除湿、冰面维护、场馆生活热水等。在全冰面模式下，每年仅制冷部分就能节省200多万度电，相当于减少近3900辆汽车的二氧化碳年度排放量，也相当于植树超过120万棵所带来的碳排放减少量。冰丝带是执行了国家绿色建筑三星级标准，严格把控场馆建设中的"四节一环保"，即节能、节地、节水、节材和环境保护，除此之外还包括节约能源、节约资源、节约材料等。冰丝带在建设过程中使用了一些再生材料，减少了新的资源的使用，把旧的资源再生使用，这是非常好的可持续性示范。

张家口冬奥村同样如此，由于地处夏季平均温度仅为19℃的崇礼区，张家口冬奥村和张家口赛区其他场馆夏季均不需要设置空调制冷系统，而采用开窗通风方式降温。走廊和楼梯照明采用分区、定时或光感的方式，全部采用LED节能灯具照明。户内还采用高效新风热回收系统，新风设置排风热回收装置，通过回收余热节能。

图7-5 北京冬奥会延庆冬奥村效果

资料来源：新华网，https：//baijahao.baidu.com/s？id=1675543022461232345&wfr=spider&for=pc。

三 绿色交通

绿色交通本质是满足出行要求、节约资源、保护环境和维护社会公平，建立维持城市可持续发展的交通体系。作为北京冬奥会的举办城市，北京市与河北省张家口市肩负着为北京冬奥会提供"绿色能源""绿色交通"的重任。随着各项政策出台以及相关部门的大力宣传，京冀绿色交通发展成效较为显著。

1. 北京冬奥会绿色低碳公共交通网基本成型

绿色低碳公共交通建设是北京冬奥会"绿色办奥"的一大亮点。目前，北京冬奥会绿色低碳公共交通网已建设成型，观众在北京冬奥会期间可通过多种公共交通方式便捷抵达赛场。在这张交通网中，京张高铁、京礼高速两条主干线路将北京赛区、延庆赛区、张家口赛区相连，打造出"两地三赛区 1 小时交通圈"；北京赛区所有场馆实现地铁覆盖。在延庆赛区，随着京张高铁延庆支线建成，观众从北京北站至延庆站的车程不到 30 分钟，从延庆站乘摆渡车 30 分钟内直达延庆赛区各赛场。

2. 居民出行结构优化，绿色出行理念普及

为响应北京冬奥会的绿色理念，北京市和河北省大力推行绿色低碳出行模式，倡导"3510"低碳出行方式（指 3 公里步行、5 公里骑车、10 公里公交、远距离绿色驾驶的绿色出行理念）。

2019 年 12 月，北京市政府提出了"慢行优先，公交优先，绿色优先"的交通发展理念，2019 年年底新开通大兴机场线、7 号线东延和八通线南延三段新线，轨道交通线网逐步完善，轨道交通出行比例较去年增长 0.3 个百分点；慢行系统持续优化，自行车专用路和绿道的建设推动了慢行交通工具的使用。自行车出行比例为 12.1%，同比增长 0.6个百分点；步行出行比例为 30.2%，同比增长 1 个百分点（见图 7 - 5）。2019 年中心城区绿色出行比例达到 74.1%，较去年增长 1.1 个百分点。

截至 2019 年年底，河北省拥有 198 条地铁，线路长度达 30.28 千米，多条轨道交通仍在建设中。2020 年 12 月，河北省印发绿色出行创建行动方案，打造便捷、经济、舒适、安全的绿色出行体系。到 2022年，力争 60% 以上创建城市的绿色出行比例达 70% 以上，绿色出行服务满意率不低于 80%。

3. 车辆能源结构不断优化，新能源、清洁能源车辆推广

近年来，为推动新能源、清洁能源车辆发展，北京市和河北省出台了多项优惠政策，民众对新能源、清洁能源汽车的接受度和需求逐渐提升。截至 2019 年年底，北京市新能源车辆保有量为 32.8 万辆，其中新能源客车保有量 30.7 辆，较上年增长 36.6%（见图 7－6）。河北省共注册登记新能源汽车超 12 万辆，居全国第 11 位；近三年年均增长 1.5 万余辆，平均增长率超过 80%，始终保持快速增长态势。

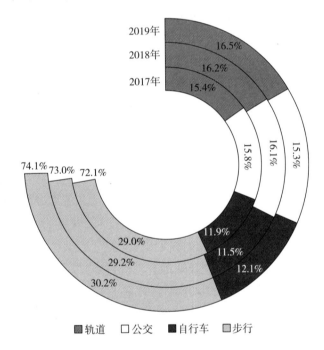

图 7－6　北京市近三年绿色出行比例构成

资料来源：《2020 年北京交通发展年报》。

在公共交通领域，北京市与河北省政府致力于构建以新型能源为动力的公交系统。"十三五"时期，北京市每年淘汰的老旧公交车 100% 更新为新能源车，新能源与清洁能源公交车占比已超过 90%；推广纯电动出租车 1.1 万辆。张家口市以政府为主导，以主城区城市公共交通为重点应用领域，全面推广应用氢燃料电池公交车、纯电动公交车。目前，张家口市共有公交车 2325 辆，其中新能源公交车 1718 辆，占比 73%；主城区公交车辆 800 辆，新能源公交车 607 辆，占比 76%。

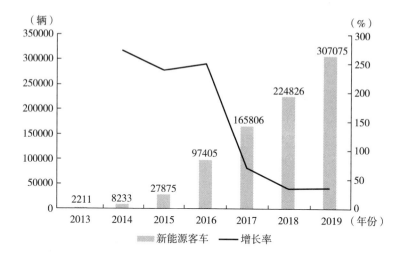

图 7 - 7　北京市新能源客车保有量历年变化

资料来源：《2020 年北京交通发展年报》。

4. 货物运输结构优化，机动车污染排放降低

2018 年中央经济工作会议和中央财经委员会提出调整运输结构的重大战略部署，核心目标是推动大宗货物运输由公路向铁路或水路转移。为贯彻落实国家及交通运输部等相关文件要求，北京市发布《北京市推进运输结构调整三年行动计划（2018—2020 年)》，河北省交通运输厅印发《交通运输污染防治三年行动方案（2018—2020 年)》，就完善货运车辆绕城通道建设、加强过境货运车辆路线管控、提升铁路货运能力和比例、推进集装箱海铁联运等作出部署。

根据北京交通研究院的统计，北京市全市推动实现 560 万吨货物"公转铁"，全市到发货物铁路运输比重由 2017 年的 6.4% 提高至 2020 年的 9.67%。河北省铁路货运量占营业性货运量比重由 2017 年的 7.5% 提高到 2020 年 9 月底的 12.5%，公路货运量则由 90.7% 下降到 85.5%。

5. 智能交通与绿色交通深度融合

5G、大数据、人工智能等新基建核心技术在中国的发展推动了智能汽车、智能交通的发展逐渐走向深入。智能交通的推广将减少道路交通拥堵，降低机动车污染物排放，有助于绿色交通目标的实现。

近年来，北京市与河北省不断完善"掌上公交"应用系统和升级

公交智能调度系统，公共交通乘车电子支付使用率持续上升。国内首条智能化高速铁路——京张高铁于2019年12月正式运营，使张家口融入首都一小时通勤圈，实现京张交通一体化，满足2022年北京冬奥会的服务需求。

除此之外，大数据平台的支撑可以倡导和推动市民绿色出行。2020年9月，在"2020年中国国际服务贸易交易会交通领域分论坛——第6届世界大城市交通发展论坛"上，北京市交通委、北京市生态环境局联合高德地图、百度地图共同启动"MaaS出行绿动全城"行动，基于北京交通绿色出行一体化服务平台（MaaS平台）推出绿色出行碳普惠激励措施。这是国内首次以碳普惠方式鼓励市民全方式参与绿色出行。具体来说，市民采用公交、地铁、自行车、步行等绿色出行方式出行时，应用高德地图、百度地图App进行路径规划及导航，出行结束后即可获得对应的碳能量，可转化为多样化奖励，全部反馈给实践绿色出行的社会公众。

四 生态旅游

1. 冬奥会推动区域旅游协同发展

北京冬奥组委成立以来，与北京市、河北省紧密合作，依托冬奥场馆及配套基础设施，充分利用两地人文历史、生态资源优势，推动特色休闲、山地体育、会议展览等旅游业发展，努力打造京张体育文化旅游带，带动沿线群众就业、增收致富。

北京冬奥组委注重发挥首都资源优势，加大在住宿、餐饮等领域对北京市延庆区、河北省张家口市支持帮扶力度，提升当地公共服务能力和水平。遴选出北京市实力雄厚、管理水平高的酒店集团，组织实施对延庆、张家口地区酒店"一对一"结对子帮扶工作。与京张两地有关部门联合开展餐饮、旅游、礼仪等领域职业技能培训，为办赛和赛后发展打下良好的人才基础。

张家口市崇礼区以冬奥为引领，大力发展冰雪旅游产业，如今直接或间接从事冰雪产业和旅游服务人员达3万多人，其中包括贫困人口9000多人。2019年5月，崇礼区退出贫困县序列，彻底脱贫"摘帽"。北京市延庆区积极探索"冰雪体育＋"模式，带动生态、旅游、赛事、文化、教育、科技等板块联动发展。同时，冬奥带动了延庆区四季旅游升温，民宿产业快速有序发展，提供了大量就业岗位。

习近平总书记曾发表重要讲话，强调要突出绿色办奥理念，把发展体育事业同促进生态文明建设结合起来，让体育设施同自然景观和谐相融，确保人们既能尽享冰雪运动的无穷魅力，又能尽览大自然的生态之美。随着冰雪季到来，冬奥为文化、旅游、体育融合发展带来新契机，各地将冬奥文化渗透到冬季旅游产品供给中，引领冬季旅游新热潮。

作为北京冬奥会雪上项目的主要承办地，河北省张家口市具有发展冰雪旅游的独特优势。为迎接北京冬奥会，河北省围绕"到2022年河北省参与冰雪运动群众达到3000万人"的目标，于2020年12月举办了河北省第二届冰雪运动会，全面展示河北省迎冬奥、发展冰雪运动的成就。河北以省级冰雪运动会为引领，以冰雪联赛为推动，以市县冰雪运动会和校园冰雪活动为基础，构建了省、市、县、学校四级"金字塔"竞赛体系，为北京冬奥会预热。冰雪运动会在河北营造了浓厚的冬奥氛围，也为当地冰雪旅游产品融入了更多冬奥文化。张家口市崇礼区各大旅行社纷纷推出融入冬奥元素的冰雪旅游线路，让游客可以到崇礼冰雪博物馆、崇礼万龙滑雪场等地感受冬奥文化、体验冰雪魅力。

2. 打造京张冬奥文体旅游带，形成"4+2+2"产业体系

根据2022年冬奥会主赛区布局及其辐射区域，构建了以北京城区为龙头的"一带、三轴、三核、多节点、多片区"产业空间发展布局，打造京张冬奥文化体育旅游产业带，发挥冬奥会对区域经济的带动作用，形成分层次、可持续发展的产业体系。

北京冬奥会不仅是一项国际重大赛事，也是促进北京特别是延庆、张家口地区发展的重大机遇。各地积极统筹赛事需求和赛后利用，把场馆和基础设施建设、赛会服务保障、宣传推广、冰雪运动普及等筹办工作与城市建设紧密结合起来，促进冰雪运动、休闲旅游、绿色能源等产业发展，带动群众就业，并通过生态环境治理、公共服务改善等工作，在更大范围内优化京张地区产业发展环境，实现冬奥经济可持续发展。同时，统筹相关地区资源，推进区域协同，以核心产业为发展重点，加快培育关联产业，逐步形成冬奥经济"4（核心产业包括冰雪产业、体育产业、文化旅游产业、健康产业）+2（关联产业包括新能源产业和现代农业）+2（传统产业包括矿业和传统制造业）"的产业体系。

　　根据北京冬奥会赛区布局及其辐射区域，构建以北京城区为龙头的"一带、三轴、三核、多节点、多片区"的产业空间布局。"一带"为京张冬奥文化体育旅游产业带，从北京城区西部门头沟区到北部延庆区全面对接张家口市各县区，并向西北延伸形成的带状产业发展区域。"三轴"为京张冬奥产业带中以北、中、南部高速公路、高铁等主要交通通道形成的三条东西产业发展轴线。其中，北轴为延崇高速沿线区域，打造以冬奥会主赛区为重点区域的冰雪运动、文化体育和旅游产业发展带；"中轴"从北京城区沿京藏高速（G6）和京新高速（G7），途经昌平区、怀来县等区域，打造文化旅游、体育运动及装备制造、现代农业等为主的产业带；"南轴"从北京城区向西，经石景山区、门头沟区，沿张石高速、经蔚旅游公路周边的张家口市涿鹿县等区域，打造历史文化旅游、现代农业及绿色农产品产业带。此外，"三核"为北京城区主赛区、延庆区、张家口市崇礼区。"多节点"包括延庆区、门头沟区、张家口市崇礼区、张北县、怀来县、张家口市区、尚义县、涿鹿县和蔚县等。"多片区"为沿三条轴线上布局的主要高科技园区和经开区等重点产业园区。

　　3. 与自然和谐共生的冬奥村

　　在北京延庆美丽的小海坨山脚下，绿色、人文、科技兼备的延庆冬奥村于2020年年底建成。延庆冬奥村是冬奥场馆之一，半开放式建筑庭院依山而建，既展现北京四合院的文化特色，又不破山型、不夺山景。冬奥会后，延庆冬奥村将改造为山地旅游度假酒店群，成为兼具冬奥特色和中国传统村落文化特色的度假地。建设者在延庆冬奥村建设中，践行绿色办奥理念，竭力保护生态平衡，让冬奥村与自然和谐共生。

　　在设计施工建设过程中，为了能最大限度地保护周边自然环境，原生树木作为延庆冬奥村最主要的景观被原地保留下来。延庆冬奥村规划用地中间有个村落遗址，修缮后成为整个延庆冬奥村独具中国传统村落文化的独特空间和文旅景观。延庆冬奥村海拔900—1000米，夏季多雨、冬季多雪，树林茂密，经常有松鼠、蜥蜴、野兔等小动物出现。为此，建设者们用碎石等材料为小动物建设了栖息地。

　　在延庆冬奥村建设过程中，遵循"节俭办奥"的理念，很多材料都是就地取材、翻新利用。比如，延庆冬奥村内，一座座合院天井中，就地取材的原生态石块砌筑了树木的"安乐窝"。项目团队击碎就地开挖出来的石头，直接用于运动员公寓建筑外墙的"石笼墙"装饰，建筑外形与周围中国原生态村落的环境遥相呼应，大气、美观的同时还省去了从外面购买石材的费用。

延庆冬奥村还是一座"海绵型山村"，通过建设下凹式绿地、渗透沟和雨水调蓄池等措施，对雨水、雪水回收利用，对生活污水全部进行处理净化实现再利用。在工程建设的过程中，延庆冬奥村建筑主体使用了超低能耗工程技术，能够使建筑的室内环境保持在20℃—26℃、相对湿度30%—60%的舒适环境。项目还采用了被动房外窗，传热系数更小，隔热性能更好，和一般的外窗相比，更加节能。门窗系统、玻璃幕墙系统均采用了断热桥设计，针对特殊节点进行优化，幕墙的连接点均采用了仿生木进行断桥处理，可以降低室内外的冷热传导，实现降低能耗的功能。村中还建有地下暖廊，通过暖廊，各国运动员、教练员无须再穿厚重的外套，就可在各个组团间完成就餐、健身、器械保养等日常活动。

五　城市环境改善

环境保护是全球化的客观要求，也是奥林匹克运动除体育和文化之外的第三个重要维度，落实环保措施不仅使冬奥会举办城市的环境得到改善，对于城市和国家的可持续发展具有举足轻重的作用。北京市与河北省以冬奥会筹办为契机，进一步加强区域生态环境联防联治，以治气、治沙、治水为重点，整体改善京张地区生态环境，推进延庆区、张家口市共同建设国家级生态文明建设示范区，探索区域生态环境协同保护新机制、新模式。

1. 成立城市运行和环境建设管理指挥部

2020年9月30日，北京冬奥会城市运行和环境建设管理指挥部正式组建，由中央单位、驻京部队、市有关部门和单位等54家成员单位组成。在北京冬奥会筹办及举办期间负责统筹协调、组织落实、监督实施北京地区城市运行保障和环境景观建设等相关工作。主要涉及四个领域：一是开展市容环境综合治理，提升城市景观水平；二是开展市容环境、交通秩序、旅游秩序、市场经营秩序四大秩序集中治理，提升秩序管控水平；三是强化城市运行管控，保障运行高效顺畅；四是积极开展宣传动员，营造有利社会氛围。

在各领域工作中，特别提出要以冬奥会筹备为契机，着眼今后的城市发展，聚焦满足群众需求，解决群众关注问题，积极推动城市环境水平和城市运行能力的提高，达到城市环境整洁优美，城市运行高效顺畅，景观布置精彩纷呈的工作目标。①

2. 生态环境重点敲定"五区四线三周边"整治

冬奥环境提升和景观建设将覆盖全市行政区域，其中，"五区四线三周边"是冬奥环境提升和景观建设的重点。在环境建设方面，充分把握区域特点，突出城市自然气息，减少人为雕饰，做到简洁大气、整洁优美，彰显城市形象。把冬奥会筹备的各项工作与提升人民生活品质结合起来，注重改善群众的人居环境。冬奥重点区域的环境整治提升将立足提升群众的工作生活环境，不仅仅是冬奥赛时短暂的环境提升，将着眼于长远，整治提升内容满足群众的需求，城市部件的设置、更新、维护则将考虑到长远需求。

表7-3　　　　　　　　　冬奥城市环境建设"五区四线三周边"

五区	四线	三周边
奥林匹克中心区域	冬奥进京联络线	冬奥冰雪运动场所周边
首体区域	冬奥场馆联络线	冬奥文化旅游场所周边
五棵松区域	冬奥活动场所联络线	冬奥配套服务场所周边
冬奥组委区域	冬奥火炬传递路线	
延庆小海坨区域		

北京市从背街小巷环境整治提升、赛事环境景观布置、交通沿线整治提升、冬季绿化景观提升、景观照明综合提升等10个方面综合开展冬奥环境提升和景观建设工作。如2020年北京市启动"背街小巷整治提升"新三年（2020—2022年）行动计划，围绕老城区、建成区、热

---

① 《北京冬奥会：城市运行和环境建设管理指挥部正式组建》，新华社，http：//www.xinhuanet.com/video/2020 - 10/01/c_ 1210825306. htm，2020 - 10 - 01。

门旅游景点开展整治3261条街巷将按区域风格整治提升，围绕私搭乱建、开墙打洞、架空线、道路平整、外墙立面、公服设施、牌匾标识、绿化美化、环境卫生、环境秩序、无障碍设施、街巷公示12个方面整治提升；冬季绿化景观提升方面，则根据季节性植物生长特性，加强冬季绿地养护，提升绿化景观整体观感质量。①

图7-8 改造后的文华胡同一步一景（《北京日报》，记者阎彤摄）

资料来源：闪电新闻，http://daijiahao.baidu.com/s？id=1673788890563472382&for=pc。

河北省地区加快了环境治理与生态建设的步伐。张家口市有关部门及崇礼区等深入实施环境清理整治行动，聚焦赛场周边、交通干线、崇礼城区等重点区域，清理规范建筑工地，大力整治城乡环境，优化提升绿化效果。河北省推动北京冬奥会核心区新能源汽车全覆盖，变身中国新能源"特区"；张家口市力求建设"以山体为背景，以农田为基底，以水系为脉络，以文化为灵魂"的美丽张家口，打造"一带、双轴、三心、多廊、多组团"的生态格局；崇礼将实现"全域不留白、绿色全覆盖"的生态环境。

3. 建设城市无障碍环境

北京市无障碍环境建设专项行动始终坚持问题导向，聚焦人民群众

① 《重点提升"五区四线三周边"环境》，https://baijiahao.baidu.com/s？id=1688202300292871340&wfr=spider&for=pc，2021-01-07。

工作生活所需,积极回应社会关切,不断提升城市无障碍水平。无障碍环境建设专项行动聚焦城市道路断点消除、公共交通衔接顺畅、公共服务场所注重安全便利以及科技助推信息交流 4 个重点领域。截至 2021年 2 月底,共整治闲置、占用问题 8.96 万个;已整改点位 5.02 万个,整改量是 2008 年的 7.73 倍。无障碍环境建设专项行动将更加聚焦冬奥会和冬残奥会场馆周边无障碍环境建设,打造一批无障碍精品工程、无障碍精品示范街区以及"一刻钟"无障碍便民服务圈,提升主办城市无障碍水平,让城市更有温度,群众更加受益。

图 7 - 9　国家残疾人冰上运动比赛训练馆

资料来源:《冬残奥筹办促城市无障碍环境水平提升》,《北京日报》2021 年 3 月 4 日。

4. 优化城市人文环境

国家发改委、环境保护部发布了《京津冀协同发展生态环境保护规划》,在人文环境方面,构建"四个层次、两大重点区域、三条文化带、九个方面"的历史文化名城保护体系。北京和张家口通过绿色冬奥的赛事理念与城市形象和人文环境相融合,逐步升级为借冬奥会举办之力,注重人与自然的和谐相处,彰显社会文明进步的城市。

2022 年冬奥会前,北京公共场所"外语标识"将集中纠错,对公共服务领域外语标识使用予以规范,对九类国际交往功能区,以及国际学校、国际医院、国际人才社区等重点公共场所外语标识全面展开集中纠错;对覆盖交通、文化旅游、体育、商业等各个领域的外语标识地方标准予以修订;把冬奥会元素与节庆民俗、民族文化、城市特色相结合,开展广泛宣传和社会动员,让广大市民共建共享,持续关注、支持和参与冬奥会环境建设；落实共享办奥的理念，组织开展群众活动，充分发挥基层党团组织、志愿者作用，动员社会各界积极参与城市环境建设和城市运行工作，展示广大市民群众的良好精神面貌和文明风尚；张家口建成了国家一级标准的市级三馆，即"市图书馆、市博物馆和市群艺馆"，进一步完善城市文化服务功能，高标准新建和改造了城市 60 多个公园、游园、广场。

图 7-10　张家口市工业文化主题公园打造冬奥城市新名片

资料来源：《张家口市工业文化主题公园打造冬奥城市新名片》，《潇湘晨报》2020 年 6 月 24 日。

专栏：奥运史上首次百分百绿电供应！

2020 年 6 月 29 日，±500 千伏张北柔性直流电网试验示范工程正式投运。张家口地区的风能、光能变成了稳定的绿电输送往京津冀地区，为北京冬奥会提供 100% 绿色电力。2021 年 1 月，北京电力交易中心通过绿电交易平台组织完成北京 2022 冬奥场馆 2021 年度绿电交易。北京、张家口 14 家冬奥场馆及附属设施和华电、华能、京能集团等 14 家新能源发电企业达成交易电量 1.6 亿千瓦时，涵盖场馆建设期和年内测试赛全部涉奥用电。来自北京延庆及河北张家口的绿电正源源不断地送到各个冬奥场馆，标志着 2021 年冬奥场馆继续保持百分之百绿电供应。交易将涵盖场馆建设期、测试赛期和比赛期等全部涉奥用电，在奥运史上首次实现全部场馆百分之百绿电供应，为实现"碳达峰、碳中和"目标发挥示范带动作用。

图 7 - 11　张北柔性直流线路工程

资料来源：北京 2022 年冬奥会公众号，2021 年 1 月 28 日，李峥摄。

六　城市绿化

北京 2022 年冬奥会秉持创新、协调、绿色、开放、共享的发展理念，坚持绿色办奥、共享办奥、开放办奥、廉洁办奥。自 2013 年开始申奥，2015 年正式确定申办资格，到 2021 年筹办工作基本完成，北京 2022 年冬奥会和冬残奥会始终将可持续发展放在首位，保护赛区生态环境，完善城市绿化，为世界呈现一个绿色环保的冬季奥运会。

绿色冬奥的关键在于生态环境的保护，通过绿色办奥，发挥冬奥会的生态协同作用，从而保护赛区的生态环境。城市绿化在城市生态环境中起着还原作用，即抵御外来破坏，保护城市环境现状的能力；除此之外，政府通过城市绿化改变绿地面积或位置，实现城市功能规划，完善城市区域布局，丰富城市居民的生活，满足居民休闲娱乐等需求。同时，借助北京冬奥会契机，北京市和河北省成功将赛区建设与城市绿化相结合，兼顾奥运比赛与自然环境，推动城市的可持续发展。

1. 北京市绿化状况

北京市是 2022 年冬奥会的重要比赛地，有北京赛区和延庆赛区两大比赛场地，在冬奥赛区生态效应协同作用下，北京市整体绿化状况得到大幅度提升。如图 7 - 12 所示，2010—2019 年北京市的绿化状况得到明显改善，绿化覆盖率提高 3. 46 个百分点，绿地率提高 3. 98 个百分点，尤其是 2013 年开始申奥后，北京市的绿地率稳中上升。

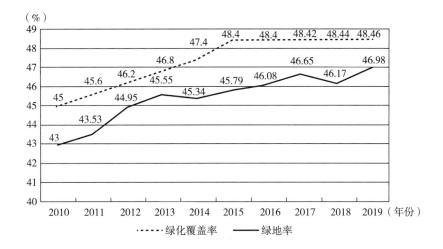

图 7 – 12　2010—2019 年北京市绿地变化状况

　　自 2015 年申奥成功后，北京市有计划地开展城市绿化工作，"点、线、面"三方面结合，推进北京市的绿化工作。首先，"点"是指北京市各种绿地公园或森林项目，例如石景山区森林城市、野鸭湖国家湿地公园、生态环境监测站等，近年来，北京共新建城市公园、城市森林、小微绿地和口袋公园超过了 700 处，全市各类公园达 1090 个，以"点"为中心，确定城市绿化的重点区域，进而延伸扩展"线"和"面"。其次，确定"点"之后，重要范围需要用"线"连接，"线"主要是城市道路和高速道路的绿化带，目前已完成北京市世园路、阜康路、圣百街、百康路等道路绿化工作，而且也完成北京赛区和延庆赛区至京藏高速、京新高速、京礼高速等高速公路的沿线绿化工作，栽种各类苗木达 100 万株。最后，"面"是指大面积大规模的城市绿化，北京新增造林绿化面积 115 万亩、新增城市绿地 3773 公顷，平原地区的森林覆盖率由 25% 提高到 30.4%，包括冬奥会在内的重点区域累计造林 37 万亩。

　　北京市两大赛区中，延庆赛区是北京市绿色生态的关键区域，奥组委在赛区场馆建设途中坚持"山林场馆、生态冬奥"的设计理念，努力建造"山林掩映的奥运赛区"，不仅保护原有珍稀植物资源，也加快树木种植，开展赛区绿化工作。延庆赛区有大量森林资源，在筹办过程中，坚持"避让"为第一原则，采取就地、近地和迁地等措施，近地移植 1.1 万株珍稀植物，迁地保护约 2.4 万株树木并建立新的迁地保护地①，树木存活率高达 90%。除了保护原有资源，延庆赛区周边进行了大规模的植树造林，造林面积达 1.4 万亩，累计栽培苗木 138 万株，改善当地森林景观，实现高山荒地森林全覆盖。

2. 河北省绿化状况

河北省张家口崇礼区是 2022 年冬奥会三大比赛场地之一，京张双城共办奥运为张家口的城市发展带来了机遇。为建设奥运城市，政府致力将张家口打造成为特色鲜明的生态园林城市，如图 7-13 所示，2010—2019 年河北省的绿化覆盖率提高 14.41 个百分点，绿地率提高 9.63 个百分点，尤其是 2013 年开始申奥后，奥运城市带动绿色发展，河北省各市绿化状况得到明显改善。

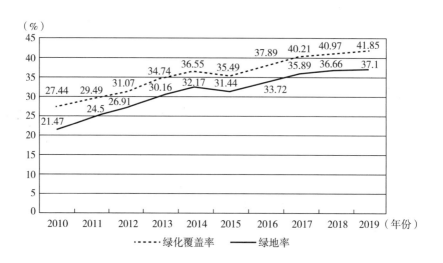

图 7-13　2010—2019 年河北省绿地发展状况

河北省拥有丰富的自然资源，例如著名的草沿天路、密苑云顶、桦皮岭、长城岭、翠云山、喜鹊梁等天然林和人工林。② 随着京张共办

---

① 苑文颖：《北京冬奥会延庆赛区环境保护管理概述》，《节能与环保》2021 年第 1 期。
② 牛志刚：《崇礼加快林业生态建设助力绿色冬奥》，《河北林业》2016 年第 8 期。

2022 年冬奥会，在自然资源与发展机遇的加持下，河北省以及张家口更加重视城市绿化工作，以高标准、高要求开展造林绿化工作。近年来，河北省在 2017 年通过《河北省绿化条例》，提高省内生态保护意识，全省绿地面积稳定上升，努力将生态资源与绿色冬奥相结合；张家口市树立"绿水青山就是金山银山"的发展理念，冬奥绿化面积增加约 52 亩，人均公园绿地面积已达 10 平方米；崇礼区每年绿化面积超过10 万亩，2019 年森林覆盖率近 70%。

为建设奥运城市，张家口市早在 2016 年便开始实施城市绿化的"六大工程"，即环城风景区绿化、环主城区浅山区绿化、环城防护林带绿化、山体公园与景区绿化、绿道绿廊绿化和滨河水系绿化，"六大工程"是对公园、河流、风景区以及居民区开展的全方位绿化工作。正是通过对赛区附近及张家口市绿化改造，新建公园植树造林，河流升级改造，城市小区规划整理，以及美化社区环境，才能切实让绿色奥运惠及家家户户。

2022 年北京冬奥会不仅是一场体育盛会，更是一场中国关于绿色生态的展示；绿色奥运不仅惠及三大赛区和两个城市，更重要的是将生态环保的理念传播至全国各地，让中国人民认识到城市绿化的时代新标准，让世界人民感受到城市绿化的中国标准。

七　生物多样性保护

《北京 2022 年冬奥会和冬残奥会可持续性计划》提出的 12 项行动之行动 2 指出：开展森林生态系统综合本底调查，了解规划区内野生动植物物种分布情况，摸清生态资源本底情况，指导场馆规划设计及施工，制定并组织实施赛区生态环境监测方案。制订北京冬奥会生态环境保护专项管理计划和共植物资源保护技术方案。对赛区周边野生动物及其栖息地、重要保护植物实施重点保护；建立野外生态观测站，加强生态系统监测，保护栖息地和生物多样性。

1. 开展生物多样性调查

北京地处太行山、燕山向华北平原的过渡地带，海拔高差超 2000米，地形地貌复杂，分布有中山、低山、丘陵、台地和平原等多种地貌和五大水系。北京是世界上生物多样性最丰富的大都市之一，在 G20国家首都中，北京的鸟类数量仅次于巴西利亚。从 2020 年开始，北京市生态环境局组织开展全市范围内的生物多样性调查，这是北京市首次开展的全市域、多类群的生物多样性调查，调查主要依靠人工，点位主要选取自然保护区、林地、自然公园、原始森林、湿地等重要生态空间，调查中的重要进展，将以"北京生物图鉴"方式发布。

图 7 – 14　北京市全市域、多类群的生物多样性调查工作现场

资料来源：《保护生物多样性："北京生物图鉴"开展普查，摸清动植物"家底儿"》，生态环境部公众号，2021 年 1 月 13 日。

河北省野生动植物资源非常丰富，全省有植物 204 科、940 属、2800 多种；有陆生脊椎动物 530 多种，约占全国的 1/4，其中国家和省重点保护陆生野生动物 216 种。河北省不仅是褐马鸡、金钱豹、黑嘴鸥等珍稀濒危野生动物的重要繁殖栖息地，还是国际上重要的东亚候鸟迁徙通道。

2. 划分重点环境保护区

冬奥会场馆的建设大多位于生态较为脆弱的地区。北京冬奥会的延庆赛区位于松山国家级自然保护区附近，该地区有丰富的森林资源与野生动植物保护基地。为深入贯彻落实习近平总书记在北京 2022 年冬奥会和冬残奥会筹办工作汇报会上的重要讲话精神，落实"山林场馆、生态冬奥"的理念，将延庆赛区松山自然保护区划为重点环境保护区域，对野生动植物保护区、天然次生林、高山草甸、泉眼等进行重点保护，在不破坏原有生态系统的基础上，将延庆赛区打造成世界顶级的高山运动赛道，同时建成冬奥会延庆赛区松山自然保护区生态监测站，监测周边森林环境、森林土壤、森林微气象等52项生物多样性指标。

图7－15 松山自然保护区

资料来源：视觉中国。

第八章　北京冬奥会与大气治理

第一节　政策引导大气治理创新发展

一　总体进展

自冬奥会申办成功以来，国家高度重视环境治理体系建设，在相关政策、项目和资金支持下，大气环境质量持续向好，以北京市为例，环境空气质量改善效果如图8－1所示，全面保障2022年北京冬奥会筹办。

（a）天坛　　　　　　　　　　　　　（b）故宫

（c）国贸　　　　　　　　　　　　　（d）大兴机场

图8－1　环境空气质量改善效果（以北京市为例）

资料来源：（a）搜狐网，https//www.sohu.com/a/223033007_700967（b）（c）（d）视觉中国。

2008年北京奥运会以来，围绕污染治理、环境保护、节能减排和生态改善等方面作出一系列重大部署和安排，如表8－1所示，为推动

240

我国现代环境治理体系、生态文明和美丽中国建设提供坚实保障。

表 8 - 1 　　　　　　　　　2008 年以来大气污染防治重大部署与进展

年份	相关部署	总体进展
2008	（1）3 月，温家宝在第十一届全国人民代表大会第一次会议所作政府工作报告中提出，要更加重视节约资源和保护环境。 （2）10 月，胡锦涛在中国共产党第十七届中央委员会第三次全体会议上提出，到 2020 年，农村人居环境和生态环境明显改善，可持续发展能力不断增强	围绕抗击自然灾害和北京奥运会环境质量保障，全面加强环境监管与应急工作，经济与环境初步协调发展
2009	（1）3 月，温家宝在第十一届全国人民代表大会第二次会议所作政府工作报告中提出，要毫不松懈地加强节能减排和生态环保工作。 （2）9 月，胡锦涛在中国共产党第十七届中央委员会第四次全体会议上提出，我们要更加注重加强节能环保	污染减排取得明显成效，污染防治稳步推进，基础能力建设取得积极进展
2010	（1）3 月，温家宝在第十一届全国人民代表大会第三次会议所作政府工作报告中提出，要加强环境保护，积极推进重点流域区域环境治理及城镇污水垃圾处理、农业面源污染治理、重金属污染综合整治等工作。 （2）10 月，胡锦涛同志在中国共产党第十七届中央委员会第五次全体会议上提出，要加快建设资源节约型环境友好型社会、提高生态文明水平，积极应对全球气候变化，大力发展循环经济，加强资源节约和管理，加大环境保护力度，加强生态防护和防灾减灾体系建设，增强可持续发展能力	环境保护从认识到实践发生重要变化，污染减排任务超额完成，环境质量稳步改善
2011	（1）3 月，温家宝在第十一届全国人民代表大会第四次会议所做政府工作报告中指出，我们要扎实推进资源节约和环境保护。积极应对气候变化。加强资源节约和管理，提高资源保障能力，加大耕地保护、环境保护力度，加强生态建设和防灾减灾体系建设，全面增强可持续发展能力。 （2）12 月，胡锦涛在中央经济工作会议提出，着力加强节能减排工作。要严格目标责任和管理，完善评价考核机制和奖惩制度，强化节能减排政策引导，加快建立节能减排市场机制。要加强环境保护，重点抓好大气、水体、重金属、农业面源污染防治。要坚持建设性参与应对气候变化国际谈判和合作	环保各项工作取得积极进展，全国环境质量状况总体保持平稳，"十二五"环保事业开局良好

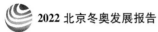

续表

年份	相关部署	总体进展
2012	（1）3月，温家宝在第十一届全国人民代表大会第五次会议所作政府工作报告中指出，我们要深入贯彻节约资源和保护环境基本国策。加强环境保护，着力解决重金属、饮用水源、大气、土壤、海洋污染等关系民生的突出环境问题。 （2）11月，胡锦涛在中国共产党第十八次全国代表大会所作报告中指出，大力推进生态文明建设。把生态文明建设放在突出地位，融入经济建设、政治建设、文化建设、社会建设各方面和全过程，努力建设美丽中国，实现中华民族永续发展	主要污染物总量减排年度任务全面完成；环境保护优化经济发展作用进一步显现；整治突出环境问题取得新成效；生态保护和农村环境保护不断强化；政策法制科技监测等各项工作扎实推进
2013	（1）11月，习近平总书记在中国共产党第十八届中央委员会第三次全体会议上作重要讲话提出，建设生态文明，必须建立系统完整的生态文明制度体系，用制度保护生态环境。 （2）11月，李克强总理在会见出席中国环境与发展国际合作委员会的外方代表座谈时提出，当前中国到了必须通过转型升级才能实现经济持续健康发展的关键阶段	全面完成主要污染物年度减排任务；生态文明建设取得新进展；环境保护优化经济发展作用进一步发挥
2014	（1）3月，李克强总理在节能减排及应对气候变化工作会议上指出，尽管经济存在下行压力、稳增长面临挑战，我们仍要坚定不移地推进节能减排。这是给自己压"担子"，必须努力走出一条能耗排放做"减法"、经济发展做"加法"的新路子，对人民群众和子孙后代尽责。 （2）12月，习近平总书记在中央经济工作会议上作重要讲话，会议认为，从资源环境约束看，过去能源资源和生态环境空间相对较大，现在环境承载能力已经达到或接近上限，必须顺应人民群众对良好生态环境的期待，推动形成绿色低碳循环发展新方式	大气、水、土壤污染防治迈出新步伐；主要污染物总量减排年度任务顺利完成；环境保护优化经济发展作用继续显现；生态环境保护稳步推进

续表

年份	相关部署	总体进展
2015	（1）3月，国务院总理李克强在第十二届全国人民代表大会第三次会议作政府工作报告强调：①发展全民健身、竞技体育和体育产业，做好2022年冬奥会申办工作；②要打好节能减排和环境治理攻坚战。 （2）10月，习近平总书记在中国共产党第十八届中央委员会第五次全体会议上作重要讲话提出，坚持绿色发展，必须坚持节约资源和保护环境的基本国策，坚持可持续发展，坚定走生产发展、生活富裕、生态良好的文明发展道路，加快建设资源节约型、环境友好型社会，形成人与自然和谐发展现代化建设新格局，推进美丽中国建设，为全球生态安全作出新贡献。 （3）习近平总书记对办好北京冬奥会作出重要指示，强调"坚持绿色办奥、共享办奥、开放办奥、廉洁办奥"，确保把北京冬奥会办成一届精彩、非凡、卓越的奥运盛会	主要污染物减排深入推进；突发环境事件妥善处置；京津冀等重点区域实现煤炭消费负增长；严格环境准入，发布国家环境标准83项
2016	（1）1月，习近平总书记在省部级主要领导干部学习贯彻十八届五中全会精神专题研讨班开班式上的重要讲话强调，要坚定推进绿色发展，推动自然资本大量增值，让良好生态环境成为人民生活的增长点、成为展现我国良好形象的发力点，让老百姓呼吸上新鲜的空气、喝上干净的水、吃上放心的食物、生活在宜居的环境中、切实感受到经济发展带来的实实在在的环境效益，让中华大地天更蓝、山更绿、水更清、环境更优美，走向生态文明新时代。 （2）3月，李克强总理在第十二届全国人民代表大会第四次会议上作政府工作报告指出，加大环境治理力度，推动绿色发展取得新突破。治理污染、保护环境，事关人民群众健康和可持续发展，必须强力推进，下决心走出一条经济发展与环境改善双赢之路。 （3）6月，2022年冬奥会和冬残奥会筹办工作领导干部会议强调要坚持把绿色发展理念贯穿筹办工作始终，努力打造天蓝、地绿、水清的优美环境，全面落实绿色办奥要求	能源结构优化调整；发布59项国家环境保护标准，环境保护工作取得积极进展

续表

年份	相关部署	总体进展
2017	3月，李克强总理在第十二届全国人民代表大会第五次会议上作政府工作报告强调，要加大生态环境保护治理力度。加快改善生态环境特别是空气质量，是人民群众的迫切愿望，是可持续发展的内在要求。必须科学施策、标本兼治、铁腕治理，努力向人民群众交出合格答卷	全国大气环境质量进一步改善，蓝天保卫战成效显著；空气质量改善目标和重点工作任务全面完成；清洁低碳能源发展加快
2018	3月，李克强总理在第十三届全国人民代表大会第一次会议作政府工作报告强调，要坚决打好三大攻坚战。要围绕完成年度攻坚任务，明确各方责任，强化政策保障，把各项工作做实做好。 6月，北京冬奥组委有关负责同志在全国低碳日主题宣传活动表示，中央高度重视北京冬奥会筹办工作，坚持绿色办奥理念，全力做好北京冬奥会可持续性和低碳管理工作，努力实现北京冬奥会低碳排放目标，推动建立绿色低碳循环发展的经济体系，倡导形成简约适度、绿色低碳的生活方式，创造丰厚的冬奥物质和精神财富	全国生态环境质量持续改善，主要污染物排放总量和单位国内生产总值二氧化碳排放量进一步下降，完成生态环境保护年度目标任务，达到"十三五"规划序时进度要求
2019	3月，李克强总理在第十三届全国人民代表大会第二次会议作政府工作报告强调，要加强污染防治和生态建设，大力推动绿色发展	三大攻坚战取得关键进展：污染防治持续推进，主要污染物排放量继续下降，生态环境总体改善
2020	3月，李克强总理在第十三届全国人民代表大会第三次会议作政府工作报告强调，坚决打好三大攻坚战	坚决打好三大攻坚战，主要目标任务如期完成。继续打好蓝天、碧水、净土保卫战，完成污染防治攻坚战阶段性目标任务

　　面向2022年北京冬奥成功举办与大气环境安全重大需求，中共中央、国务院对打好污染防治攻坚战进行全面部署与安排，如表8-2所示。为进一步保障2022冬奥会顺利举办，生态环境部印发《京津冀及周边地区2019—2020年秋冬季大气污染综合治理攻坚行动方案》，要求京津冀及周边地区（"2+26"城市）全面完成2019年环境空气质量改善目标，PM2.5平均浓度同比下降4%，重度及以上污染天数同比减少6%。此外，为保障冬奥会比赛场区及周边水环境安全，河北省实施了

碧水保卫战三年行动计划（2018—2020年），通过高质量的水污染治理、水生态修复、水资源保护"三水共治"，为京津冀协同发展提供有力的水生态环境支撑。能够保证赛前、赛中、赛后的空气质量标准，都符合世界卫生组织要求。

表8-2 污染防治攻坚战相关部署与安排

时间	污染防治攻坚战标志性战役
2018年3月	全国集中式饮用水水源地环境保护专项行动方案
2018年7月	打赢蓝天保卫战三年行动计划
2018年10月	城市黑臭水体治理攻坚战实施方案
2018年11月	农业农村污染治理攻坚战行动计划
2018年12月	渤海综合治理攻坚战行动计划
2019年1月	柴油货车污染治理攻坚战行动计划
2019年1月	长江保护修复攻坚战行动计划

二 大气污染防治措施与行动

2022年北京冬奥会期间正值冬季采暖期，气象条件相对不利，大气质量形势较为严峻。生态环境部强调将加快推进各项大气污染治理任务，加强环境执法监管，强化重点行业企业和污染源监管，加大查处力度，严厉打击偷排漏排、超标排污等环境违法行为。为进一步全面贯彻落实《中华人民共和国大气污染防治法》（以下简称《大气污染防治法》），各级地方积极开展环境保护专项行动，组织编制大气环境治理规划、标准与方案，实施多项污染防治措施和统筹配置各类资源，全面提升大气污染综合防治水平，为深入推进中国高质量发展提供有力支撑。

（一）着力基础能力建设

在大气污染防治相关政策方面，为进一步明确新时期国家环境空气管理目标要求，2012年，国务院正式印发了《节能减排"十二五"规划》，发布了《环境空气质量标准》及其配套标准《环境空气质量指数（AQI）技术规定（试行）》，并于当年实施环境空气质量新标准。结合生态文明建设的新要求，2015年我国《大气污染防治法》第二次修订，于2016年1月1日起施行；同年，国务院印发《"十三五"生态环境保护规划》，出台《关于进一步深化生态环境监管服务推动经济高质量发展的意见》，积极主动服务京津冀协同发展等重大国家战略。

为着力推进绿色发展，2017年，完成水污染防治法、核安全法、环境保护税法实施条例、建设项目环境保护管理条例等法律法规制修订，发布《农用地土壤环境管理办法（试行）》等4部门规章，印发《"三线一单"编制技术指南（试行）》（生态保护红线、环境质量底线、资源利用上线和环境准入负面清单）。为落实生态环境改革措施，2018年，全国人大常委会通过《关于修改〈中华人民共和国野生动物保护法〉等十五部法律的决定》，修改大气污染防治法，明确执法机构的法律地位。印发《关于深化生态环境保护综合行政执法改革的指导意见》，整合生态环境保护领域执法职责和队伍，强化生态环境保护综合执法体系和能力建设。

在环境体系建设方面，面向环境空气质量监测预警，基于《环境空气质量标准》，2013年，发布了74个新标准第一阶段监测实施城市496个监测点位六项污染物的实时浓度和AQI信息，完成87个新标准第二阶段监测实施城市388个监测点位的空气质量新标准监测能力建设。同年，成立"环境质量预报预警中心"，发布《京津冀及周边地区重污染天气监测预警方案（试行）》，编制《京津冀及周边地区重污染天气监测预警实施细则（试行）》。于10月1日起，每日开展京津冀区域环境空气质量预报。面向环境执法监管，完成环境保护税法、环境影响评价法、海洋环境保护法等法律制修订，修订《最高人民法院、最高人民检察院关于办理环境污染刑事案件适用法律若干问题的解释》，印发《中央生态环境保护督察工作规定》；严厉查处环境违法行为，强化环境督察执法工作，成立中央生态环境保护督察工作领导小组，有力落实地方党委和政府以及有关部门环境保护责任。面向重污染天气和生态环境风险应对，全国积极开展基础设施和环境卫生建设，编制重污染天气应急预案，规范生活垃圾焚烧发电建设项目环境准入，部署开展垃圾焚烧发电、PX项目自查，依法推进项目建设；大力开展自然生态保护、修复与监管，推动生态保护红线评估和勘界定标，建立生态保护红线监管平台，深化和落实生态环保改革措施。

（二）强化区域联防联控

区域联防联控是解决我国大气污染问题的有效途径，自2010年我国推出第一个综合性大气污染防治政策《关于推进大气污染联防联控工作改善区域空气质量指导意见》以来，环境保护部等相关部委以改善空气质量为目的，以多污染物协同控制为手段，相继编制《重点区域大气污染防治"十二五"规划》，出台《关于加强重污染天气应急管理工作的指导意见》，印发《关于执行大气污染物特别排放限值的公告》《城市大气重污染应急预案编制指南》等相关文件。同时，围绕重点区域大气污染联防联控相关政策措施、挥发性有机物污染防治等问题开展多次研讨，建立区域大气污染联防联控工作机制，开展大气污染防治专项行动，紧紧围绕空气质量改善的主线，出台配套政策，落实目标责任，狠抓工作落实，取得积极进展，"十三五"约束性指标均全面超额完成。

在环境保护行动方面，2008 年以来，相继开展了燃煤电厂大气汞污染防治试点工作、环境卫星工作（实现多地遥感监测和实地核查）和燃煤锅炉综合整治工程等专项行动。面向夏、秋两季秸秆禁烧，环境保护部每天通过环境卫星和气象卫星在不同时段分别对全国以及部分重点地区（主要作物农区）秸秆焚烧情况进行了遥感监测，进一步加大秸秆焚烧火点卫星遥感监测和信息发布力度。启动了"全国生态环境十年变化（2000—2010）遥感调查与评估"项目。面向节能减排低碳发展，持续实施重点区域秋冬季大气污染治理攻坚行动。北方地区清洁取暖试点城市实现京津冀及周边地区和汾渭平原全覆盖，完成散煤治理与超低排放煤电机组改造，推进工业炉窑、重点行业挥发性有机物治理，加强"散乱污"企业及集群综合整治。面向机动车污染防治，国内各个城市相继实施机动车尾气排放国三标准、国四标准、国五标准和国六标准，环境保护部相继制定与出台《机动车环保检验合格标志管理规定》《关于落实汽车以旧换新政策鼓励黄标车提前报废的通知》，并协调世界交通权威组织编写并发布《中国机动车排放控制措施评估报告》。于 2010 年首次发布《中国机动车污染防治年报（2010 年度)》，通过《关于加强机动车污染防治工作推进大气 PM2.5 治理进程的指导意见》《机动车环保检验管理规定》等规范性文件完善机动车污染防治体系；党的十八大以来，全国累计淘汰黄标车和老旧车 2000 多万辆，带动新车消费 3.5 万亿元。

在重点行业典型污染治理方面，面向重点行业污染防控需求，发布了《铁矿采选工业污染物排放标准》《炼铁工业大气污染物排放标准》

《炼钢工业大气污染物排放标准》等钢铁和焦化工业污染物系列排放标准，以及一批配套环境监测和管理技术规范。开展重点行业挥发性有机物综合整治，印发《石化行业 VOCs 污染源排查工作指南》和《石化企业泄漏检测与修复工作指南》，提升石化行业 VOCs 污染防治精细化管理水平，提高管理措施的可操作性。面向工业企业污染治理需求，印发《石化行业挥发性有机物综合整治方案》，全面启动挥发性有机物综合治理工作。印发《燃煤锅炉节能环保综合提升工程实施方案》，大力推进燃煤锅炉淘汰、节能环保综合提升工程实施工作；印发《关于开展生物质成型燃料锅炉供热示范项目建设的通知》，促进生物质成型燃料锅炉供热示范工作，减少生物质露天焚烧和燃煤锅炉的大气污染。

（三）统筹配置各类资源

通过统筹配置各类资源，突出"重点污染物、重点区域、重点行业领域、重点时段"，优化"产业结构、能源结构、运输结构、用地结构"，改善"大气环境、水环境、土壤环境和生态环境"，创新"监测预警、应急处理、韧性治理"，为深入打好污染防治攻坚战、进一步推进新发展格局构建提供坚强战略支撑。

在"重点污染物、重点区域、重点行业领域、重点时段"方面，围绕京津冀及周边地区、长三角地区、珠三角地区、汾渭平原及其他重点区域开展 PM2.5、PM10、二氧化氮（NO_2）、二氧化硫（SO_2）、臭氧（O_3）和一氧化碳（CO）等重点污染物防控，针对秋冬季等污染严重的其他重点时段，开展钢铁、火电、水泥、玻璃、焦化、石化以及机动车、散煤燃烧等重点行业领域污染治理行动。

在"产业结构、能源结构、运输结构、用地结构"方面，针对产业结构优化，继续推动过剩产能化解、落后产能淘汰、"散乱污"企业整治、工业企业达标排放，钢铁、火电等行业超低排放改造；针对能源结构优化，加大力度淘汰关停不达标的燃煤小火电机组、推动燃煤小锅炉的淘汰改造、稳步推进农村居民散煤的煤改气、煤改电，着力发展清洁能源；针对运输结构优化，推动公路运输转为铁路运输、开展柴油货车超标排放的专项整治、加快淘汰落后产能，发展新能源汽车；针对用地结构优化，大力开展造林、种草等绿化行动，着力整治露天矿山开采，同时，治理交通道路和工地扬尘，关注秸秆禁烧工作。

在"大气环境、水环境、土壤环境和生态环境"方面，面向大气环境改善，加强区域联防联控，强化细颗粒物和臭氧协同控制，基本消除重污染天气；面向水环境改善，以企业和工业集聚区为重点，治理城乡生活环境，基本消除城市黑臭水体；面向土壤环境改善，围绕土地环境质量、耕地质量、水土流失、荒漠化和沙化，开展土壤污染调查、治理与修复，在土壤污染综合防治先行区开展试点工作；面向生态环境改善，实施生态系统管理，持续加强生态保护和修复，努力抓好小流域综合治理与生态修复相结合、梯田建设与径流控制相结合、工程措施与生物措施相结合，进一步推进生态文明建设。

在"监测预警、应急处理、韧性治理"方面，针对各类环境风险事件与环境突发事件，强化风险因素管控，创新环境治理模式，加大环境信息公开力度，以环保产业、信息技术和科学管理为支撑，从环境风险监测预警、环境事件应急处理和污染善后处置等各个方面提升综合治理的系统性和整体性。

第二节　科技支撑大气治污攻坚克难

一　我国大气治理科技创新发展概况

为进一步保护大气环境、改善生态环境和保障人体健康，《重点区域大气污染防治"十二五"规划》《大气污染防治行动计划》等若干大气污染防治规划相继出台；同时，为突破大气治污技术瓶颈、强化环境治理科技支撑，环境保护部于 2013 年正式启动《清洁空气研究计划》，明确提出要加强灰霾与臭氧形成机理、来源解析、迁移规律、监测预警以及大气污染与人群健康关系的研究，并加快大气污染物控制技术研发；此外，国家科技部、环保部和财政部等有关部门在政策、项目和资金上给予大力支持。"十二五"与"十三五"时期，围绕大气污染源排放清单与综合减排、空气质量监测与污染来源解析、重污染预报预警和应急调控、区域空气质量管理和环境经济政策等技术，初步构建了国家层面的大气污染防治综合技术体系。

面向国家环境保护重点任务和战略需求，建立了国家环境保护大气复合污染来源与控制重点实验室、国家环境保护大气物理模拟与污染物控制重点实验室以及国家环境保护机动车污染控制与模拟重点实验室。各行各业通力合作，产学研用联合攻关，科技创新能力大幅提升。

二 我国大气污染治理取得的进展

（一）工业企业清洁生产方面

在重点行业清洁生产方面，围绕钢铁、有色、机械、石油化工、玻璃和陶瓷等行业开展烟气脱硫、脱销、除尘和 VOCs 治理等关键技术与协同控制效果研究。

针对烟气颗粒物控制，面向袋式除尘：①研发了高效袋式除尘关键技术及设备，实现粉尘排放浓度低于 6 毫克/立方米，使用寿命 4 年以上；②研发了大流量高温长袋脉冲袋式除尘设备。面向静电除尘：①研发了大型燃煤锅炉 PM2.5 预荷电增效捕集装置，使 PM2.5 预荷电增效捕集技术及其标准化、产业化取得重大进展；②形成了电除尘器节能提效供电关键技术；③提出了高效低温电除尘技术，实现提高除尘效率的目的；④开发了自主的湿式静电除尘技术；⑤掌握了移动极板静电除尘技术。此外，在相关政策、项目和资金支持下，研发了电袋复合除尘技术、综合抑尘技术和改进型电炉烟气导流集成捕集技术。

针对烟气 NO_x 控制，面向 SCR 烟气脱硝技术，①研发了中小型锅炉 SCR 烟气脱硝技术；②燃煤电站锅炉、水泥窑炉选择性催化还原法脱硝技术。面向 SNCR 烟气脱硝技术，研发了①工业锅炉用增强型选择性催化还原法（SNCR）脱硝技术；②燃煤烟气 SSNCR 脱硝技术；③水泥窑 SNCR 脱硝技术；④循环流化床锅炉选择性非催化还原法（SNCR）脱硝技术。面向催化剂生产技术，①研发了 SCR 脱硝催化剂生产技术，提高产品成品率、降低能耗；②研发了失活脱硝催化剂再生技术，实现了 SCR 催化剂再生技术的国产化。

针对烟气 SO_x 控制，①研发了氨法烟气脱硫技术，该技术脱硫效率一般为 95%—99.5%，出口二氧化硫浓度在 50 毫克/立方米以下，单位投资为 150—200 元/千瓦，运行成本低于 1 分/千瓦时；②研发了白泥—石膏、电石渣—石膏、石灰石/石灰—石膏湿法烟气脱硫技术，脱硫效率一般大于 95%，可达 98% 以上，为二氧化硫减排约束性指标的实现提供强有力的支撑。此外，在相关政策、项目和资金支持下，形成了烟气液相催化氧化协同氨法脱硫深度净化技术、钠碱法烟气脱硫技术、海水脱硫技术、新型催化法烟气脱硫技术和火电厂双相整流湿法烟气脱硫技术等。

针对烟气 VOCs 治理，中国推进了低浓度甲烷蓄热催化氧化利用技术、高效 VOCs 催化燃烧技术、高效吸附—脱附—（蓄热）催化燃烧 VOCs 治理技术、挥发性有机气体（VOCs）循环脱附分流回收吸附净化技术、活性炭吸附回收 VOCs 技术、中高浓度 VOCs 蓄热催化燃烧（RCO）净化技术和转轮与蓄热式燃烧联用有机废气治理技术等，相关成果应用已达到气体排放标准。

针对多污染物协同控制，中国解决了低浓度多组分工业废气净化技术，解决了现有生物法存在的污染物间降解互为抑制、难降解/低水溶性组分去除率低、运行稳定性差等瓶颈问题，在石油加工、医药、化工、污水处理等典型行业领域建立了多项废气生物净化的示范工程。

（二）交通运输污染防控方面

针对柴油车尾气污染防控，面向 NO_x 净化，在实用化催化剂开发与生产线建设、新型非钒 SCR 催化剂研制、还原剂添加与匹配控制技术、高性能颗粒物捕集器及再生、后处理装置研制、系统集成等方面形成了一批拥有自主知识产权的研究成果，为解决柴油车污染排放提供有效解决方案与有力技术支撑；面向颗粒物净化，开发出了可用于碳烟催化燃烧的催化剂、大尺寸壁流式 DPF 的涂层上载技术，形成了工业化技术并得以产业化。

针对汽油车尾气污染防控，形成的汽油车尾气催化净化技术（机动车尾气排放控制关键技术）将汽车尾气中的一氧化碳、碳氢化合物（HC）和碳氧化合物（NO_x）等主要污染物催化转化为二氧化碳（CO_2）、水（H_2O）和氮气（N_2）等无害物质，为多家汽车企业提供催化剂产品，实现多个车型整车排放满足过Ⅳ排放标准；构建了城市机动车排放控制决策评估技术，将机动车排放量与 GIS 技术相结合，实现路网机动车排放污染的地图化显示和空间分析评价，开发典型城市机动车排放综合控制决策平台，并在澳门等城市进行应用示范，为空气质量管理和机动车综合控制决策提供直接数据支持。

（三）风险监测、分析与识别方面

在系统装备方面，研发了便携式多组分气体紫外现场分析仪，实现了多组分气体高灵敏连续自动监测；研制了车载臭氧时空分布探测差分吸收激光雷达系统，为城市群大气复合污染中的颗粒物和光化学烟雾污染防治提供了技术保障；开发了 PM2.5 水溶性污染组分及其气态前体物的在线测量仪器，实现了气溶胶自动连续观测和数据同步传输，应用于广州亚运会控制质量评估和北京地区大气复合污染研究。

在监测与预报技术方面，建立了动态源清单编制技术，广泛应用于大气污染源解析和控制规划评估等；研发了城市机动车排放控制决策评估技术，实现城市交通流及路网排放时空分布特征的准确、动态和定量展示；开发了污染源排放遥测技术系统，应用于点源、面源、非组织排放源污染气体排放的监测，可为大型活动的空气质量保障提供科学监测数据。

第三节　凝心聚力打赢蓝天保卫战

一　典型污染物控制情况

为推进生态文明建设，党和国家始终高度重视污染防治和绿色发展，通过《打赢蓝天保卫战三年行动计划》《柴油货车污染治理攻坚战行动计划》和《农业农村污染治理攻坚战行动计划》等标志性战役的部署、探索与实践，近年来，中国环境空气质量达标城市比例与环境优良天数持续提高，大气环境质量持续向好，环境空气质量达标城市比例与环境优良天数比例如表 8 - 3 所示（2013 年起实施《环境空气质量标准》），因此，以 2013 年为数据统计起始点。

表 8 - 3　　　　环境空气质量达标城市比例与环境优良天数比例

年份	2013	2014	2015	2016	2017	2018	2019	2020
环境空气质量达标城市比例（%）	4.1	9.9	21.6	24.9	29.3	35.8	46.6	—
环境优良天数比例（%）	60.5	—	76.7	78.8	78.0	79.3	82.0	87.0

注：2013 年监测城市：京津冀、长三角、珠三角等重点区域及直辖市、省会城市和计划单列市共 74 个；2014 年监测城市：74 个第一阶段实施城市与 87 个第二阶段新增城市共 161 个地级及以上城市；2015—2018 年监测城市：全国 338 个地级以上城市；2019—2020 年监测城市：全国 337 个地级以上城市（莱芜市并入济南市）。

大气主要污染物浓度变化趋势如图 8 - 2 所示，地级及以上城市大气主要污染物浓度稳步下降，主要污染物总量减排年度任务超前完成，

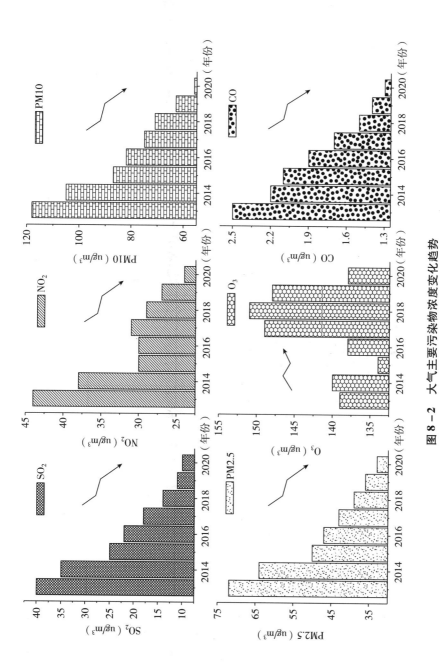

图 8－2　大气主要污染物浓度变化趋势

全国生态环境质量持续改善并进一步巩固，其中，PM2.5、PM10、二氧化硫、二氧化氮和一氧化碳排放总量下降，臭氧略有升高。

二　环境空气质量改善效果

在城市环境空气质量改善方面，自2015年以来，全国地级及以上城市全部开展空气质量新标准监测，监测结果如图8-3所示，城市平均优良天数同比增加，2020年比2015年增加10.3个百分点，城市发生轻度污染、中度污染、重度污染和严重污染天数比例由15.9%、4.2%、2.5%、0.7%降低至9.8%、2.0%、0.9%、0.3%，分别降低了6.1个、2.2个、1.6个和0.4个百分点，城市环境质量不断改善。

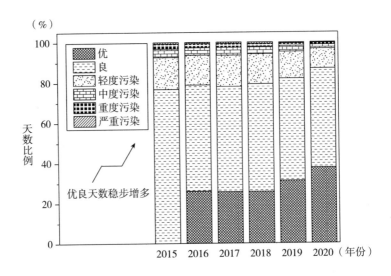

图8-3　全国地级及以上城市空气质量情况

2015—2020年京津冀及周边地区环境空气质量如图8-4所示，2015年，京津冀地区13个地级及以上城市达标天数比例范围在32.9%—82.3%，平均优良天数比例52.4%，其中轻度污染、中度污染、重度污染和严重污染天数比例分别为27.1%、10.5%、6.8%和3.2%。截至2020年12月末，平均优良天数比例为63.5%，比2015年提高了11.1个百分点。

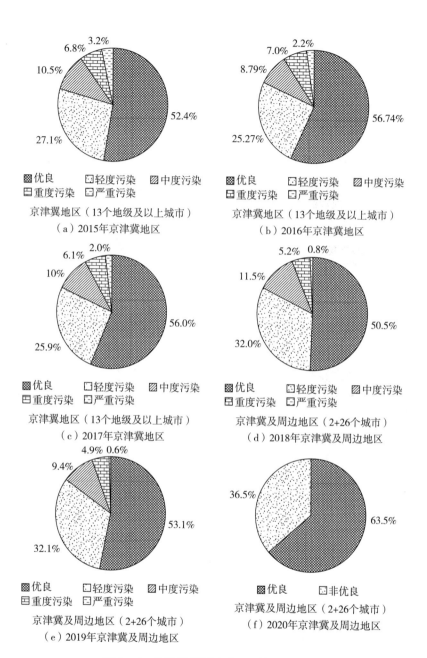

图 8-4　京津冀及周边地区环境空气质量

注：由于四舍五入的原因，合计有少数不完全等于 100%；下同。

2015—2020 年长三角地区环境空气质量情况如图 8-5 所示，2015 年，长三角地区 25 个地级及以上城市年均达标天数比例范围在 61.5%—

90.8%，平均优良天数比例为72.1%，平均超标天数比例为27.9%，其中轻度污染、中度污染、重度污染和严重污染天数比例分别为20.9%、4.6%、2.3%和0.1%。截至2020年12月末，长三角41个地级及以上城市年均优良天数比例85.2%，比2015年增加了13.1个百分点。

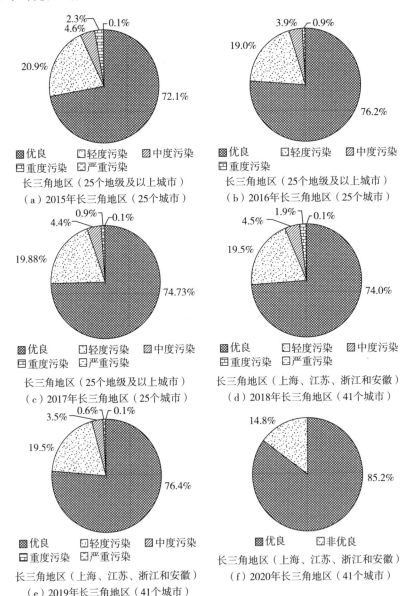

图8-5 长三角地区环境空气质量

2015—2020 年珠三角地区与汾渭平原环境空气质量情况如图 8－6
所示，2015 年，珠三角地区 9 个地级及以上城市年均达标天数比例在
84.6%—97.5%，平均为 89.2%，其中轻度污染和中度污染天数比例
分别为 9.6% 和 1.2%，未出现重度污染和严重污染。截至 2017 年 12
月末，珠三角地区 9 个地级及以上城市年均达标天数比例为 84.5%，
比 2015 年下降了 4.7 个百分点。2018 年，汾渭平原年均优良天数比例
为 54.3%，平均超标天数比例为 45.7%，其中轻度污染、中度污染、
重度污染和严重污染天数比例分别为 31.0%、9.4%、4.2% 和 1.1%。
截至 2020 年 12 月末，汾渭平原平均优良天数比例为 70.6%，比 2018
年提高 16.3 个百分点。

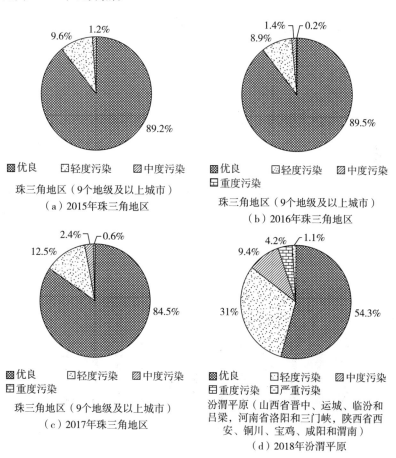

图 8－6　珠三角与汾渭平原环境空气质量

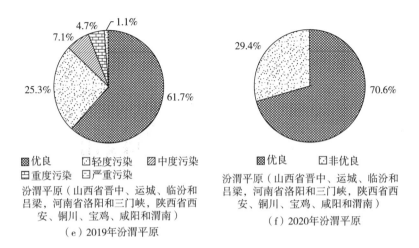

图 8 - 6　珠三角与汾渭平原环境空气质量（续）

三　酸雨控制成效

在城市酸雨发生频率方面，2008—2019 年（2020 年部分数据未公开）发生酸雨城市比例如图 8 - 7 所示，所监测的降水城市（区、县）中，出现高频率酸雨的城市占比逐渐减少，平均酸雨频率逐渐降低。2019 年，酸雨频率在 25% 以上的城市比例为 15.4%，比 2008 年下降 18.9 个百分点；酸雨频率在 75% 以上的城市比例为 2.6%，比 2008 年下降 8.9 个百分点；发生酸雨的城市比例为 33.3%，比 2008 年下降 19.5 个百分点。

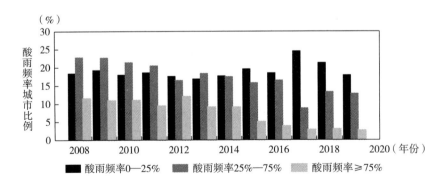

图 8 - 7　发生酸雨城市比例

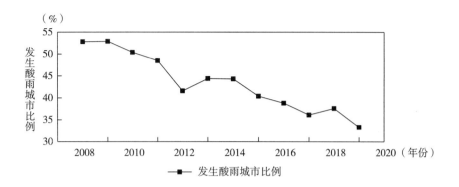

图 8 - 7 发生酸雨城市比例（续）

在全国降水酸度方面，2008—2020 年不同降水酸度的城市比例如图 8 - 8 所示，以 pH 值作为评价降水酸度等级标准。2020 年，酸雨（降水 pH 年均值低于 5.6）、较重酸雨（降水 pH 年均值低于 5.0）和重酸雨（降水 pH 年均值低于 4.5）的城市比例分别为 15.7%、2.8% 和 0.2%，分别比 2008 年下降 22.9 个、21.3 个和 8.6 个百分点。

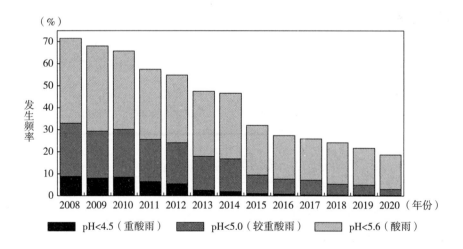

图 8 - 8 不同降水酸度的城市比例

第九章　北京冬奥会与水环境治理

可持续性是当代奥运会和残奥会项目的重要组成部分，是国际奥委会《奥林匹克2020议程》中的一项核心理念。北京冬奥组委高度重视可持续性工作，将其作为落实"绿色、共享、开放、廉洁"办奥理念的重要内容和践行《奥林匹克2020议程》创新精神的具体举措。北京冬奥会和冬残奥会可持续性愿景为"可持续·向未来"，具体目标为：环境正影响、区域新发展、生活更美好。其中，水资源利用、赛区污水处理以及水资源保护和治理是实现环境正影响的重要内容，《北京2022年冬奥会和冬残奥会可持续性计划》中有8项水环境治理举措，为创造一个奥林匹克运动与城市和区域发展良性互动、相互促进的范例提供了重要保障。

第一节　北京冬奥会与水环境治理政策

一　冬奥会申办成功以来国家水环境治理政策

治水是一项系统性工程，水环境的治理被提升至历史性的战略高度，2015年北京冬奥会申办成功以来我国颁布了一系列水环境治理相关政策。

表9-1　2015年北京冬奥会申办成功以来颁布的水环境治理政策

时间	部门（国家层面）	政策文件
2015年4月	国务院	《水污染防治行动计划》（以下简称"水十条"）
2015年4月	中共中央、国务院	《中共中央、国务院关于加快推进生态文明建设的意见》

续表

时间	部门（国家层面）	政策文件
2015 年 5 月	国家财政部、 环保部	《关于推进水污染防治领域政府和社会资本合作的实施意见》
2015 年 7 月	国家财政部和环保部	《水污染防治专项资金管理办法》
2015 年 9 月	国家住建部、水利部、 环保部、农业部	《城市黑臭水体整治工作指南》
2015 年 10 月	国务院	《关于推进海绵城市建设的指导意见》
2016 年 1 月	国家环保部	《重点流域水污染防治"十三五"规划编制技术大纲》
2016 年 1 月	国家住建部	《城市综合管廊和海绵城市建设国家建筑标准设计体系的通知》
2016 年 2 月	国家住建部和环保部	《关于公布全国城市黑臭水体排查情况的通知》
2016 年 4 月	国家发改委	《城镇污水垃圾处理设施建设中央预算内投资专项管理办法》
2016 年 4 月	国家发改委	《水效领跑者引领行动实施方案》
2016 年 6 月	国家环保部	《水污染防治法（修订草案）》（征求意见稿）
2016 年 9 月	国家工信部、 环保部	《水污染防治重点行业清洁生产技术推行方案》
2016 年 12 月	国家发改委和住建部	《"十三五"全国城镇污水处理及再生利用设施建设规划》
2016 年 12 月	中共中央、国务院	《关于全面推行河长制的意见》
2017 年 1 月	国家发改委、 水利部、住建部	《节水型社会建设"十三五"规划》
2017 年 5 月	国家环保部、住建部	《关于推进环保设施和城市污水垃圾处理设施向公众开放的指导意见》
2017 年 6 月	全国人大	《中华人民共和国水污染防治法》
2017 年 10 月	国家发改委、 环保部、水利部	《重点流域水污染防治规划（2016—2020 年）》
2017 年 10 月	国家工信部	《关于推进环保装备制造业发展的指导意见》
2017 年 12 月	国家发改委	《重点流域水环境综合治理中央预算内投资计划管理办法的通知》

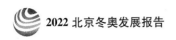

续表

时间	部门（国家层面）	政策文件
2018 年 1 月	中办、国办	《关于在湖泊实施湖长制的指导意见》
2018 年 6 月	中共中央、国务院	《中共中央国务院关于全面加强生态环境保护坚决打好污染防治攻坚战的意见》
2018 年 9 月	中共中央、国务院	《乡村振兴战略规划（2018—2022 年）》
2018 年 10 月	国家住建部、生态环境部	《城市黑臭水体治理攻坚战实施方案》
2018 年 11 月	国家农业农村部、生态环境部	《农业农村污染治理攻坚行动计划》
2019 年 1 月	国家生态环境部	《农村黑臭水体治理工作指南（试行）》
2019 年 3 月	国家发改委等部门	《绿色产业指导目录（2019 年版）》
2019 年 7 月	中共农办等部门	《关于推进农村生活污水治理的指导意见》
2019 年 7 月	国家财政部和住建部	《城市管网及污水处理补助资金管理办法》
2020 年 2 月	国家财政部	《污水处理和垃圾处理领域 PPP 项目合同示范文本》
2020 年 3 月	中共中央、国务院	《关于构建现代环境治理体系的指导意见》
2020 年 4 月	财政部、生态环境部、住建部、水利部	《关于完善长江经济带污水处理收费机制有关政策的指导意见》

2015 年 4 月，国务院发布了《水污染防治计划》（以下简称"水十条"）①，成为当前和今后一定时期内全国水污染防治工作的行动指南。在水污染防治方面，"水十条"第一次将黑臭水体治理纳入总量控制目标，《水污染防治专项资金管理办法》将城市黑臭水体整治列入专项资金重点支持范围，并对采用 PPP 模式的项目予以倾斜支持。截至 2020 年 11 月 30 日，根据全国城市黑臭水体整治监管平台，黑臭水体整治项目总认定数为 2869 个，其中已完成治理的项目共 2313 个，治理中项目 556 个。在城市治理取得有效成果的前提下也开始了对农村水环境的治理。

在水资源管理策略方面，2015 年 10 月，国务院印发《关于推进海

---

① 《国务院关于印发水污染防治行动计划的通知》，中国政府网，http://www.gov.cn/zhengce/content/2015 - 04/16/content_ 9613. htm，2015 - 04 - 16。

绵城市建设的指导意见》。[1] 海绵城市建设采取"渗、滞、蓄、净、用、排"等综合措施，最大限度地减少城市开发建设对生态环境的影响，将 70% 的降雨就地消纳和利用，到 2030 年，城市建成区 80% 以上的面积达到目标要求。截至 2020 年 4 月，海绵城市 PPP 项目数量共 79 个，项目投资额达到 1281.01 亿元。

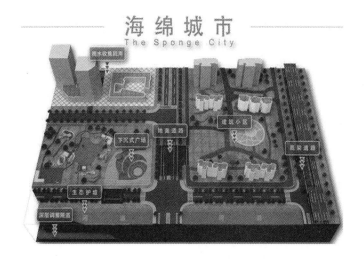

图 9 - 1　海绵城市示意

资料来源：闪电新闻，http：//www. sohu. com/a/408760083_ 100023701？_ f = index_ pagefocus_ 1。

在水生态制度管理方面，2016 年 12 月，中共中央办公厅、国务院办公厅印发了《关于全面推行河长制的意见》。[2] 全面推行河长制，以保护水资源、防治水污染、改善水环境、修复水生态为主要任务，全面建立省、市、县、乡四级河长体系，构建责任明确、协调有序、监管严格、保护有力的河湖管理保护机制，为维护河湖健康生命、实现河湖功能永续利用提供制度保障。河长制的诞生，改善了以往河道管理职能分

---

[1] 《国务院办公厅关于推进海绵城市建设的指导意见》，中国政府网，http：//www. gov. cn/zhengce/content/2015 - 10/16/content_ 10228. htm，2015 - 10 - 16。

[2] 中共中央办公厅　国务院办公厅印发《关于全面推行河长制的意见》，中国政府网，http：//www. gov. cn/zhengce/2016 - 12/11/content_ 5146628. htm，2016 - 12 - 11。

散在城市管理、公安、交通、水利、环保、绿化等部门的局面，使河道管理实现责任统一，达到源头治理的目的，真正实现河湖有人管、管得住、管得好，为城市河道的长效治理提供了有力的制度保障。2018年1月，《关于在湖泊实施湖长制的指导意见》[①]要求进一步加强湖泊管理保护工作，是加强湖泊管理保护、改善湖泊生态环境、维护湖泊健康生命、实现湖泊功能永续利用的重要制度保障。

此外，与水环境治理相关的法制建设方面，颁布了《中华人民共和国环境保护法》和《中华人民共和国水污染防治法》；在投融资支持方面，财政部和环保部联合发布《关于推进水污染防治领域政府和社会资本合作的实施意见》《污水处理和垃圾处理领域PPP项目合同示范文本》和若干个专项资金管理办法；在设施建设和产业发展方面，发布《"十三五"全国城镇污水处理及再生利用设施建设规划》《关于推进环保设施和城市污水垃圾处理设施向公众开放的指导意见》《关于推进环保装备制造业发展的指导意见》和《绿色产业指导目录（2019年版）》等。

中国水环境治理政策在不断调整，从城市到农村，从重建设到重管理，从防治污染排放到升级产业结构，从政府治理到经济手段控制，逐渐注重城市河道自然功能和社会服务功能的统一，以可持续发展的理念开展流域综合管理，由点到面，不断强化科技支撑，完善法律法规，落实明确责任，鼓励社会公众参与监督。一切以改善水环境质量为核心，真正形成了"政府统领、企业施治、市场驱动、公众参与"的水污染防治新机制，实现了环境效益、经济效益与社会效益的多赢局面，且随着社会经济的发展以及人类对环境问题认知的逐步深化而不断迭代。

二 北京2022冬奥会背景下的水环境治理政策

2022年2月4日，北京冬奥会将在北京和张家口两地举办。习近平总书记说，"北京冬奥会是我国重要历史节点的重大标志性活动，是展现国家形象、促进国家发展、振奋民族精神的重要契机"。为切实贯彻"绿色办奥"理念，自北京冬奥会成功申办以来，北京和张家口实施了一系列措施来推进水环境治理。

---

① 《关于在湖泊实施湖长制的指导意见》，中华人民共和国水利部，http://www.mwr.gov.cn/ztpd/gzzt/hzz/zyjs/201801/t20180105_1019466.html，2018-01-05。

2015 年，北京市按照"谁污染，谁治理""谁污染，谁补偿"的原则，充分利用经济杠杆改善河湖生态环境，建立了水环境区域补偿机制，用经济手段倒逼各区落实属地责任。2017 年 1 月，北京市人民政府办公厅发布《北京市进一步聚焦攻坚加快推进水环境治理工作实施方案》①，即北京"水十条"，涵盖了全面提升污染防治水平、严格保护饮用水水源等六大方面的防治任务，北京水污染防治工作迈上了新的台阶。在落实河长制背景下，2017 年北京市委市政府先后出台了《关于加强河湖生态环境建设和管理工作的意见》《北京市实施河湖生态环境管理"河长制"工作方案》，建立了市、区、乡镇（街道）、村四级河长制体系，实现了河湖水域全覆盖。2019 年 11 月，北京市人民政府发布《北京市进一步加快推进城乡水环境治理工作三年行动方案（2019年 7 月至 2022 年 6 月）》，以改善城乡水环境质量为核心，强化各区政府主体责任，实现水环境治理重点由城镇地区向农村地区延伸，由解决集中点源污染向分散点源和消减面源污染延伸，由黑臭水体治理向小微水体整治延伸，由注重工程建设向更加注重运行管理转变。

图 9 - 2　北京西城区"河长制"落地
资料来源：视觉中国。

---

　　① 关于印发《北京市进一步聚焦攻坚加快推进水环境治理工作实施方案》的通知，北京市政府，http://www.beijing.gov.cn/zhengce/zhengcefagui/201905/t20190522_59977.html，2017 - 02 - 14。

张家口是北京的水源地，承担官厅水库 80% 和密云水库近 50% 的入库补水量，每年向北京输水 2000 万—3000 万立方米，官厅水库入库实测水质达到一类标准。在京津冀协同发展中，张家口也被定位为"京津冀水源涵养功能区"。2019 年 7 月，国家发改委与河北省人民政府印发《张家口首都水源涵养功能区和生态环境支撑区建设规划（2019—2035 年）》①，规划强调，要树立生态优先意识，加强生态建设，并据此明确首都水源涵养功能区、首都生态环境支撑区、京津冀绿色发展示范区、国际冰雪运动与休闲旅游胜地 4 个功能定位，为张家口赛区举办 2022 年冬奥会奠定坚实的生态环境基础。

北京—张家口冬奥会分布在北京赛区、延庆赛区和张家口赛区，其中张家口赛区位于张家口市崇礼区。北京市延庆区以服务保障冬奥会筹办为契机，积极探索绿色发展路径，努力将延庆打造成首都生态文明建设的"金名片"。2016 年 9 月，北京市延庆区人民政府印发水环境治理行动方案（2016 年 7 月至 2019 年 6 月），按照"冬奥会"等特定任务下的高标准要求进一步改善水生态环境，将延庆建设成为水生态文明新典范；2017 年 8 月，《北京市延庆区进一步全面推进河长制工作方案》正式印发，之后发布了《延庆区河长制工作奖惩办法》；延庆区积极践行《延庆区"绿水青山就是金山银山"实践创新基地建设行动方案》，持续开展"清河""清四乱"，在 2020 年地表水环境质量状况中排名全市第一。张家口市崇礼区以河长制为重要抓手，全力保护水资源、防治水污染、改善水环境、修复水生态，提升全区河道管理和生态建设水平。2018 年 12 月，崇礼区完成"一河一策"方案编制；2019 年崇礼区岸线保护和利用规划方案编制完成；2020 年出台《河道巡查员实施方案》，崇礼区政府不断探索河道管理新模式，积极引入河道管理新理念。如今，全区重点流域内河道排污、畜禽养殖及生活垃圾等问题得到有效治理，河道及水源地周边环境得到明显改善。

---

① 关于印发《张家口首都水源涵养功能区和生态环境支撑区建设规划（2019—2035年）》的通知，国家发展改革委，https：//www.ndrc.gov.cn/xxgk/zcfb/ghwb/201908/t20190806_962255.html，2019 - 08 - 06。

图 9 - 3　潮河两岸

资料来源：《构建绿色屏障·护佑首都生态》，《河北日报》2021 年 2 月 26 日。

第二节　北京冬奥会水环境治理行动

《北京 2022 年冬奥会和冬残奥会可持续性计划》指出需要提升冬奥会水环境治理水平，通过制定实施水资源保障规划，提高赛区水源使用效率和污水处理能力，加强水源综合保护和治理，满足北京冬奥会办赛需求，并创造水环境遗产，提高赛区周边城乡地区的水生态环境，促进水生态环境的绿色可持续发展。

一　冬奥会饮用水卫生安全保障行动

保障饮用水的卫生安全是 2022 年北京冬奥会和冬残奥会水环境治理的重要一环。北京冬奥组委和有关政府部门对此高度重视，采取了多方面的行动和措施，预防赛事核心区和社会层面生活饮用水污染事件，确保冬奥饮用水卫生安全。

（一）制定饮用水卫生检测标准和监督方案

北京冬奥组委已经组织京津冀卫生监督专家先后开展了多次集中办公和联合调研，起草制定了《2022 年冬（残）奥会赛区饮用水卫生监督保障标准》，明确了冬奥饮用水卫生监督的主要内容和工作要求；起草制定了《2022 年冬（残）奥会赛区生活饮用水监督监测方案》，明确了对赛区核心区、核心区外围、城市层面的市政供水、自建设施供水、二次供水、管道分质直饮水等供水设施进行监督检测的方法步骤。

（二）实现饮用水水质全天候监管

北京赛区赛事核心区域集中场所及供水主管线都已安装饮用水在线监测设备，一旦出现异常，监测数据将被实时传输到电子监管指挥平台，工作人员可现场快速检测，第一时间进行处理。在北京冬奥会和冬残奥会结束后，饮用水在线监测设备将整合布置到北京市政供水管网，进一步组建起全市的生活饮用水电子监管网络，让更多群众享受到"奥运福利"。

图9-4 实时监测水质情况

资料来源：腾讯网，https：//new.qq.com/rain/a/20201126AooTA100。

张家口赛区在运动员村、媒体村等人员集中场所及供水主管线重要节点等处选取了22个点位，实时监测水质情况。同时，扩大监督检查范围，以三年为一个周期，对张家口全市市政供水水质进行全面抽检，保障全市饮用水水质符合《生活饮用水卫生标准》要求。

（三）定期监测评估和饮用水卫生安全

北京市每季度向社会公开市级、区级集中式生活饮用水安全状况信息，并计划逐步公开乡镇级、村级集中式生活饮用水安全状况信息。北京市延庆区生态环境局开展了区级以下集中式饮用水水源地环境状况调查评估工作，并建立了水质通报机制，每月将国控、市控和乡镇地表水环境质量通报至区河长办及属地乡镇，对新发现的问题立行立改，坚持对水源地问题整治"回头看"，巩固整改效果，确保问题不反弹。

二　冬奥会造雪水源保护行动

冬奥会赛事已经全部采用人工造雪和人工造冰的方式，最大限度为选手提供近似的比赛条件，因此造冰造雪的水资源供应是冬奥会成功举办的关键性资源要素。目前，北京赛区和张家口赛区已采取多种措施，多管齐下，保障赛区水资源的充分供应和可持续利用。

（一）减少冬奥会场馆场地建设和赛事期间的用水成本

从 2018 年 8 月 1 日起，北京市对 2022 年冬奥会、冬残奥会场馆（场地）建设以及试运营、测试赛和赛事期间的取用水，免征水资源税，降低冬奥会期间的用水费用。[①]

（二）建立可靠稳定的水安全系统

北京冬奥会是国际重大体育赛事，场馆的安全性是设计底线。北京冬奥会期间和准备时段需要较高的供水保证率，造雪供水和市政供水应考虑时间和水质要求上的差异，综合考虑水源备份和输配水设施备份，做到安全可靠。延庆赛区的水资源主要用于造冰造雪和生活用水，位于赛区周边的佛峪口水库以及地表径流、雪水融化收集则是水资源的主要来源。佛峪口水库常年总库容约 150 万—200 万方，赛区赛道边均建有泄水通道，沿山谷建有三个蓄水池用于雪水收集，加之赛区每年地表径流 40 万方水和再生水利用（再生水主要用于冲厕和绿地养护），延庆赛区可以实现水循环的自给自足和充分循环利用，且对周边居民用水不造成影响。[②]

（三）注重水循环利用

为满足冬奥会延庆赛区高山滑雪中心造雪系统用水需求，同时保护当地的生态环境，延庆赛区 2018 年 10 月开始建设高度为 900 米塘坝、1050 米塘坝及 1290 米调蓄水池，共同组成了延庆赛区造雪引水系统，总蓄水量可达 20.5 万立方米，其中有效库容约 16 万立方米。雪季过

① 《冬奥会取用水免征水资源税》，中国经济网，https：//baijiahao. baidu. com/s？id = 1624719210664786217&wfr = spider&for = pc，2018 - 07 - 25。

② 《2022 年北京冬奥会延庆赛区注重水循环利用》，新华网，https：//baijiahao. baidu. com/s？id = 1624719210664786217&wfr = spider&for = pc，2019 - 02 - 10。

后，塘坝还承担收集融雪水和雨水的作用，通过赛区内的天然沟道汇流收集至坝内，用于赛区绿化和下一雪季的造雪使用。同时该塘坝还可作为景观水库，是赛区景观的重要组成部分，成为水资源可持续利用的典范。延庆赛区通过收集融化雪水、地表径流和建造蓄水池，实现雨雪全部收集、净化达标和再利用，营造了一个生态环保的可持续赛区。①

在绿色办奥理念的指引下，北京冬奥会所有雪上场馆都编制了环境影响评价、水资源影响评价报告等。场馆内规划设计、工程管理方面采取多种节水措施，最大限度保护水资源：

生活用水方面，全面采用节水设计标准和节水效率1级的节水器具，实现生活用水节水；造雪方面，根据赛后运营的需要，对再生水、融雪、降雨通过塘坝统一调蓄，从而形成造雪耗水的内循环；工程建设中，落实节水要求、绿色建筑要求，采用节水型卫生器具和配件，选用节水技术、工艺、节水设备和设施，对各区域进场路口处废水沉淀池内废水进行循环利用，废水处理后再回用于混凝土养护和洒水降尘。

场馆全部采用高品质、节能环保的供水管材以及密封性好的阀门以减少管网渗漏。绿化及景观合理部位全部采用建筑中水。场馆的冲厕、灌溉、道路浇洒和景观等方面尽可能采用非常规水源。针对融雪水，通过调蓄设施和景观水系进行拦蓄利用，融雪水可用于周边绿化灌溉、道路浇洒和景观等方面，实现水资源的循环利用。

在赛区建设污水处理站，对生活污废水进行全面处理。污废水经过处理达到回用标准后充分回用，实现污废水"资源化"。在场馆设计和建设过程中，按照"源头控制、末端防治、污染监控、应急响应"的原则，从污染物的产生、入渗、扩散、应急响应全过程进行控制，保护区域地表水和地下水。

三 冬奥会赛区周边河道水环境治理行动

（一）通过修筑堤防、主槽清淤疏浚、消除挡水土堆等，改善水流条件、提高防洪标准，保证赛区防洪安全

官厅水库是冬奥延庆赛区水资源、水环境的重要保障。为积极推进官厅水库周边水环境治理工程，对永定河生态补水进行统筹安排，重点

---

① 《延庆赛区冬奥造雪水源实现可持续利用》，《劳动午报》2021年2月4日。

考虑了冬奥会期间官厅水库库区用水需求以及上游补水量及官厅水库下泄量。同时，在官厅水库上游山西省朔州和大同、张家口等地区持续开展桑干河、洋河综合治理，控制上游水源污染，在官厅水库周边积极推进生态治理工程，实现清水下山、净水入库。

（二）压减河道沿线地下水开采规模，并利用高品质再生水和外调水为赛区周边缺水河道补水

永定河是北京的"母亲河"，2016 年年底，北京编制了《北京市永定河综合治理与生态修复实施方案》，通过强化本地节水，压减河道沿线地下水开采规模，并利用高品质再生水实现本地水为永定河补水；增加应急外调水，增加域外省市对永定河生态用水补充，加快全流域生态恢复。

（三）在赛区周边河道实施生态绿化工程和湿地工程，建设主题公园和绿色生态走廊，打造绿色地标

冬奥首钢赛区，挖掘冬奥、永定河叠加价值，规划建设"冬奥运动、永定河文化"主题公园，建立京西绿色新地标，实现奥运资产和水资源良性运营。在张家口崇礼赛区周边，实施生态绿化工程，河道内及河岸生境得到有效恢复，河流水生态明显改善。

北京新增湿地水面 8 万亩，提升永定河水环境品质。通过实施官厅水库周边湿地工程，大幅改善世园会、冬奥会延庆赛区周边水环境；围绕新机场通航，通过北京新机场滞洪湿地等工程，完善北京新机场及临空经济区整体生态格局。此外，北京计划新增滨河森林 18 万亩，新建滨河公园 5.5 万亩，大幅改善沿线人居环境。

永定河大兴机场段生态治理工程按照"工程少扰动、补水可持续、修复低成本"原则，结合现状河道地形地势，利用现状砂石坑形成 5 处生态湖面，蓄滞回补地下水。同时，新增河道绿化面积 43.7 公顷，打造"有水则清、无水则绿""凤凰展翅云水间"的自然生态，向世界展现富有中国文化特色的壮美景观。[1]

（四）全面落实河长制，提升河道管护水平

北京市延庆区全面落实河长制，开展清河行动和"清四乱"专项

---

[1] 《永定河综合治理多个重点项目，为北京冬奥会筹办提供生态支撑》，《北京日报》2021 年 2 月 19 日。

行动，将22处小微水体纳入河长制湖长制管理，并设立河长信息公示牌，将河流问题向岸上延伸。同时，提高雨污分流比例，从根本上解决雨污混合水溢流污染问题，提升三里河水环境质量，对自由街、胜利街、火神庙街等15条街区范围内的雨污合流及混接的排水设施进行雨污分流改造。在此基础上，充分利用"北京河长"客户端及延庆智慧河长系统，对全区46条中小河道开展巡查检查及问题整改。①

四 冬奥会赛区周边地区城乡水环境治理行动

《北京2022年冬奥会和冬残奥会遗产战略计划》提出要促进京津冀地区生态环境联防联建，以治气、治沙、治水为重点，加强北京市与河北省的工作联动和综合治理，满足北京冬奥会办赛需求，为广大群众造福。根据北京市和张家口市政府城乡水环境治理工作方案，采取的主要行动有以下几方面：

（一）完善城镇中心区域处理设施建设，加快农村地区生活污水治理

北京市延庆区配套建设污水收集管网150公里，新建污水处理（再生水）厂6座，其中包括2020年年底前完成延庆区千家店镇、珍珠泉乡、大庄科乡3座污水处理厂建设，2021年年底前完成张山营镇田宋营村、四海镇、刘斌堡乡3座污水处理厂工程建设，基本实现全区镇中心区域农村污水处理全覆盖，新增日处理能力0.96万吨。污水收集管网覆盖范围不断延伸，充分发挥乡镇集中污水处理厂的作用，结合美丽乡村建设，采用污染治理与资源利用相结合、工程措施与生态措施相结合，以人口密集村庄、一般水源地村庄、新增民俗旅游村庄为重点，利用3年时间，再解决80个村庄生活污水治理问题，对现有农村污水处理设施进行升级改造纳入专业运营管护。结合农村户厕改造、收集运输处理等方式解决人口较少村庄生活污水治理问题。②

（二）大力推广使用再生水

设立再生水加水点，结合乡镇污水处理厂建设，逐步建设再生水利

---

① 《延庆区：多措并举全力打好碧水保卫战》，北京延庆文明网，http://bj.wenming.cn/yq/wmbb/202010/t20201027_5828377.shtml，2020年10月27日。

② 《北京市延庆区进一步加快推进城乡水环境治理工作三年行动方案（2020—2022年）》。

用设施，增加市政杂用、园林景观绿化、消防、灌溉等再生水利用额度。

（三）开展小微水体整治

开展道路边沟，农村地区沟渠、坑塘、鱼池和公园等公共区域小微水体普查，建立台账，并纳入河长制湖长制管理范围。明确小微水体所有者、使用者和管理养护单位。按照污水、垃圾、畜禽粪污、水产养殖污染、种植业面源污染治理和农村改厕、土地整理、小微湿地建设等协同推进的原则，根据小微水体不同的使用功能，逐个制定整治方案，基本实现无污水排入、无集中漂浮物、无垃圾渣土、无臭味、无违法建设的"五无"目标。

（四）加大面源污染和溢流污染治理

其具体行动有：雨污错接混接治理，建立完善市场整顿和经营许可、卫生许可管理等联合工作机制，重点整治经营性单位和个体工商户污水乱排；调蓄设施建设，开展初期雨水、合流制溢流污水调蓄设施规划研究，推进调蓄设施建设，逐步建立降雨、检修和排水高峰日等特殊情况下污水处理安全运行保障体系；排河口垃圾治理，采取在排河口安装雨水篦子、垃圾拦截装置等措施，减少垃圾入河；农业面源污染治理，推进畜禽养殖污染防治，持续提高规模化畜禽养殖场污染治理设施配套率、粪污综合利用率。深入推进测土配方施肥和农作物病虫害统防统治与全程绿色防控；推进粪便与生活污水协同处置，制定粪便与污水协同处理工作方案，适时开展协同处理试点，逐步扩大协同处置范围。

（五）进行地下水监督性监测，优化地下水监测评估体系，实施典型区域地下水环境调查和风险评估，开展地下水污染修复试点，强化水环境监督管理

1. 强化污水处理设施运行监管

严禁施工降水和基坑排水进入污水处理系统，落实各类污水治理设施维护单位、运行经费，充实完善监管队伍。建立污水收集处理绩效考核付费制度，以考核结果向提供服务单位支付服务费用。在农村污水处理厂（站）安装在线监控系统，并明确维护管理责任。强化污水收集管网运行监管。建立居住小区等专用排水管线定期清掏养护工作机制，优化调整路面清扫方式，加强雨水口值守工作，杜绝垃圾、渣土、路面

清洗污水等进入雨水口。加强对公共排水管线的巡查和管理养护，持续开展"清管行动"。开展排水管网权属普查，有序推进无主排水管线的调查、移交或确权等工作，建立和完善城市排水管网信息化管理系统，逐步建立排水管网长效维护机制。

2. 深入开展入河湖排污口整治

健全排污口管理制度，对入河湖排污口进行统一编码，明确管理单位和管理责任。以不达标水体为重点，排查摸清沿岸排污口底数，逐一登记建档，实现市区生态环境部门与水务部门的信息共享。加大整治力度，通过取缔一批、清理一批、规范一批入河湖排污口，杜绝污水直排入河。

3. 规范工业企业排水管理

加强证后监管和处罚，对于超过水污染排放标准或超过重点水污染物排放总量控制指标的排污单位采取责令改正或者责令限制生产、停产整治。新建工业企业排放的含重金属、难以生化降解成分以及高盐度的工业废水，不得接入城市生活污水处理设施。评估现有接入生活污水处理设施的工业企业废水对生活污水处理厂运行的影响，导致出水不能稳定达标的，要限期退出。

4. 加强水体及岸线垃圾治理

整治城市蓝线及河湖管理范围内的非正规垃圾堆放点，建立健全收集转运体系，规范垃圾转运站管理，加强运输过程管控，降低雨季污染物冲刷入河量，防止垃圾渗滤液直排入河。

5. 加强水环境联合执法

完善联合执法工作机制，强化溯源追查和执法，建立常态化工作机制。重点查处河道沿岸工业生产、餐饮、洗车、洗涤、医疗机构等单位的超排偷排行为。

（六）组织水环境志愿者进行水环境专项整治活动

2020年10月29日，北京市延庆区水务局联合沐雨骑行组织开展了"绿色骑行爱护水源，众志成城助力创城"暨沐雨百里画廊公益骑行活动，通过开展活动，进一步提高了广大人民群众的知晓率，有效激发了大家参与水源保护的主动性和积极性，形成了"保护水环境你我同参与"的良好氛围。

第三节　北京冬奥会核心区水环境治理成效

一　张家口赛区：问渠哪得清如许，为有源头活水来

（一）良好的整体水环境，为冬奥核心区用水提供充足保障

张家口市将冬奥用水安全保障工作列为重中之重。从水源地保护、河道管理、水污染防治，再到核心赛区地表水厂、输配水管网建设，直至运动员村、媒体村供水水质实时在线监测系统，全程倾力守护，将满满心意化为股股甘泉，为冬奥献上符合饮用水世界最高标准的优质直饮水。

张家口在全市范围内，全面开展工业污水达标整治、城镇污水和黑臭水体治理等各项水污染综合治理工作。通过狠抓污染源监管和整治工作，清水河老鸦庄断面水质已经提升为Ⅲ类。工业园区内实现污水100%收集，涉水企业安装废水预处理设施，废水经预处理设施处理后排入污水管网，进入园区污水集中处理设施。唯一的城市黑臭水体——东沙河流域桥东区段已治理完成，建成区内彻底消除黑臭水体。

图9-5　张家口清水河

资料来源：搜狐网，https：//www.sohu.com/a/272077132_737642。

（二）科学的水源地生态保护体系，从源头守护冬奥用水

京冀生态水源保护林建设项目于2009年启动，经过十余年时间，保持水土、涵养水源的能力得到了有效提升，初步形成护卫京冀水源的绿色生态带。水源涵养是森林生态系统的基本功能之一，健康的水源涵养林可以涵养水源，保持沙坪，净化水质，有效调节区域水循环。张家口是重点造林区域，仅2018年一年，造林5.5万亩，栽植各类苗木437万株，打造出一个"水清、河畅、岸绿、景美"的优质水源地。

作为首都水源涵养功能区和生态环境支撑区，张家口一直秉承生态优先、绿色发展理念。洋河、柳川河构成环城水系，可谓"清水润城"，描绘出一幅"城依山，山傍水，水绕城"、人与自然和谐发展的唯美画卷。洋河、桑干河在张家口相会，始称永定河，而后向东注入北京水源地之一的官厅水库。永定河既是张家口出境水量最大的河流，也是北京的"母亲河"。永定河综合治理与生态修复项目由国家统筹，山西、河北、北京、天津四省市全力参与，到2020年，初步形成一条绿色生态廊道，将永定河水系恢复为"绿色的河、清洁的河、流动的河、安全的河"。张家口市建设的洋河生态湿地工程，成为洋河水生态有效的"净化器"，天然过滤后的股股清流淙淙而下。

（三）独创纯物理制水法，全程监测，优质直饮水放心喝

冬奥核心区地表水厂及输配水管网将以新铺设的管网代替原有管网，承担冬奥核心区范围内的供水任务。冬奥核心区地表水厂的建设规模为每日供应10000立方米，崇礼城区新建水厂的建设规模为每日供应40000立方米，两个水厂均留有一定余量，保证冬奥用水充足供应。赛区所有人员集中场所及供水主管线都已安装饮用水在线监测设备，监测数据实时传输到电子平台，实现饮用水水质全天候监管。冬奥会期间，还将派驻监督员使用快速检测仪器，对竞赛场馆、运动员村等重要位置饮用水的总硬度、pH值等多项指标进行现场检测；此外，还会在实验室内，对核心区二次供水、自备供水末梢水进行42项水质指标的严格检测。

张家口赛区通过管网输送的是可以直接饮用的高品质"直饮水"。张家口采用直饮水处理技术，独创纯物理制水法，全程不添加化学药剂，能够有效解决传统供水工艺存在的缺陷，确保水质达到国际直饮水

标准，技术成果居于世界领先水平。

图 9 - 6　优质直饮水，拧开龙头放心喝

资料来源：搜狐网，https：//www.sohu.com/a/138063552_ 775609。

二　延庆赛区：妫水碧波荡，海坨白雪飞

（一）打造冬奥会绿色廊道

妫水河被称作延庆的"母亲河"，延庆赛区重现妫水河美丽生态，打造冬奥会绿色廊道，是延庆赛区的亮丽名片。为了修复妫水河流域生态，延庆构造河流与湿地群连通的水循环系统，保障河道不断流；建立低温地区仿自然功能型湿地，实现清水下山、净水入库。在水环境治理过程中，优先使用再生水，充分利用雨水和地表水，源头减排、过程阻断、末端治理，山水林田湖草系统治理技术有机结合。

延庆区以水生态治理和水生态廊道建设为重点，打造官厅库滨湿地、孟庄湿地、野鸭湖湿地和滨水景观湿地，在表流湿地主要种植荷花等沉水植物，潜流湿地则以芦苇、鸢尾、千屈菜为主。如今，生态恢复已然卓有成效，对水质极其挑剔的大天鹅也选择在这里繁衍生息，即使是冰天雪地的北国冬日，妫水河畔依旧生机盎然，结冰的水面下有无数鱼儿自由嬉戏，芦苇荡里不时传来百啭千声的啁啾鸟鸣。

图9-7 海坨山看日出

资料来源：搜狐网，https：//www.sohu.com/a/236811753_332513。

作为重要的水资源保护地，延庆始终秉持"绿水青山就是金山银山"的发展理念，对水源涵养、水土保持、生物多样性维护等实施强制性严格保护。"国家首批生态文明先行示范区""全国水生态文明城市"等荣誉是对延庆水环境治理成效的有力证明，"绿水青山织锦绣，一城山水半城园"是对这里"好山好水好生态"的真实写照，"青山绿水暮云边，堪画堪描若辋川"。2019年，世界园艺博览会展现了延庆夏花之绚烂；2022年，北京冬奥会将见证延庆冬雪之雄浑。

（二）三级水系统实现循环利用

为保证公平，冬奥雪上项目全部采用人工造雪。延庆水环境的高颜值、高品质，为冬奥生活用水和造雪提供优质水源保障。2020年上半年，延庆区地表水水质指数3.93，同比变化率-2.8%，水质持续改善，地表水环境质量状况高居北京各区第一，全域地表水水质稳定达到Ⅲ类及以上。国家地表水水质自动监测实时发布系统中，延庆区两个断面的水质监测数据如表9-2所示。

表 9 – 2　　　　　　　　　　　延庆区水质实时数据截取

断面名称	所属河流	水质类别	pH	溶解氧(mg/L)	电导率(μS/cm)	浊度(NTU)	高锰酸盐指数(mg/L)	氨氮(mg/L)	总磷(mg/L)	总氮(mg/L)
谷家营	妫水河	Ⅱ类	7.71	11.82	857.9	10.1	3.56	0.128	0.032	2.14
后城	白河	Ⅱ类	7.77	9.74	611.7	4.0	1.10	0.206	0.056	12.18

资料来源：国家地表水水质自动监测实时数据发布系统，监测时间 2021 – 02 – 09 08：00（随机截取）。

　　延庆赛区造雪用水实现内循环。按照国际奥委会的要求，冬奥比赛须用人工造雪，而人工造雪需要大量用水。据不完全统计，延庆赛区的国家高山滑雪中心一个雪季造雪所需用水约为 80 万吨，造雪用水主要来自附近的白河堡水库、佛峪口水库以及天然降水的收集利用。为了在满足造雪用水的同时，最大限度地保护周边生态环境，延庆赛区设计了一套特别的造雪引水系统。在小坨山南坡上，由低到高建设有三个水池：海拔 900 米处的塘坝既可用于储存造雪备用水，还能收集融雪水和雨水；1050 米塘坝里的水，既能通过泵站送至 1290 米调蓄水池，当蓄水超过预定水位时又可通过竖井式溢洪洞经由单独管线流入 900 米塘坝；1290 米调蓄水池通过三级泵站将水供应至造雪点位，经由世界最先进的造雪系统，化作雪花纷飞。融化的雪水又能通过赛区天然沟道汇流至坝内，实现造雪用水的内循环。

图 9 – 8　延庆赛区 1050 米塘坝，竖井式溢洪洞

　　资料来源：《冬奥延庆赛区涉水工程 6 月底前投入使用，将实现生活污水循环使用》，《新京报》2021 年 4 月 15 日。

此外，延庆赛区还采取了多种节水措施。场馆建设严格按照绿色建筑标准，全部采用节水型卫生器具，赛区还建有污水处理站，污废水经过处理后实现再利用。国际奥委会主席巴赫来到延庆赛区考察时，称赞这里水循环利用"做得非常好"。

三 北京赛区："最快的冰""最美的冰""最智慧的冰"

（一）治污节水成效显著

通过"碧水攻坚战"，北京市大力推进污水处理，改善河流生态环境，实施节水方案。2020年全市污水处理率提高到95%，劣V类①水体断面全面消除②，污泥基本实现无害化处理，城镇污水基本实现全收集、全处理。北京市污水处理标准高于国家标准，污水处理能力相比2013年提升近70%；再生水利用量位居全国第一，成为首都稳定可靠的第二水源；黑臭水体整治全部完成，水环境质量显著改善。③ 北京市稳步推进海绵城市建设，探索建立"1+16+N"海绵城市规划体系，截至2020年5月，全市建成区海绵城市达标面积比例达到18%。④

根据北京市生态环境监测中心水环境质量报告，北京境内密云水库、怀柔水库、海子水库、十三陵水库等水库，以及流经延庆区的新华营河、古城河、妫水河上段、白河上段、黑河、渣汰沟等河流（河段）均为Ⅱ类水质。⑤《北京市市级集中式生活饮用水水质状况（2020年第四季度）》显示，饮用水水质方面，北京市2个地表水水源、3个地下水水源，达标率100.0%；15座自来水厂出厂水，达标率100.0%；135个市级集中式生活饮用水城市末梢水质监测点，检测水样405件，合格

---

① Ⅰ、Ⅱ类水质可用于饮用水源一级保护区、珍稀水生生物栖息地、鱼虾类产卵场、仔稚幼鱼的索饵场等；Ⅲ类水质可用于饮用水源二级保护区、鱼虾类越冬场、洄游通道、水产养殖区、游泳区；Ⅳ类水质可用于一般工业用水和人体非直接接触的娱乐用水；Ⅴ类水质可用于农业用水及一般景观用水；劣Ⅴ类水质除调节局部气候外，几乎无使用功能。

② 《2021年政府工作报告》，http://jrj. beijing. gov. cn/jrgzdt/202102/t20210201_2250005. html，2021-02-01。

③ 北京市人民代表大会常务委员会执法检查组关于检查《〈中华人民共和国水污染防治法〉和〈北京市水污染防治条例〉实施情况的报告》，http://www. bjrd. gov. cn/rdzl/rdcwhgb/sswjrdcwhgb201903/202101/t20210105_2197923. html，2019-05-29。

④ 《大兴机场变海绵机场！北京将构建"1+16+N"海绵城市》，http://swj. beijing. gov. cn/swdt/swyw/202005/t20200512_1895645. html，2020-05-12。

⑤ 《2020年12月河流水质状况》，http://www. bjmemc. com. cn/waterenv_list. action，2021-01-21。

率 100.0%。

（二）大力改进制冰技术

北京赛区冬奥场馆包括国家速滑馆"冰丝带"、首体综合训练馆"冰坛"、国家体育馆"冰堡"等 12 个竞赛及非竞赛场馆，承担北京冬奥会和冬残奥会全部冰上项目的比赛，包括 3 个大项（滑冰、冰壶、冰球），共 5 个分项、32 个小项的比赛。北京赛区所有比赛场馆具备冰场和夏季运动项目场地之间的转换能力，满足实现赛后场馆可经营、可利用、可持续的要求。在场馆建设过程中，始终坚持绿色发展、科技创新，以绿色为底色，以低碳环保为方向，努力打造"最快的冰""最美的冰""最智慧的冰"。

北京赛区大力改进制冰技术，冰上竞赛场馆全部采用环保型制冷剂，共有 7 块比赛和训练场地采用二氧化碳作为制冷载体的新技术完成制冰，北京成为冬奥史上第一个大规模应用新型环保制冷剂的主办城市。相较于传统的制冰技术，二氧化碳制冰温控精确，安全节能，碳排放接近为零。各场馆制冰机组还采用了热回收机组，高效的热回收系统将把这些余热用于融冰池融冰、防结露层加热、浇冰车清理等环节，进一步节约能源。

图 9-9 国家体育馆"冰堡"效果

资料来源：《9 月底前基本完工，冬奥会国家体育馆扩建部分主体结构完成》，《北京日报》2019 年 12 月 25 日。

由 22 条晶莹剔透、轻盈飘逸的"丝带"状曲面玻璃幕墙环绕的国家速滑馆，将成为全球首个采用二氧化碳跨临界直接制冷的冬奥场馆，这是目前世界上最先进、最环保的制冰技术，碳排放趋近于零，冰面温差可控制在 0.5℃ 以内，相比传统制冷方式，制冰效能可提升 30%。国家速滑馆拥有目前亚洲最大的冰面，采用全冰面设计。场馆采用分模块控制单元，能够将冰面划分为若干区域，对每一块冰面实现单独控温，在不同的比赛项目中分区域、分标准进行制冰，实现"最快的冰"。此外，考虑到赛后场馆的可持续利用，满足群众参与冰上运动的需求，国家速滑馆 12000 立方米的冰面采用分区制冷方式，使整个场馆实现"同时运行、不同使用"。同时，国家速滑馆将通过对气流组织进行精心排布，使观众席和冰面拥有不同的温度和湿度，为观众提供更加舒适的观赛环境。

图 9 - 10　国家速滑馆"冰丝带"效果

资料来源：《解密国家速滑馆："冰丝带"四大亮点你一定要知道!》，《北京日报》2019年 5 月 7 日。

五棵松冰上运动中心在使用二氧化碳制冰的基础上，首次引进溶液除湿系统，与传统的除湿方式相比，该系统可以降低能耗约 50%。[①] 五

————————

① 《易转换、够低碳、可持续——解密北京冬奥场馆冰面建设亮点》，http：//zdb. beijing. gov. cn/bjzdxmb/dacgjs/202007/608679052d37459c886e8abb12d4ae3e. shtml，2020 - 07 - 23。

棵松体育馆是 2008 年夏季奥运会篮球比赛场馆，通过仅仅 8 个月的改造，就实现了"冰篮转换"，不仅能够满足北京冬奥会的需求，还兼顾了赛后经营，充分利用新理念、新科技、新材料，在场馆综合高效利用、节能降耗、观赛环境等方面实现了质的飞跃。

第四节　北京冬奥会非核心区水环境治理成效

成功举办一届冬奥会不仅需要足量、适宜的场馆，还需要各方面的保障。在助力"可持续·向未来"的北京冬奥会可持续性愿景实现方面，非核心区水环境治理在冬奥会背景下也呈现积极变化。

一　北京市水生态环境整体改善

（一）整治黑臭水体

在冬奥会背景下，北京市打响碧水攻坚战，治理黑臭水体，推进污水处理，改善河流生态环境。北京水环境治理成效显著，全市污水处理率已达 94%，其中城六区达 99%，全市污泥基本实现无害化处理。截至 2020 年，北京市完成 142 条段黑臭水体整治，全市一类至三类水质河长较 2015 年增加 15.8 个百分点，劣五类水质河长较 2015 年下降 42.1 个百分点，再生水年利用量提高至 11.5 亿立方米，永定河北京段 25 年来首次全线通水。

图 9 - 11　大兴区新凤河岸边碧水清澈，绿柳相映

资料来源：《新凤河已蜕变为生态廊道，北京 142 条段黑臭水体全部完成治理》，《北京日报》2020 年 9 月 2 日。

（二）保住一泓清水

为保住一泓清水，北京市把实施南水北调工程，同北方地区节水紧密结合起来，坚持节水优先、空间均衡、系统治理的新时期治水思路。2020 年永定河启动春秋季两次生态补水，干涸的永定河北京段全线贯通，水面面积达到 1800 公顷。经过几年的不懈治理，曾经是工业外排水的水库经过改造如今成为市民看水亲水的湿地公园。位于房山区城关街道西南约两公里的牛口峪湿地公园，清澈流水尽淌，成为一个供广大市民观光游览与休闲娱乐共存的综合性湿地公园。此外，北京市还发挥南水北调的最大效益，统筹外调水、本地的地表水、地下水、再生水和雨洪水，实施五水联调，实现了地下水位连续 5 年回升。

图 9 - 12　长阳公园哑巴河流域一角

资料来源：《守护一泓清水　润泽百姓生活》，《中国财经报》2021 年 2 月 25 日。

北京市还加快推动永定河综合治理与生态修复，密云水库、怀柔水库、京密引水渠实现全封闭管理，密云水库最高蓄水量突破 26 亿立方米，创近二十多年新高。

二　河北省构建多源互补丰枯调剂的水利网络体系

在冬奥崇礼赛事非核心区实施了生态绿化工程，使河道内及河岸生境得到有效恢复，河流水生态有了明显改善，为提升冬奥会赛区总体生态环境起到了积极作用。河北省加快完善了以南水北调中东线、引黄工程为骨干的"三纵、六横、十库"冀中南地区供水网络；7 市 92 个县的 124 座地表水厂实现稳定供水；构建了以滦河为骨干，潘家口、大黑汀、桃林口、双峰寺、陡河等水库为枢纽的冀东北地区供水网络；构建了以永定河、潮白河为骨干，友谊、乌拉哈达、云州等水库为枢纽的冀西北地区供水网络；完善了引黄入冀补淀工程和位山、李家岸等引黄工程体系，推动实施魏县、肃宁等平原调蓄工程，进一步缓解了黑龙港流域农业灌溉用水矛盾，保障白洋淀和衡水湖等重点湿地生态用水。

赤城县有"京城一杯水，半杯源赤城"之说。赤城县有河道 31 条，总长 783 公里，占张家口河道数量的 75%，境内 3 条河流全部汇入密云水库，占密云水库来水量的 53%，是首都重要的水源涵养功能区和饮用水源地。"十三五"时期，赤城共投资 7.2 亿元，完成水土保持治理 282 平方公里、河道治理 36 公里、水源工程 190 处、节水灌溉工程 160 处，新增高效节水灌溉面积 2.12 万亩，谋划储备水利项目 16 个。完成了生态清洁小流域、京津风沙源治理等项目。

图 9 - 13　赤城志愿者清理赤城白河河道垃圾

资料来源：《赤城县入京水质持续提升　境内河流占密云水库来水量 53%》，《北京日报》2021 年 1 月 27 日。

赤城设立河长 336 名，选聘河湖巡查员 1621 名，通过优化县级河长设置，完善工作制度，强化河长履职，规范河湖巡查员管理，确保了入京水质的稳定达标和持续提升。

通过"压、节、净、蓄、管、护"等多种形式，赤城地下水取水总量由 2015 年的 3340 万立方米降至 2020 年的 2274 万立方米，年均递减 213.2 万立方米，2018 年到 2020 年地下水位连续 3 年回升。出境水质达到国家地表水Ⅲ类以上标准。

三 永定河流域将成京西生态廊道

永定河是海河水系最大的一条河流，全长747公里，流域面积4.7万平方公里，永定河是贯穿京津冀晋蒙的重要水源涵养区、生态屏障和生态廊道，也是京津冀协同发展的生态大动脉。20世纪60年代以来，永定河流域生态系统退化、水资源过度开发、河道干涸断流、水质污染等问题突出。在北京冬奥会背景下，北京市把永定河综合治理与生态修复作为首都"水生态一号工程"，不断加大治理力度。2016年12月，国家发改委、水利部、国家林业局联合印发《永定河综合治理与生态修复总体方案》。2018年6月，以"投资主体一体化带动流域治理一体化"的模式开启新一轮永定河治理，拟逐步实现"流动的河、绿色的河、清洁的河、安全的河"的治理目标，努力为全国流域治理贡献"永定河样本"。2019年永定河启动大规模生态补水，其中，门头沟区域内的永定河河道实现了近40年来首次全线通水，一年四季净水不断流。2020年5月12日，永定河北京段在时隔25年后，首次实现全线通水。此外，2020年启动了永定河山峡段综合治理与生态修复工程，进一步打造京西生态廊道。永定河沿线将新增东胡林湿地、青白口湿地、王平湿地3处近自然型河流湿地，通过植物搭配及设施引入，形成河流、坑塘、湖泊、草地、农田、灌木丛、林地等湿地生态环境，让人们走进河流湿地，感受自然之美。

图9-14 官厅水库国家湿地公园

资料来源：《官厅水库国家湿地公园"转正" 距京仅29分钟高铁车程》《新京报》2019年12月28日。

四 密云水库将成生态清洁小流域

密云水库是华北最大水库、北京最大的地表饮用水源地，蓄水量近25亿立方米，水质稳定在地表Ⅱ类水以上。为了做好保水工作，近些年，当地退耕禁养、关闭矿山、建成环水库围网、搭建了库区智能视频监控系统等。2018年11月，京冀两地探索建立了密云水库上游潮白河流域水源涵养区横向生态保护补偿机制，其中协同建设生态清洁小流域就是生态保护补偿的措施之一。根据《河北省密云水库上游承德、张家口两市五县生态清洁小流域建设规划》，京冀合作在河北省的滦平、兴隆、丰宁、赤城、沽源5个县建设了22条生态清洁小流域。在北京境内，密云水库上游潮白河流域范围内密云、怀柔、延庆3区共有小流域179条，到2021年，密云水库上游潮白河流域北京境内将全部建成生态清洁小流域。目前，全市已建成434条生态清洁小流域，发挥出巨大的生态、社会和经济效益。

北京市与河北省合作开展密云水库上游潮白河流域水源涵养区600平方公里生态清洁小流域建设，有效改善了张承地区生态环境，为保护好密云水库"生命之水"奠定基础。2019年，密云水库上游潮白河流域入境本市水量2.192亿立方米，监测显示总氮年均浓度总体呈下降趋势，入境水质明显提高。

图9-15 近日拍摄的潮河两侧群山环抱，绿意盎然

资料来源：澎湃网，https：//www.thepaper.cn/newsDetail_forward_9381738。

第十章　北京冬奥会与公共安全

第一节　冬奥会公共安全

一　北京赛区公共安全现状

目前冬奥会的竞赛场馆全部完工,非竞赛场馆建设稳步推进,冬奥村基本完工,京张高铁、京礼高速全线通车,水务、电力、气象等基础设施建设同步推进。已发布可持续性计划,制定被放低碳管理工作方案,建立跨区域绿电交易机制,所有竞赛场馆将 100% 使用绿色电力,四个冰上场馆将实现温室气体"零排放"。

北京赛区共有 12 个竞赛、非竞赛场馆,其中现有场馆 8 个、新建场馆 3 个、临时场馆 1 个。北京赛区将进行 3 个大项(冰壶、冰球、滑冰)、5 个分项(冰壶、冰球、短道速滑、花样滑冰、速度滑冰)、32 个小项的比赛。北京赛区的奥运村可容纳运动员和随队官员 2260 人。

北京是特大型城市,具有特殊地位、人口稠密、建筑密集、经济要素高度集聚,政治、文化及国际交往活动频繁,形成了以非自然因素为主,灾害种类较多、影响较大等城市安全风险特征。随着北京城市建设步伐加快,道路交通事故、生命线工程、火灾、群体性事件等是北京市主要的人为致灾因素。大风及沙尘暴、浓雾、强降雨等城市气象灾害以及地质灾害、地震仍将是北京城市的主要自然灾害。

(一)应急管理方面

北京市危机管理的决策层为北京市突发公共事件应急委员会,统一领导全市突发公共事件应对工作。应急委员会主任由市长担任,副主任

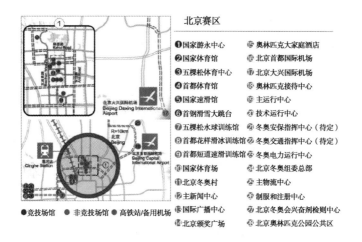

北京赛区

❶国家游泳中心　　　　　⓯奥林匹克大家庭酒店
❷国家体育馆　　　　　　⓰北京首都国际机场
❸五棵松体育中心　　　　⓱北京大兴国际机场
❹首都体育馆　　　　　　⓲奥林匹克接待中心
❺国家速滑馆　　　　　　⓳主运行中心
❻首钢滑雪大跳台　　　　⓴技术运行中心
❼五棵松水球训练馆　　　㉑冬奥安保指挥中心（待定）
❽首都花样滑冰训练馆　　㉒冬奥交通指挥中心（待定）
❾首都短道速滑训练馆　　㉓冬奥电力运行中心
❿国家体育场　　　　　　㉔北京冬奥组委总部
⓫北京冬奥村　　　　　　㉕主物流中心
⓬主新闻中心　　　　　　㉖制服和注册中心
⓭国际广播中心　　　　　㉗北京冬奥会兴奋剂检测中心
⓮北京颁奖广场　　　　　㉘北京奥林匹克公园公共区

●竞技场馆　●非竞技场馆　●高铁站/备用机场

图 10 - 1　北京赛区规划

资料来源：北京日报客户端。

按处置自然灾害、事故灾难、公共卫生和社会安全四类突发公共事件分工，由分管市领导担任，市委、市政府秘书长、分管副秘书长、市各突发公共事件专项指挥部、相关委办局、卫戍区、武警北京总队负责人为成员；建立了"3+2"应急管理基本框架，"3"即市级应急管理机构、市属 13 个专项应急指挥部和 18 个区县应急管理机构；"2"即以"110"为龙头的市紧急报警服务中心和以市信访办 12345 为统一号码的非紧急救助服务中心。

（二）自然灾害方面

为提高自然灾害防治能力，北京市应急委印发《北京市自然灾害监测预警信息化工程实施方案》，围绕地质、水旱、农业、气象、地震等自然灾害，结合自然灾害风险普查和隐患排查的重大风险与隐患区域，积极推动覆盖重大风险隐患的多层级自然灾害监测预警体系构建，基本实现跨层级、跨系统的自然灾害监测和实时预报预警，提高多灾种和灾害链综合监测、风险早期识别和预报预警能力，为及时有效防范化解自然灾害风险提供有力支撑。

（三）城市运行方面

北京市成立北京冬奥会城市运行和环境建设管理指挥部，由中央单位、驻京部队、市有关部门和单位、相关区政府等 54 家成员单位组成，负责在冬奥会和冬残奥会筹办及举办期间，统筹协调、组织落实、监督实施北京地区城市运行保障和环境景观建设等相关工作。北京市制定冬奥会环境建设、环境秩序、城市运行、宣传动员工作方案，重点提升"五区四线三周边"环境。"五区"为奥林匹克中心区域、首体区域、五棵松区域、冬奥组委区域、延庆小海坨区域，"四线"为冬奥进京联络线、冬奥场馆联络线、冬奥活动场所联络线、冬奥火炬传递路线，"三周边"为冬奥冰雪运动场所周边、冬奥文化旅游场所周边、冬奥配套服务场所周边。

（四）赛事场馆方面

北京市政府发布《生产经营单位安全生产主体责任规定》，落实冬奥会安全生产主体责任，为全面做好北京2022年冬奥会筹备期安全生产保障工作，进一步提升冬奥会建设工程安全生产管理水平，北京市应急管理局组织开展北京冬奥会建设工程安全生产督查检查工作。

二 延庆赛区公共安全现状

延庆赛区位于北京市延庆区小海坨山，共有 5 个竞赛、非竞赛场馆，将进行 3 个大项（高山滑雪、雪车、雪橇）、4 个分项（高山滑雪、雪车、钢架雪车、雪橇）、20 个小项的比赛。延庆赛区的奥运村可容纳运动员和随队官员 1430 人。

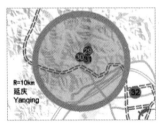

图 10-2 延庆赛区规划

资料来源：北京日报客户端。

（一）应急管理方面

2017 年北京市政府发布《延庆县突发事件总体应急预案》，延庆区应急预案体系分县，乡镇政府、街道办事处和八达岭特区办事处、龙庆峡管理处、延庆经济开发区管委会、八达岭经济开发区管委会，基层单位三级管理；由总体应急预案、专项应急预案、应急保障预案、部门应急预案、基层单位应急预案和大型群体性活动应急预案组成。

北京市应急管理局专门成立工作组，会同市重大办和延庆区应急管理局，组织对冬奥会延庆赛区建设工程开展专项执法，督促企业强化安全生产管理，推动企业压实安全生产主体责任。工作组对国家雪车雪橇中心、西大庄科村安置房、冬奥村及山地新闻媒体中心一标段三处建设项目施工现场及员工宿舍开展安全生产执法检查。以实地查看和现场询问等方式，重点检查动火作业、临时用电、高处作业、起重作业、有限空间作业等安全管理情况，"三洞四口五临边"的安全措施实施情况，特种作业人员持证上岗情况，机械设备安全操作规程制定和落实情况，安全设施设备日常维护和巡查情况，应急物资投入储备以及劳动防护用品发放使用等情况。

（二）奥运卫生安全保障方面

延庆区医院将承担北京 2022 年冬奥会和冬残奥会高山滑雪和雪车雪橇两大赛事医疗保障。该院的"冬奥医疗保障中心"目前共配备医、护、技术人员 101 人，配备数字减影血管造影机等大型高精医疗设备，实现检查、抢救、手术、住院的"一站式"服务，能满足保障北京冬奥会需求。赛时，北医三院还将支援包括创伤科、脊柱外科等重点科室在内的 43 名医疗专家，到中心提供 24 小时驻点保障。该中心在血液保障、公共卫生等方面也有充足考虑。延庆区已组建二十余人的 RH 阴性血志愿者服务队，提高血液保障能力。此外，延庆区医院也组成了 50 人的"医生滑雪队"，以保证及时提供专业的医疗救援服务。

2020 年，冬奥延庆赛区一手抓疫情防控，一手抓复工复产，成功举办了"十四冬"高山滑雪项目。在国家雪车雪橇中心场地预认证和国际冬季单项体育联合会来访考察活动期间，延庆赛区又将"六分开"的防疫措施贯穿始终，创新实践了"远端防控""闭环管理""分时分类分区管控""中外交流区"等多项防疫新举措，顺利完成认证活动，给常态化疫情防控下的赛事组织积累了宝贵经验。

三 张家口赛区公共安全现状

张家口赛区位于张家口市崇礼区。张家口赛区共有 8 个竞赛、非竞赛场馆，将进行 2 个大项（滑雪、冬季两项）、6 个分项（单板滑雪、自由式滑雪、越野滑雪、跳台滑雪、北欧两项、冬季两项）、50 个小项的比赛。张家口赛区的奥运村可容纳运动员和随队官员 2640 人。

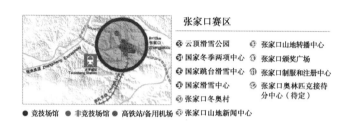

图 10 - 3　张家口赛区规划

资料来源：北京日报客户端。

（一）应急管理方面

张家口市应急管理局将全市 7782 名灾情信息员的信息全部录入到国家自然灾害信息员数据库，通过线上线下相结合、发放基层救灾常识读本等方式，全力提升基层信息员业务素质；修订完善了《张家口市自然灾害救助应急预案》，立足于各县区灾害风险实际，加强自然灾害救助应急预案演练工作；开展救灾工作信息化建设，实现灾情报告、灾情评估、救灾救助、救灾捐赠等救灾工作信息化管理。2019 年，该局通过灾情信息平台上报新发各类灾情 24 次，为全市统筹做好救灾工作提供了决策参考，确保受灾群众的基本生活，有力维护了全市经济社会稳定发展。

（二）自然灾害方面

张家口是河北省空气质量最好的区市，保持着长江以北 37 个试点监测城市空气最好的水平。地处张渤地震断裂带，2019 年分别发生 2.9 级、3.4 级地震，是河北省地震重点监视防御区。为切实做好冬奥应急准备，全面提升抗震救灾综合能力，河北省抗震救灾指挥部办公室、河北省应急管理厅、河北省地震局和张家口市政府联合举行了 2020 年河北省张家口抗震救灾综合演练。

（三）城市运行方面

目前北京冬奥会张家口赛区 10 项交通基础设施建设任务均已完成，

赛区 6 条公路项目全部建成通车，重大交通项目中的张家口宁远机场改扩建工程建成通航；张家口南综合客运枢纽、崇礼综合客运枢纽已经投入使用。另外赛会服务任务中确定的 2020 年度 28 项任务已全部完成，经过测试全部达到了活动保障的要求。

张家口市开建 8 项医疗卫生工程，除此之外，石家庄海关还围绕北京冬奥会食品检测技术，积极对食源性兴奋剂的检测方法、标准、规范进行科研攻关。2020 年，石家庄海关技术中心张家口业务部成功获得国家级实验室检测资质，成为张家口首家检测领域覆盖普通食品、食用农产品、水、土及食源性兴奋剂的检测机构，为做好北京冬奥会食品安全技术支持和运动员兴奋剂检测提供了可靠的技术能力储备。

（四）赛事场馆方面

为保障参会人员健康安全，张家口市在崇礼建设了北京医科大学第三医院崇礼分院，同时确定省市级冬奥定点医疗机构 14 家，配备医疗保障人员 600 余名；测试赛配备医疗保障人员 200 余名，市内 6 家定点医疗机构负责转运救治工作，同时还制定了疫情防控预案、突发公共卫生事件应急预案，并进行多次实战演练，确保医疗卫生保障万无一失。崇礼地形复杂，雪场附近地势陡峭，特别是在高山滑雪运动中，一旦发生意外，单纯依靠救护车辆的传统救援方式很难满足应急救援要求，为此张家口专门成立了"冬奥滑雪医疗保障梦之队"，给定点医疗机构配备 8 架医疗用直升机，并开设了"移动医院"。

第二节　北京夏季奥运会公共安全保障经验与启示

2008 年 8 月 8—24 日，第 29 届夏季奥运会在中国举办，主办城市是北京，上海、天津、沈阳、秦皇岛、青岛为协办城市，香港承办马术项目。本届奥运会共有 204 个参赛国家级地区，11438 位参赛运动员，设有 28 个大项、302 个小项，共有 6 万多名运动员、教练和官员参加。共有赛事场地 36 个，其中 11 个主要场馆、11 个扩建场馆、9 个临时场馆以及 6 个京外场地。

2008 年北京奥运会是规模超大、项目种类繁多、涉及组织机构众多的系统工程。组织机构协调方面，涉及国际奥委会、各国家/地区奥委会、各国际单项体育组织、各国际单项运动协会、裁判员协会、承办国政府部门、社会团体、电视媒体、合作伙伴、赞助商等；资源配置方面，涉及体育场馆、体育器材、体育信心、电视转播系统、交通运输工具、后勤保障配套系统（包括电力、供水、供气、供热）、各项赛事的时间安排及宾馆饭店和餐饮服务等；人力资源方面，涉及政府领导、奥委会官员、赛事组织工作人员、各语种的翻译、运动员、教练员、裁判员、新闻记者、志愿者、后勤保障人员等。如此复杂、庞大的体育赛事，难免存在着自然灾害、社会安全隐患等公共安全风险。北京奥运会运用先进的风险管理理念，依托于风险保障机制，采取强有力的安保措施确保奥运会的顺利进行。下面从赛事安保工作、交通安全工作、公共卫生安全工作以及场馆风险管控工作四个方面分析北京奥运会公共安全保障经验。

一 赛事安保工作

在北京奥运会安全保卫工作中，公安部、国防部和国家安全部作为赛事预警管理主体，以"奥运会突发事件"作为赛事预警管理客体，以创建"平安奥运"为奥运安保工作的总体战略目标，坚持"整体防控、精确指导、精确打击"的工作思路，从组织指挥框架、安保计划方案、反恐冲突演练、安保科技系统、社会治安防控、警务交流与合作、安保业务培训、奥运测试赛试运行等方面做出积极反应，编制了奥运场馆、反恐情报、大型活动等52项奥运安保计划、584项具体实施方案，保障2008年奥运会安全顺利举行，保障赛事活动、参加人员和奥运会涉及的相关场所及区域安全，最终取得了在驻地及比赛场馆周边"零"发案的巨大成果。

（一）建立安保指挥系统

北京奥运会坚持军警民"三位一体"，建立国家、赛区、场馆三个层次的指挥机制，成立奥运会安全保卫工作指挥中心。国家层面，安全保卫工作指挥中心由国家各部委、奥运安保情报中心和北京市成员单位组成；赛区层面，北京、天津、上海、青岛、沈阳、秦皇岛等赛区城市组建安保实战指挥机构，香港奥运马术比赛由香港特别行政区政府统筹负责；场馆层面，组建了场馆安保运行团队。奥运会涉奥场所众多，包括31个竞赛场馆、45个训练场馆，奥运大厦等15个非竞赛场馆，25

家定点医院，117 家签约饭店、12 家非签约饭店，30 处奥运之家等。面对人员性质不同、功能各异的涉奥场所，奥运安保中心作了详细分类，将涉奥场所分四级实施动态安保，确保其安全运行、秩序良好。

（二）制订安保计划

在借鉴往届奥运会安保工作成功经验基础上，结合北京奥运会实际，奥组委安保部门编制了《北京奥运会安保战略计划》《北京奥运会安保运行纲要》，同时根据实战要求，完成了奥运场馆治安、交通、消防、大型活动、反恐防暴、要人警卫等 52 项安保总体工作计划和 900 多项具体实施方案的编制。

表 10 - 1　　　　　　　北京奥运会安保工作方案及相关文件

序号	文件
1	北京奥运会安保战略计划
2	北京奥运会安保运行纲要
3	北京奥运会安保培训模拟实战演练工作方案
4	北京奥运会安保赛前临战阶段实兵演练工作方案
5	北京奥运会安保安全保卫现场督察总体工作方案
6	北京奥运会道路交通安全攻坚战总体工作方案
7	北京奥运会消防安全保卫攻坚战总体工作方案
8	北京奥运会安全保卫出入境管控工作责任书
9	北京奥运会安保形象礼仪培训工作方案
10	北京市公安局民警外语培训七年规划
11	北京市公安局公安专业人才管理暂行办法
12	公民防范恐怖袭击手册

（三）组织安保培训

奥运安保队伍由警察、军队、武警组成，并组织招募了大量志愿者参与奥运安保服务。赛事组委会主要采取专家授课、案例分析、实践演练等方式，对所有参与奥运安保人员进行多方面培训，包括奥运知识、服务用语、治安防范、消防安全、交通管理、应急处置等相关知识和岗位技能。开展安检知识技能培训、大型活动保卫、要人保护、反恐处突、奥运暴力案件侦查、涉外案件处置、交通安全保卫、消防、奥运物流中心安保工作等 110 多项奥运安保专业知识技能培训。自 2003 年以来，选派业务骨干到雅典、都灵、悉尼等举办过奥运会的城市学习组织安保工作经验；通过安保实兵模拟演练，结合"好运北京"一系列体育赛事，演练磨合奥运安保工作，为奥运安保培训提供经验。

（四）构建安保科技系统

北京奥运安保科技系统应用多种航天信息安全技术，已成为构建"平安奥运"的重要保障之一。北京奥运会是首次成功运用射频识别技术的大型赛事，该系统共开发 50 多万行软件代码，部署 108 套指挥系统，集成 2 万多台套设备，施工安装 100 多公里长的周界技防和监控系统，完成了包括指挥系统、电子票证系统、安防系统、视频监控系统、公安专用信息系统、防恐防暴重大突发事件现场监控和指挥系统等奥运安保科技。以电子票证系统为例，其综合集成运用航天射频识别技术、信息处理技术、光学成像技术等技术优势，北京奥运会成为首次运用实名制奥运门票的大型体育赛事。

（五）形成全面安全保障

奥运会安保部是以公安为主体，军队、武警、安全等部门协同工作，同时配备民兵、治安巡防员、治安志愿者等 110 多万人，组成群防群治的安保大军。其中，中国人民解放军在奥运期间出动陆、海、空三军部分力量共计 3.4 万人，动用武器装备包括 74 架飞机、48 架直升机、33 艘舰船以及部分地雷达、对空导弹和防化工程保障装备。北京公安机关相继派出语言、防暴、消防等专业民警 1151 名、公安特警 800 名投入一线安保，8000 余名专业人员 24 小时值班备勤，点线相连、区区相接、互为策应。奥运会期间，安检人员 1290 万人次、车辆 39.3 万辆次，查扣禁限带物品 31.3 万件，与 80 余个国家奥运安保联络员保持热线联系，北京市刑事发案同比下降 78%，警情始终处于良好等级，110 接报创 2000 年以来新低。

二 交通安全工作

北京奥组委制定了详细周密的交通组织方案，主要包括：奥运接送站交通方案、奥运会开闭幕式交通组织方案、奥运观众交通组织方案、奥运场馆停车方案、奥运交通路线方案、奥运村内交通组织方案、奥运交通通信保障方案、奥运交通设施保障方案、奥运期间交通管制方案、奥运会与会车辆安全方案、奥运装备保障方案、奥运警车带路方案、奥运会与会单位司机及群众交通安全宣传教育方案、外省市车辆进京控制方案等。

奥运会期间为奥运大家庭成员出行准备专用线路、配备专用车辆、为奥运成员乘坐车辆绘制明显标志。奥运中心区全部都设有车辆检测监控系统，进行全时空、全方位监控，并安装 1100 套电子警察，对于超速、占用车道等各种路面情况进行监测，对奥运公交场安装无线监控设备以便远程调度，实时监控奥运专用道，保证奥运专用道的有效使用。同时，北京奥组委充分利用北京宽马路的优势开通公交车专用道，建立地面快速公交系统，对奥运会周围地区及主要的交通路线实施交通管制，限制一部分车辆使用这些道路以缓解这些道路的交通压力，并采取调整部分单位工作时间、实行弹性工作、错开奥运高峰时间等方法实现奥运期间交通安全、舒适、可靠、快速、准时。

三　公共卫生安全工作

2003 年的"严重急性呼吸综合征（SRS）"疫情，给北京公共危机应对体系敲响了警钟，如何防止大规模公共卫生危机在奥运期间发生和蔓延，维护北京奥运安全与中国国际声誉，是奥运会的一项重要工作。北京市从全市的 80 多家医疗机构里选拔 3000 多人组建 30 多个医疗团队，在奥运村里建立综合诊所，还将中日友好医院、北京协和医院以及安贞医院三家重点医院作为奥运会指定医院，分别负责不同人群的收治任务。考虑到食品安全，卫生部和北京市政府联合制定《突发公共卫生事件应急条例》，同时成立由 15 名国内外权威专家组成的奥运食品安全专家委员会，制定并实施《2008 年北京奥运食品安全行动纲要》，确定 10 类 345 个品种的奥运食品安全主体标准，包括：有害物质限量标准约 80 个、监测方法和标准约 50 个、包装类标准约 15 个；构建由奥运食品供应单位自检体系、奥运场馆内快速检测体系、奥运场馆外实验室检测体系构成的奥运食品安全检测体系，实现对奥运食品从生产基地经加工企业、物流配送中心到奥运村的全程追溯监控。

四　场馆风险管控工作

2008 年奥运会场馆和基础设施建设投入 1500 亿元，在场馆建设方面积极挖掘存量，尽可能利用现有的体育场馆，减少重复建设，同时在新建场馆标准要适度，采用设计优化、技术论证、科技攻关、科学管理等手段确保北京奥运会场馆建设的安全性。北京奥运会共新建和改扩建 31 个体育场馆，所有场馆均在规划时间内出色完成建设任务。

北京奥组委在 28 个项目奥运比赛场馆举行了以"好运北京"为主题的测试赛，对比赛场馆、比赛器材运行、安全保卫、接待服务等进行全方位检验，确保奥运期间比赛顺利进行。针对场馆人员风险，北京设有 28 万台摄像机、7400 个监控中心，奥运会配备了全球视频监控系统、红外探测、危险液体探测等。对 58 个周界、94 个奥运场馆设立红外幕墙，10 道光束每个距离在 100 米。鸟巢、国家体育馆、会议中心等大型场馆采用数字监控方式，监控系统为电信的全球远程监控系统。

第三节　冬奥会已构建完整的应急管理体系

一　预防与应急准备

预防与应急准备工作的首要要务是赛事风险分析。北京 2022 年冬奥会面临的风险包括恐怖主义风险、网络安全风险、自然灾害风险、公共卫生安全风险以及赛事管理风险。

（一）恐怖活动风险

奥运会属于国际性重大体育赛事，参加人员多、国际影响大，安保面临的主要威胁是恐怖袭击。当前全球恐怖活动犯罪呈现高发态势，特别是随着"互联网＋"时代的到来，恐怖活动也在经历升级转型，以互联网和信息技术为支撑的新型恐怖活动成为新趋势，犯罪手段智能化和隐蔽性特征更加明显，对我国反恐事业提出了更大挑战。

（二）网络安全风险

2008 年北京奥运会期间，官方网站、竞赛网、票务网、涉奥重点新闻网站等经受住了巨大访问压力，小规模分布式拒绝服务（DDoS）攻击、大量扫描探测和蠕虫木马感染事件层出不穷。近年来，随着信息技术发展，网络安全威胁也不断复杂化，部分网站受到来自境外的黑客入侵、篡改网站，传统攻击手段与新型攻击手段相结合的 DDoS 攻击日益加剧，云端故障、网络病毒入侵、DNS 劫持、钓鱼 WiFi 攻击、入侵重点社交账号等威胁成为网络安全风险排查和防范的重要目标。

（三）自然灾害风险

冬奥会举办时间是在 2022 年 2 月，需防范自然灾害风险，如冬季的极端低温、暴雪、雾霾、冰雹、地震等。自然灾害风险评估要从比赛举办地历史同期气候特点、自然灾害发生概率、应对自然灾害的预案制定、应急处置能力等方面展开，根据评估风险等级确定安保方案。

（四）公共卫生安全风险

主要包括传染性疾病、食品安全等可能会影响运动员及公众生命健康与安全的事件风险。传染性疾病的风险不仅来自举办地可能发生的公共卫生事件，还要考虑参赛队员可能携带的传染性疾病，如新冠肺炎疫情。

（五）赛事管理风险

冬奥会比赛地点分为北京、延庆和张家口三个赛区，场馆相距较远，安保跨区域协同性要求较高。冰上和雪上项目以户外场地为主，山区地理环境复杂且受气温影响较大，自然环境的不确定因素增加了安保难度，如场馆安保，对冬季着装人员的安检更为复杂，雨雪天气中突发事件应急疏散能力要求较高。通过制定突发事件应急预案体系、安全管理制度以及应急物资储备保障制度来进行公共安全风险管理，积极做好预防与应急准备工作。

突发事件应急预案体系。2003 年 SARS 期间，"突发事件管理"的概念首次被提出，至 2006 年 10 月北京市应急管理体系中确立"3 + 2"的应急管理模式，即建立市级应急管理机构、区县应急管理机构、13 个专项应急指挥部 3 级应急管理部门，以及市紧急报警服务中心和市紧急救助服务中心。北京市十五届人大四次会议中，提请会议审查了《北京市国民经济和社会发展第十四个五年规划和二〇三五年远景目标纲要（草案）》（以下简称草案），草案提出，将制定北京冬奥会公共卫生、疫情防控工作方案和应急预案，结合疫情变化及时调整办赛策略。

2019 年 10 月，张家口市应急管理局、市冬奥办联合制定《张家口市筹办 2022 年冬奥会修订编制各类应急预案工作方案》（以下简称方案），决定全面修订全市各级各类相关应急预案。目的在于借助应急预案修订，进一步查清张家口市冬奥会筹备工作存在的主要风险，明确责任部门，建立防控措施，完善应急准备，全面提升风险防范和管控能力，从而建立健全全市应急管理体系，为张家口市冬奥会筹备工作和重大项目建设提供安全保障。

2020 年 12 月，河北省张家口市崇礼区人民政府印发《北京冬奥会崇礼区重大气象灾害应急预案》（以下简称《应急预案》）。《应急预案》指出，成立冬奥会崇礼区重大气象灾害应急指挥部及办公室，明确各成员单位职责，建立监测预警、信息报告、先期处置、响应启动、现场指挥、响应升级、信息发布、响应结束、善后恢复等运行机制，规范大风、暴雪、低温、冰冻、冻雨、寒潮、大雾等气象灾害处置要点。《应急预案》有效保障北京 2022 年冬奥会和冬残奥会举办期间崇礼区气象灾害监测、预报预警和气象防灾减灾等工作，建立健全分工明确、协同高效、以防为主、防抗救相结合的气象灾害防范机制，全面提升气象灾害防范和应对能力。

（六）安全管理制度

随着我国法治进程的推进，逐渐形成由《中华人民共和国宪法》《中华人民共和国刑法》《中华人民共和国国家安全法》《中华人民共和国反恐怖主义法》《中华人民共和国国家情报法》《中华人民共和国网络安全法》《中华人民共和国突发事件应对法》等组成的风险应对法律保障体系。《关于授权市人民政府在奥运会筹办、举办期间采取行政管理措施的决定》为省级人大在奥运会风险管理中采取临时性安全管理提供了合法性支持，使奥运会风险管理和安全保卫措施大多通过地方政府及部门的"红头文件"来实施，如决定、通告、通知等。

为全面做好北京 2022 年冬奥会筹备期安全生产保障工作，进一步提升冬奥会建设工程安全生产管理水平，北京市政府发布《北京市生产经营单位安全生产主体责任规定》，北京市应急管理局专门成立工作组组织开展北京冬奥会建设工程安全生产督查检查；北京市安全生产委员会印发《2020 年北京市安全生产重点工作任务》，全力做好冬奥测试赛。

2019 年，张家口市安全生产委员会办公室印发《张家口市冬奥会安全生产工作专班 2019 年度工作实施方案》，提出了督促企业建立完善安全生产管理责任体系、督促企业加强安全生产管理、深化班组长抓安全机制、加强施工安全基础工作、建立完善风险辨识管控、隐患排查治理和报告制度等十项举措。

（七）应急物资储备保障制度

2019年，北京、天津、河北三地应急管理部门积极落实党中央、国务院京津冀协同重大决策部署，签署了《京津冀救灾物资协同保障协议（2019—2024）》，明确了区域性救灾工作合作模式与运作机制，针对2022年冬奥会筹备和举办期间应急保障需求，研究确定应急保障措施，进一步提升京津冀区域突发事件应急救助能力，发挥救灾工作在京津冀协同发展中的重要作用。会议审议通过了《京津冀救灾与物资保障协同工作措施》，建立完善了联席会议、联络员、资源核对、救助演练四项协同工作制度，明确了统筹救灾资源储备规划、编制救灾物资协同保障预案、落实应急物资信息共享、推进毗邻区（县）开展救灾协同互助等重点工作，梳理了2021年《京津冀救灾物资协同保障工作任务清单》，北京市延庆区与河北省张家口市作为毗邻重点单位，签订了《救灾与物资保障协同互助协议》。

二　监测与预警

（一）突发事件信息系统

冬奥会作为一项国际重大赛事，在筹备和举办过程中，会面临一系列的突发事件。例如，天气变化可能会造成比赛延迟、火灾、地震、运动员受伤等。冬奥会突发事件具有偶然性、可变性及关联性等特征。近几届冬奥会举办过程中，都出现各类型突发事件并发现象：文化活动类，如索契冬奥会开幕式上，奥运五环灯出现技术故障造成只亮四盏灯；自然灾害类，如平昌冬奥会开幕时场馆温度约零下7摄氏度，而场馆设计时未设置顶棚与保温系统；运动安全类，冬奥会的冰上、雪上项目居多，安全隐患大，索契和平昌冬奥会都出现了运动员受伤情况；场馆设施类，如都灵冬奥会，高山滑雪比赛场地新闻中心发生部分屋顶坍塌；安全管理类，如索契冬奥会前夕，临近城市火车站发生了自杀式爆炸事件，造成人员伤亡。突发性事件虽然具有偶然性，但可通过探究突发事件发生机理，采取一定防范和控制措施，消除或降低突发事件发生概率。

2015年2月26日，国家预警信息发布中心成立，挂靠中国气象局公共气象服务中心。国家预警信息发布中心以习近平总书记"两个坚持、三个转变"防灾减灾新理念为根本遵循，依托气象业务体系建成

一般人工造雪
要求雪温小于0℃

气温太高
致使雪加速融化

雪太大
造成赛道积雪

能见度低
影响运动员视线

风太大
影响滑雪技能完成

气温太低
影响运动员发挥

图 10 - 4 不利气象条件可能对滑雪赛事的影响

"一纵四横、一通四达"预警发布体系，即前端横向连通16个政府部门，纵向连通国家、省、市、县，后端建立一条直通各级应急责任人的专用通道，以及专线接入电视台、应急广播、移动运营商和 ABT 互联网平台，形成了上下相互衔接、规范统一、多部门应用的综合自然灾害、事故灾难、公共卫生事件、社会安全事件四大类突发事件的预警信息发布业务体系，实现我国76类预警信息的统一发布，为国家和公众提供精准的预警信息服务。

（二）突发事件监测制度

针对自然灾害风险，气象部门采取了一系列措施调集各方优势资源，在北京、延庆和崇礼三个赛区及周边完成各种探测设施建设441套，完成天气雷达、新型激光测风雷达和42套赛道气象站布设，基本形成"三维、秒级、多要素"冬奥气象监测系统，延庆、张家口冬奥气象分中心投入使用。初步完成冬奥气象业务支撑系统和冬奥气象服务网站建设，实现京冀赛区气象数据同步共享。为实现精准预报，气象部门持续推进冬奥气象科技研发，百米级、分钟级预报技术已初见成效，基本形成了京津冀区域500米分辨率、冬奥山地赛场核心区域100米分辨率、逐10分钟快速更新的气象预报业务，开发了从短时临近到延伸期的无缝隙公里级精细化网格预报产品，人工智能气象预报方法取得初步成果。

面临挑战	如何应对
◆ 山区缺乏观测资料	√ 2014年开始，按照国际雪联和国际奥委会要求，逐步在赛区铺设有针对性的气象站
◆ 缺少冬季山地预报经验	√ 成立冬奥气象中心，调集各方优势资源
◆ 没有成熟山区预报模式	√ 向国际同行学习，参加相关培训
◆ 不同赛事有不同的气象要求	√ 加强英语培训服务赛事
	√ 到赛区驻训，熟悉地形、赛道和气象站位置，体验赛道天气变化 ……

图 10－5　战及应对措施

河北省冬奥办印发了《2022 年冬奥会张家口赛区水电气信及其他配套设施建设规划》《张家口市 2022 年冬奥会气象服务保障规划》，推动张家口赛区基本完成气象综合观测系统建设、精细化预报预测系统建设、气象服务系统建设和人工影响天气能力建设四个配套基础设施建设类项目。在气象综合观测系统建设方面，张家口赛区赛事核心区已建成 29 个气象观测站，其中，云顶滑雪公园 13 个、冬季两项中心 5 个、北欧中心越野滑雪场 3 个、北欧中心跳台滑雪场 7 个、太舞滑雪场 1 个，建成京藏、张承高速公路交通气象观测站 12 个，这些气象观测站将为预报服务提供支撑，为赛时提供实况数据。在精细化预报预测系统建设方面，已开发完成"2022 北京冬奥会预报制作系统测试版"和"北京冬奥会智能气象保障系统测试版"。

（三）突发事件预警制度

《国家突发公共事件总体应急预案》中预警机制要求，根据预测分析结果，对可能发生和可以预警的突发公共事件进行预警。预警级别依据突发公共事件可能造成的危害程度、紧急程度和发展势态划分为四级：Ⅰ级（特别严重）、Ⅱ级（严重）、Ⅲ级（较重）和Ⅳ级（一般），依次用红色、橙色、黄色和蓝色表示。预警信息包括突发公共事件类别、预警级别、起始时间、可能影响范围、警示事项、应采取措施和发布机关等。预警信息发布、调整和解除可通过广播、电视、报刊、通信、信息网络、警报器、宣传车或组织人员逐户通知等方式进行，对老、幼、病、残、孕等特殊人群以及学校等特殊场所和警报盲区应当采取有针对性的公告方式。

气象服务保障是冬奥会筹办工作的重要组成部分，在实现"超精细复杂山地＋超大城市一体、三维、秒级、多要素"的冬奥气象综合监测基础上，为满足"监测精密、预报精准、服务精细"要求，中国逐步完善气象预警体系。冬奥气象综合可视化系统、多维度气象预报预警系统、现场气象服务系统、中国天气网冬奥气象服务网站、雪务专项气象预报预测系统等已经完成试用版建设，并在前期多项赛事保障中应用。此外，专用信息网络、视频会商系统、高性能计算资源均已准备到位。

三 应急处置与救援

（一）决策指挥

现阶段我国应急管理组织体系设置如下：

领导机构。国务院是突发公共事件应急管理工作的最高行政领导机构。在国务院总理领导下，通过国务院常务会议和国家相关突发公共事件应急指挥机构，负责突发公共事件的应急管理工作；必要时，派出国务院工作组指导有关工作。

办事机构。国务院办公厅设国务院应急管理办公室，履行值守应急、信息汇总和综合协调职责，发挥运转枢纽作用。

工作机构。国务院有关部门依据有关法律、行政法规和各自职责，负责相关类别突发公共事件的应急管理工作。具体负责相关类别的突发公共事件专项和部门应急预案的起草与实施，贯彻落实国务院有关决定事项。

地方机构。地方各级人民政府是本行政区域突发公共事件应急管理工作的行政领导机构，负责本行政区域各类突发公共事件的应对工作。

专家组。国务院和各应急管理机构建立各类专业人才库，可以根据实际需要聘请有关专家组成专家组，为应急管理提供决策建议，必要时参加突发公共事件的应急处置工作。

目前，公共危机管理系统主要由公共危机管理决策机构、公共危机管理指挥与协调机构、公共危机管理执行机构和公共危机事件系统四大子系统组成。在突发公共事件发生时，决策机构根据信息系统发来的信息进行危机决策，并将做出的决策发至指挥与协调机构，由该机构进行应急指挥和协调，并将具体指令下发至执行机构，进行具体的决策执行、应急救援，最后进入公共危机事件系统。

同时，立法机关通过立法对决策机构、监督检察审计机构和保障机构进行规范与授权，决策机构也可根据自身决策经验，对立法机关进行意见建议，以促进立法。监督检察审计机构负责对应急管理全过程进行监督检察，保障机构负责应急保障工作。

此外，信息系统、管理咨询机构、专业技术支持机构和社会（含国际）救援支持机构作为应急管理中的辅助机构，主要提供实时信息、管理决策咨询建议、专业技术咨询建议，以及人、财、物保障等。

（二）应急救援

北京冬奥会的应急服务和配套医疗服务制度。冬奥运期间，场馆医疗卫生团队负责场馆安保线内突发事件医疗卫生应对工作。属地区县政府卫生部门负责场馆周边卫生应急处置与保障，协助做好场馆突发事件的医疗卫生应急处置工作。当事件超出场馆医疗卫生团队与属地区县卫生应急处置能力与决策权限时，根据事件性质、危害程度和涉及范围等因素，由城市突发公共卫生应急指挥部协调、调动本市卫生应急资源予以处置。涉及奥运安保、新闻宣传、外事等方面的突发公共卫生事件，在国家和城市政府的统一领导下开展应对工作。

冬奥会构建陆地与空中相结合的立体救援体系。根据国际雪联相关要求，在正式训练日和比赛日冬奥会雪上项目，特别针对高山滑雪、自由滑雪、越野滑雪、跳台滑雪需配备装备齐全且能提供高级生命支持的医护团队和转运工具，以保证能够用最快速度将患者从高山撤离并为其提供很好的医疗救护。

张家口市将地面与空中救援结合构建立体救援网络。2017年8月底张家口市第二医院的"移动医院"正式投入使用。该"移动医院"配备手术车、CT检查车、医技保障车等13辆专业保障车和车载医疗设备，另配有30名队员的常备医疗应急救援队伍。在救援中昼夜24小时可完成大、中、小手术不低于20例，并满足昼夜通过量不低于100名的病员流量，配置有帐篷病房能满足伤病员的住院需求，完成门诊检伤分类、重伤急救、手术、医技保障、生活保障等任务。截至 2019 年年底，全年共巡诊 44 次，派出医师 553 人次，巡诊患者 2806 人次，行程合计约 2.8 万公里。

2019 年，中国民用航空局、国家卫生健康委员会印发《航空医疗救护联合试点工作实施方案》的通知，决定在部分地区开展航空医疗救护联合试点工作，河北省石家庄市第一医院成为全省 7 家试点医疗机构之一。和普通 120 急救车辆相比，在中、远途急救和运送病患方面，航空救援比救护车快 3 倍到 5 倍，在"黄金一小时"救援时间内，能有效降低事故死亡率 40% 左右。北京冬奥组委协同京冀两地卫健部门组建"冬奥滑雪医疗保障梦之队"，队员分别来自本地及北京、石家庄、唐山、邯郸、秦皇岛等地，他们将承担 2022 年冬奥会期间赛时滑雪场赛道的医疗救援保障工作，在参赛运动员受伤后 4 分钟内到达运动员身边进行初步诊断后协助救援队将伤员第一时间送抵山下的救护车。

（三）跨区域应急联动

在自然灾害跨区域应急联动方面，针对北京山区道路降雪突发性、集中性和冬季交通运行突发事件特点，北京市交通委牵头，河北省交通运输厅、天津市交通委员会共同组织 2020 年京冀相邻区域重要通道铲冰除雪联动保障演练。此次演练模拟北京西南地区 G108 国道蒲洼乡路段出现强降雪天气过程，造成道路积雪严重、交通拥堵、车辆滞留等突发情况，设置了预警响应与应急准备、信息通报与预案启动、应急响应与决策指挥、铲冰除雪与协同管控、事件处置与京冀联动、预警解除与结束响应等 6 个科目，有效检验京津冀相邻地区交通应急联动机制，实战锻炼了公路一线救援队伍雪天应急保障能力。演练注重跨区域协调联动和信息高效互通，检验了应急队伍的机动能力，提高相邻区域雪天应急保障水平，为冬奥会成功举办提供更加安全有力的道路交通保障。

在无线通信跨区域应急联动方面，北京通信管理局、河北通信管理局共同组织北京冬奥会张家口赛区 2019 年京冀冬奥应急通信保障联合演练。此次演练由北京电信、北京移动、北京联通、北京铁塔、北京市机动通信局、河北电信、河北移动、河北联通、河北铁塔、河北省机动通信局等单位联合参与。此次演练预设背景为张家口崇礼地区突发 6.5 级地震，震源深度 10 公里，局部地区雪情、冰冻灾害严重，导致太舞赛场周边部分区域若干基站通信阻断、光缆阻断、部分机房市电断电，设置了视频会议、短波通信、移网保障、卫星电话、应急发电、熔接光缆、无人机通信七个科目。演练现场将临时搭建应急通信指挥部，恢复现场无线网络信号，恢复机房供电，为赛会各类通信需求及时提供保障。通过演练，提高了指挥效率、检验了应急预案、锻炼了保障队伍，提升了保障人员实操水平，强化了跨区域、多方协调联动的应急通信保障能力，同时为冬奥期间的通信服务保驾护航积累经验。

在医疗保障跨区域应急联动方面，京张医疗不断深入合作，从一次次大型赛事医疗保障工作中积累经验。2015 年开始张家口市不断加强与北京优质医疗资源的对接合作，张家口市第一医院、第二医院、第四医院、口腔医院分别与北京天坛医院、积水潭医院、同仁医院、口腔医院签约挂牌共建合作医院围绕神内、神外、骨科、眼科、颌面外科等冬奥重点保障学科合作共建科室提升医疗保障服务能力。张家口市中医院、崇礼区医院在与北京中医医院、积水潭医院现有合作的基础上探索总体托管、整体移交给上述北京两家医院合作模式。随着冬奥医疗合作的不断深入，张家口市整体诊疗水平进一步提升，本地专家队伍不断成长，各合作医院现已新设 12 个特色科室、49 项医疗技术。张家口市邀请北京"120"急救中心与张家口冬奥定点保障医院共同组成医疗保障团队，为国际雪联世界杯赛提供保障并与北京"120"急救中心团队开展了立体式雪场急救演练。京张两地卫监部门共建专家库，组织 19 支县区代表队 170 余人开展生活饮用水污染事件卫生监督应急处置演练。张家口市疾控中心与北京市昌平区疾控中心开展减灾防病野外联合应急演练，邀请北京专家对奥运筹备工作进行指导参与冬奥疾控系统公共卫生保障工作规范、标准制定。

第四节　冬奥会基础设施安全保障

一　交通沿线的安全措施

北京 2022 年冬奥会将提供由航空、高速铁路、高速公路、地方道路等多种交通基础设施组成立体互补交通服务网络。其中，连接北京—延庆—张家口三地的高速铁路和多条高速公路将进一步加密完善区域交通路网。

（一）铁路交通

2019 年建成通车的京张城际铁路，全线长约 174 公里，主线设 10 个车站，设计时速每小时 200 公里至 350 公里之间，乘火车从北京北站到延庆场馆约 20 分钟，到张家口场馆约 50 分钟。为方便观众前往崇礼观赛，京张城际铁路的崇礼支线也一并建设，而崇礼高铁站规划建设在崇礼奥运村南侧一公里处，步行几分钟即可抵达奥运村及其周边比赛场地。

（二）高速公路

北京市至张家口赛区现有京藏高速公路（G6）、京新高速公路（G7）和 110 国道连接。此外，连接北京城区和延庆间的兴延高速于 2019 年年初建成通车，与其连接的延崇高速于 2020 年 1 月 23 日正式通车，两条高速公路的建成通车为冬奥会增添一条便捷高效的交通走廊。另外，张家口至崇礼间将有首都环线高速公路（G95）直接通达。

（三）城区内交通

一方面，轨道交通迅速发展，截至 2020 年 12 月，北京市轨道交通路网运营线路达 24 条，总里程 727 公里，车站 428 座（包括换乘站 64 座）。另一方面，北京赛区、延庆赛区、张家口赛区场馆内、外连接道路和交通场站等工程也将配套兴建，并服务于赛事运行。

2020 年，北京冬奥会冬残奥会交通运输保障工作专题会议召开，要求加强与北京奥组委的沟通对接，确保完成冬奥会交通保障任务。一是按期完成建设任务，确保基础设施就绪并保持良好状态。加快推进收尾工程，确保工程质量安全，加强养护运营管理，完善公路铲冰除雪应急预案。二是全力服务做好赛时交通运输保障工作。突出重点区域和关键路线，分类设计交通运行方案，利用测试赛充分检验交通设施、交通团队、运行方案、应急预案等各项准备工作。三是高度负责、认真细致推进冬奥会交通运输应急保障工作，抓好交通运输安全生产工作，做好应急值班值守工作。建立健全应急预案体系和应急处置机制，确保赛时运输服务保障工作平稳有序。四是服务加快建设交通强国。特别是做好运输服务工作，充分发挥好各种运输方式的比较优势和组合效率，切实增强人民群众出行的获得感、幸福感、安全感。

河北张家口市邀请交通运输部公路科学研究院安全中心有关专家组成咨询专家组，组织召开冬奥会普通干线公路保畅生命安全防护工程方案咨询会。会议通过国道110线，省道310、506线沿线安全生命防护设施工程方案汇报，重点围绕需处置的隐患路段，如国道110宣化段过街大桥设置、半坡街段平面交叉改造方式、利用国道110辅道对进京货运车辆渠化交通组织等问题深入研究讨论，并提出方案改进意见。会议将进一步推动冬奥会普通干线公路保畅生命安全防护工程创建进度，为更好地服务冬奥会奠定坚实基础。

二　场馆、驻地等场所安全管理责任落实

在场馆建设运行方面，2021年将对所有竞赛场馆设施设备进行测试检验，完成国家体育场、冬奥村等所有非竞赛场馆建设改造，做好临时设施建设将会和赛区生态修复，同步投入使用交通、水务、通信、电力等相关设施，场馆和赛区整体达到办赛标准。同时，还将因地制宜规划推进场馆可持续利用，提前谋划赛后运营管理。

在赛事组织和场馆运行方面，将根据疫情变化，及时调整测试赛办赛策略，灵活举办雪上、冰上项目等一系列测试活动，完善场馆运行计划，组织开展实战演练，磨合场馆运行团队。此外，还将制定场馆运行风险清单和应急预案，提升应对措施的实用性和可操作性，建立运行风险管理信息化系统。对于设施设备，将建立预案，保障赛时运行"万无一失"。

三　公共信息管理

网络与信息系统是北京冬奥会举办必备的基础设施，为其组织实施提供支撑保障平台、信息传播渠道。

在网络安保方面，北京冬奥会网络安全不仅面临由自身重大活动属性带来的挑战，还面临网络与信息系统内在特质、运行维护人员与接入用户数量较大、外部攻击行为等多源风险。2019年12月26日，北京2022年冬奥会和冬残奥会官方网络安全服务和杀毒软件赞助商发布会在北京冬奥组委园区举行，奇安信正式成为北京2022年冬奥会和冬残奥会官方网络安全服务和杀毒软件赞助商。奇安信是中国最大的网络安全企业之一，在大数据与安全智能、终端安全防护、安全运营与应急响应等领域取得了众多创新成果，并长期专注于为政府、企业、教育、金融等机构和组织提供企业级网络安全技术、产品和服务，全方位守护政企和个人网络安全。奇安信为北京冬奥会专门打造了"六全防护体系"，即全维度管控、全网络防护、全天候运行、全领域覆盖、全兵种协同、全线索闭环，此次将结合赛会实际情况，定制专属网络安全服务，确保北京冬奥会关键系统万无一失，"零事故"运行。

在公共信息传播方面，北京冬奥组委全面建立冬奥云端学习平台，面向社会公益推出北京冬奥组委信息与知识管理（IKM）平台、"学习冬奥"微信小程序、"冬奥公益大讲堂"影视化知识产品。IKM 平台是历届奥组委首个具有开放性、专业化特点的信息与知识管理功能在线学习平台，IKM 平台系统总结了五年来冬奥筹办工作的信息与知识，为不同类别的筹办人员量身定制了"菜单式"的学习课程体系，开发了资料搜索功能、在线测试功能，还配置了手机移动端 APP，提升了使用的便捷性、实用性。为面向社会广泛普及冬奥知识，IKM 平台上还搭载了一些公共课程资源，供社会各界学习阅览，IKM 平台上所承载的电子数据，可以就地转化为北京 2022 知识与数据电子博物馆，适时向相关国际组织、相关国内机构交付；"学习冬奥"微信小程序是面向社会公众进行知识传播的网络平台；"冬奥公益大讲堂"由北京冬奥组委人力资源部、北京冬奥会教育培训工作协调小组办公室携手猿辅导在线教育、电影频道等共同推出，是云端学习平台上内容建设的高端部分，集思想性、知识性、文艺性于一体的影视化一系列知识产品。

后　记

本书为国家重点研发计划"科技冬奥"专项"冬奥全球传播服务平台研究及应用示范"（项目编号：2020YFF0305300）研究成果。2020年项目获批立项，项目指导专家北京第二外国语学院梁昊光教授、项目负责人清华大学钟茂华教授开始牵头筹备《2022冬奥发展报告》（以下简称《报告》），负责全书逻辑架构设计、主题内容设置、专题讨论和关键内容审定等工作，经过项目组一年多的共同努力完成了《2022冬奥发展报告》。北京冬奥组委提供了《报告》所需的相关数据和素材内容，北京冬奥组委新闻宣传部给予了《报告》大力支持和指导。

北京2022年冬奥会是中国重要历史节点的重大标记性活动，是党和国家的大事，在"精彩、非凡、卓越"办赛目标的指引下，北京2022年冬奥会是展现我国国家形象、促进国家发展、振奋民族精神的重要契机。眼下的中国，冰雪运动不断"升温"，秉持"绿色、共享、开放、廉洁"的办奥理念，筹办工作有序推进。当下，全球新冠肺炎疫情仍未消弭，国际奥林匹克运动亦受重创，在此背景下，北京冬奥会于中国和世界都有特殊意义。我们希望通过《报告》全面展现北京冬奥会筹办以来，中国在"精彩、非凡和卓越"维度，科技、文化传承、区域协调发展等十个领域所取得的成就和进展，以期讲好北京冬奥故事，讲好中国故事。

清华大学、北京第二外国语学院、北京邮电大学、中国传媒大学、当代中国与世界研究院、上海交通大学、北京中科闻歌科技股份有限公司、桂林电子科技大学、杭州轻寻科技有限公司、北京市科学技术研究院和北京市首都发展研究院等机构为《报告》撰写提供了重要支持。

311

其中，第一章由北京邮电大学赵海英、崔鑫、赵艺涵、侯小刚、李晓彤、邹一帆、向翔、钱德宇、王翔云、龚森源、王梓舟、曾柯尧、黄开武、黄世来、高瞻编写；第二章由北京邮电大学赵海英、侯小刚、韩晓彤、任文超、鲁志超、高子惠、王昊、杨嘉鑫、姜博、魏莱、曾凡璐、何佳星编写；第三章由当代中国与世界研究院孙敬鑫、刘扬、李永强以及实习生杨梓煜编写，北京中科闻歌科技股份有限公司提供了部分写作资料；第四章由北京第二外国语学院余金艳、郭艳军、王瑞平、陈秀、张紫钦、肖轩昂、张鹤曦、张英男、孙安宁编写；第五章由北京第二外国语学院梁昊光、张耀军、焦思盈、白雪、江训斌、陈秀、安然编写；第六章由中国传媒大学张燕、张浩、李翙君和韦欣宜编写；第七章由北京第二外国语学院兰晓、薛海丽、贺子潇、刘明欣、李燕编写；第八章由北京市科学技术研究院朱伟、滕辰姊等编写；第九章由北京第二外国语学院张钦、边文佳、焦思盈、秦培富、秦清华编写；第十章由清华大学苏鑫、杨宇轩、周义棋等编写。各位参与编写人员为本报告出版付出了诸多辛苦和支持，在此一并表示感谢。

鉴于研究水平、工作经验和编写时间有限，《报告》难免存在疏漏和不足之处。为此，我们殷切地希望各界人士对《报告》提出宝贵的意见和建议。课题组将一如既往，为"开展国际传播，讲好中国故事"做出一份贡献。

梁昊光

2021 年 10 月 21 日